Georges Marchand

MICHEL BRÛLÉ

C.P. 60149, succ. Saint-Denis,
Montréal (Québec) H2J 4E1
Téléphone : 514 680-8905
Télécopieur : 514 680-8906
www.michelbrule.com

Mise en pages : Mathieu Giguère
Révision : Maude Schiltz
Correction : Élaine Parisien
Photographie de la couverture : Paul Chiasson/The Canadian Press

Distribution : Prologue
1650, boul. Lionel-Bertrand
Boisbriand (Québec) J7H 1N7
Téléphone : 450 434-0306 / 1 800 363-2864
Télécopieur : 450 434-2627 / 1 800 361-8088

Les éditions Michel Brûlé bénéficient du soutien financier du gouvernement du Québec
— Programme de crédit d'impôt pour l'édition de livres — Gestion SODEC et sont inscrites
au Programme de subvention globale du Conseil des Arts du Canada. Nous reconnaissons l'aide
financière du gouvernement du Canada par l'entremise du Fonds du livre du Canada (FLC) pour
des activités de développement de notre entreprise.

© Richard Le Hir, Les éditions Michel Brûlé, 2012
Dépôt légal — 2012
Bibliothèque et Archives nationales du Québec
Bibliothèque nationale du Canada
ISBN : 978-2-89485-543-0

DESMARAIS
LA DÉPOSSESSION TRANQUILLE

Richard Le Hir
Desmarais
La Dépossession tranquille

Table des matières

REMERCIEMENTS

Ce livre n'existerait pas sans Bernard Frappier, du site Vigile.net. C'est lui qui, en m'ouvrant généreusement les portes de l'espace incomparable de liberté de pensée et de parole qu'il a fait de *Vigile*, m'a fourni l'occasion de structurer mes réflexions avec la rigueur et la discipline qu'impose l'écriture, ce que je n'aurais sans doute pas fait si *Vigile* n'avait pas existé.

Au bout d'un an, les circonstances nous ont permis de nous rencontrer, et nous avons très vite développé une connivence qui repose sur le partage de certaines connaissances, un enracinement profond dans la même culture, des valeurs tirées des mêmes sources, et une approche commune face aux grands problèmes du monde. Nos discussions m'ont permis de préciser ma pensée, de rectifier le tir à l'occasion, et de tirer des conclusions que j'aurais peut-être hésité à tirer autrement.

Qu'il trouve ici toute ma reconnaissance pour son soutien intellectuel et moral, et l'honneur de son amitié.

Je ne peux non plus passer sous silence la contribution de mon éditeur, Michel Brûlé. Lorsque j'ai d'abord communiqué avec lui, il était à l'étranger. Quelques lignes pour lui expliquer mon projet, et il était partant. Je suis bien tombé, le personnage Desmarais le fascine.

Michel Brûlé déborde d'énergie et d'intensité. Quand il passe à l'action, ça déplace de l'air. Ce projet, il l'a mené tambour battant. Pour un auteur, il n'y a rien de plus gratifiant, et je lui en suis très reconnaissant.

Mars 2012

AVANT-PROPOS

Je ne suis ni contestataire ni révolutionnaire. Ce n'est ni dans mon caractère ni dans mes valeurs. Je ne l'ai jamais été, même en mai 1968 lorsque j'étais étudiant en Europe. Pour que j'en vienne à écrire ce livre, il a fallu que je découvre des faits que j'ignorais, si déterminants que j'éprouve un urgent besoin de remettre en question non seulement ma vision du système dans lequel nous vivons, mais aussi de mettre en lumière des agissements qui illustrent à mes yeux la face la plus détestable du capitalisme.

J'ai passé la plus grande partie de ma carrière dans les entreprises, autant de très grosses que de toutes petites, des nationales que des multinationales ; et, de par mes fonctions qui ont souvent consisté à représenter les intérêts de celles-ci auprès du public, des médias et des gouvernements, j'ai souvent eu à m'interroger sur la légitimité de leurs activités et de leurs actions. Il est en effet beaucoup plus facile de promouvoir ou de défendre une cause dont on est profondément convaincu des mérites.

Pendant toutes ces années, il m'est rarement arrivé de me sentir en porte-à-faux avec les intérêts que je représentais, et lorsque cela se produisait, je prenais rapidement mes distances. Ainsi, je me souviens d'avoir dit au président d'une grosse entreprise qui exploitait plusieurs usines au Canada et aux États-Unis, après seulement quelques mois passés à son service en tant que vice-président aux affaires juridiques, que je ne pourrais pas le servir loyalement et qu'il valait mieux que je m'en aille.

C'est pendant les années que j'ai passées à la tête de l'Association des Manufacturiers que j'ai raffiné ma compréhension de l'entrepreneurship et des deux grands modèles qui s'opposent — les bâtisseurs d'une part, et les écumeurs ou prédateurs de l'autre. Autant j'ai du respect pour les premiers, autant j'en ai peu pour les seconds.

Les bâtisseurs, ce sont ceux qui montent leur entreprise et assurent sa croissance et son succès en maîtrisant tous les aspects de la valeur ajoutée. Ils sont amoureux de leur métier et sont constamment en train de raffiner leurs produits et leurs procédés. Ils investissent dans la recherche et le développement, connaissent la contribution de leurs employés à leur succès et se comportent en toute chose de manière responsable.

Les écumeurs ou prédateurs, eux, ne s'intéressent qu'à la rentabilité financière de l'entreprise qui n'est pour eux qu'une machine à sous. Leur métier, c'est l'argent, et ils portent la responsabilité de la crise actuelle. Ce sont en effet leurs abus qui risquent désormais de précipiter le capitalisme dans sa chute.

Paul Desmarais n'est pas un bâtisseur. C'est un prédateur, un loup qui a compris qu'il est beaucoup plus facile de convaincre le berger de lui ouvrir toutes grandes les portes de la bergerie que de chercher continuellement à déjouer sa surveillance.

Son modèle d'affaires présente toutefois une faille majeure : il repose essentiellement sur l'opposition systématique entre ses intérêts personnels et l'intérêt collectif. C'est en effet ce que j'ai pu découvrir au fil des deux dernières années, en allant de surprise en surprise.

Le séjour en famille de Michael Sabia, président de la Caisse de dépôt, au somptueux palais de Paul Desmarais à Sagard aura permis à tous les Québécois de découvrir le caractère totalement anormal et inacceptable des pratiques de l'empire Desmarais dans ses rapports avec le gouvernement du Québec, ses ministères et les entreprises et organismes qu'il contrôle.

Et lorsqu'on voit le vénérable et prudentissime *Le Devoir* se fendre d'un éditorial comme il l'a fait en février dernier pour mettre sur le même pied l'habitude de Tony Accurso de cultiver ses « affaires » sur son yacht et celle de Paul Desmarais de recevoir ses « invités de marque » à Sagard, on comprend que l'image de ce dernier vient de chuter brutalement de plusieurs crans.

J'ai commencé à m'intéresser aux pratiques des Desmarais et de Power il y a deux ans, dans la foulée de l'annonce par Hydro-Québec de son intention d'acquérir Énergie Nouveau-Brunswick, une décision qui n'avait d'autre justification que de paver la voie à une privatisation éventuelle de notre société d'État que René Lévesque surnommait avec fierté « le navire amiral de l'économie québécoise ».

Effectivement, l'acquisition d'Énergie NB aurait eu pour effet de faire d'Hydro-Québec une entreprise interprovinciale de compétence fédérale en vertu de la Constitution. Perdant sa compétence, le gouvernement québécois aurait eu beau jeu d'argumenter que Hydro-Québec ne revêtait plus pour le Québec le même intérêt stratégique, et il aurait fait miroiter aux Québécois « l'avantage » de privatiser l'entreprise pour réduire le fardeau de la dette du Québec et dégager d'importantes marges budgétaires pour maintenir à flot nos systèmes d'éducation et de santé, par exemple.

En fouillant ce dossier qui a fini par avorter, j'ai eu la surprise de découvrir à quel point Power Corporation, la société que contrôle Paul Desmarais, était parvenue à s'immiscer aux niveaux les plus élevés de l'appareil décisionnel du Québec, au point même d'être représentée au conseil d'administration d'Hydro-Québec[1].

Cette présence révèle toute son incongruité lorsqu'on découvre que Pargesa, la filiale européenne de Power, détient une participation importante dans GDF Suez, le « 1er producteur indépendant d'électricité mondial », au dire même de cette dernière.

On ne se surprendra donc pas de l'intérêt que porte Power à l'Accord économique et commercial global entre le Canada et

---

1. Michel Plessis-Bélair, le vice-président du conseil d'administration de Power Corporation, siège en effet à celui d'Hydro-Québec depuis le 7 avril 2004.

l'Union européenne, dont on sait maintenant qu'il ouvrira toutes grandes les portes de la concurrence dans les services publics, et qu'il aboutira éventuellement à la privatisation d'Hydro-Québec.

Cette privatisation, Hydro-Québec ne se gêne d'ailleurs même plus pour l'anticiper ouvertement, comme en fait foi l'apparition d'un volet « Relations avec les investisseurs » sur son site Internet. À ce jour, que nous sachions, Hydro-Québec n'a toujours qu'un seul actionnaire, et c'est le gouvernement du Québec.

Bien sûr, Hydro-Québec émet des obligations qu'achètent des investisseurs, mais ce marché est très particulier et les intéressés ne se contentent pas des informations générales offertes sur un site d'entreprise. Nous sommes donc devant une tentative de conditionner tranquillement les esprits aux changements qui s'en viennent.

Mes recherches sur Power m'ont permis d'écrire à son sujet une bonne cinquantaine de chroniques sur le site vigile.net au cours des deux dernières années. Desmarais est partout. On connaît son influence à la Caisse de dépôt, mais on trouve aussi sa trace sur l'Île d'Anticosti, où il convoite notre pétrole, dans la vallée du Saint-Laurent, où il est présent dans les gaz de schiste, à Montréal, où il a réussi à s'infiltrer au CHUM, et dans le PPP constitué pour construire et exploiter le nouveau centre hospitalier. Enfin, le Plan Nord est taillé sur mesure pour ses intérêts. Les Québécois ont connu la Révolution tranquille. L'Empire Desmarais leur mijote la Dépossession tranquille.

Afin de partager avec les lecteurs l'évolution de ma pensée au fur et à mesure de mes découvertes, j'ai choisi de reprendre mes chroniques en ordre chronologique, en les regroupant par sujet et en les agrémentant des commentaires que m'inspirent des développements plus récents ou le recul que seul permet le passage du temps.

Ce recul m'a permis de faire des liens qui m'avaient échappé au fil des jours, et de replacer certains événements et certaines analyses dans un contexte plus large. Le portrait d'ensemble y gagne en pertinence et en précision. La preuve est accablante.

Je m'en voudrais de terminer cet avant-propos sans suggérer aux lecteurs qui peuvent être intéressés par l'historique de Power Corporation de lire l'excellent ouvrage de Robin Philpot « *Derrière l'État Desmarais : Power*[2] ».

---

2. Robin Philpot, Montréal, Les Éditions des Intouchables, 2008.

Chapitre 1

La proie la plus juteuse : Hydro-Québec

Comme se plaisait à le dire René Lévesque, « Hydro-Québec est le navire amiral de l'économie québécoise ». Dans un contexte mondial de privatisation des services publics, il fallait donc s'attendre à ce qu'un jour la question se pose à son sujet.

La vie étant pleine d'ironie, il se trouve que j'ai été l'un des premiers à évoquer cette possibilité au début des années 1990, alors que j'étais président de l'Association des manufacturiers du Québec.

En réaction aux difficultés budgétaires considérables du gouvernement du Québec à cette époque, j'avais suggéré la privatisation partielle d'Hydro-Québec (en deçà de 10 %)[3] comme moyen de récupérer une certaine marge de manœuvre dans nos finances publiques et de réduire notre endettement.

Le traitement alors accordé à ma déclaration par *La Presse*, qui m'avait à l'époque fait l'honneur de sa première page, m'avait permis de comprendre à quel point Power Corporation s'intéressait de près à cette question.

Il vaut la peine de souligner que c'est Robert Bourassa lui-même qui avait pris la peine de m'expliquer, lors d'un de ces appels qu'il avait l'habitude de faire vers les onze heures du soir, pourquoi il estimait qu'il ne s'agissait pas d'une bonne solution pour le Québec.

C'est à la suite de cet appel que j'avais pris l'initiative de former la Coalition en faveur du développement du potentiel hydro-électrique du Québec en associant les syndicats à ma démarche.

---

3.   Au delà de 10 %, Hydro-Québec se serait retrouvée assujettie à l'impôt fédéral, dont sont exemptes les sociétés d'État ou de la Couronne.

Intéressé au sort d'Hydro-Québec comme je l'étais demeuré même après avoir quitté la politique en 1998, et familier avec les enjeux du développement et de l'exploitation de nos ressources énergétiques, j'ai donc eu une réaction d'alerte instantanée lorsque j'ai pris connaissance, le 29 octobre 2009, de la conclusion d'un protocole d'entente entre le gouvernement du Québec et celui du Nouveau-Brunswick en vertu duquel Hydro-Québec ferait l'acquisition de la plupart des actifs d'Énergie NB[4].

Non seulement la logique industrielle de l'opération m'apparaissait-elle tirée par les cheveux autant sur le plan financier que commercial, mais en plus, je craignais de la voir nous précipiter dans un autre cul-de-sac politique comme celui qu'avait fini par devenir l'accord du lac Meech.

Je pris donc la décision de faire rapidement part de mes inquiétudes aux médias, et le 31 octobre, *Le Devoir* et *La Presse* publiaient tous les deux dans leur page d'opinions le texte suivant :

Une version « affaires » de l'accord du lac Meech[5] ?
Il faut croire que nos dirigeants actuels ont bien mauvaise mémoire. Si le projet d'acquisition d'Énergie NB par

---

4. La logique de la transaction était censée être la suivante, selon le communiqué conjoint émis par les deux gouvernements : « Les Néo-Brunswickois bénéficieraient de tarifs moindres, d'une importante réduction de la dette provinciale, et le Nouveau-Brunswick s'assurerait à long terme d'une sécurité et d'une fiabilité d'approvisionnement en énergie et du développement de la Province comme carrefour énergétique. Pour sa part, Hydro-Québec ferait l'acquisition d'actifs de qualité, desservirait plus de 370 000 nouveaux clients et pourrait tirer parti de la position géographique stratégique du Nouveau-Brunswick dans le nord-est de l'Amérique du Nord. Cette transaction serait rentable dès la première année, procurant à Hydro-Québec un rendement sur les capitaux propres de plus de 10 %. » Bureau du premier ministre, Gouvernement du Québec, http://www.premier-ministre.gouv.qc.ca/actualites/communiques/2009/octobre/2009-10-29.asp
5. Voir sous ce titre *Le Devoir*, 31 octobre 2009, http://www.ledevoir.com/politique/canada/272101/entente-hydro-quebec-energie-nb-une-version-affaires-de-l-accord-du-lac-meech, et *La Presse*, sous le titre « L'ombre de Meech », 31 octobre 2009, http://www.cyberpresse.ca/debats/opinions/201009/23/01-4322656-lombre-de-meech.php

Hydro-Québec peut avoir un certain sens sur le plan des affaires (un sens dont il restera d'ailleurs à faire la preuve dans le concret), il ne faut pas écarter le risque d'un dérapage politique qui pourrait nous replonger dans une crise majeure pour l'avenir du Québec et du Canada.

À peine annoncée, la transaction s'attire les foudres de Danny Williams, le premier ministre de Terre-Neuve. Terre-Neuve... Ça ne vous rappelle rien? Et comme ce fut le cas pour l'accord du lac Meech, de si funeste mémoire, la transaction est assujettie à un processus de consultation populaire, circonscrit au Nouveau-Brunswick, il est vrai; mais parions que tout ce que le pays compte de démagogues et de pêcheurs en eaux troubles va se mobiliser pour fustiger une opération qui, il faut bien l'admettre, accroît sensiblement l'emprise d'Hydro-Québec sur le marché de l'électricité dans le nord-est du continent. Au-delà de la clientèle du Nouveau-Brunswick, c'est le marché des États américains voisins qui est visé pour des exportations ponctuelles profitables.

Gagnants et perdants

Il faut être bien inconscient ou très naïf pour croire que l'affaire est dans le sac. Les milieux anglo-canadiens des finances et du génie-conseil se souviennent des effets qu'avait eus la nationalisation d'Hydro-Québec sur leurs activités. À Montréal et au Québec, ils s'étaient rapidement vu « tasser » par une nouvelle élite francophone que l'opération avait enhardie et avaient dû se résigner à une diminution de leur chiffre d'affaires et à une perte d'influence.

En l'espace de dix ans, Hydro-Québec est devenue le « navire amiral » de l'économie québécoise. Dans son sillage allait apparaître une pléthore d'entreprises dont on mesure encore tous les jours les gains en importance et en influence. Et il y a les autres. À la Caisse de dépôt, on doit se frotter les mains.

Cependant, en affaires, ce que les uns gagnent, les autres le perdent. Si les consommateurs du Nouveau-Brunswick risquent d'y gagner avec des tarifs dont le rythme d'augmentation va ralentir, les plus gros fournisseurs de services d'Énergie NB vont la trouver saumâtre. Quoi de plus normal pour Hydro-Québec que de consolider certains centres de décision aujourd'hui encore au Nouveau-Brunswick à son siège social de Montréal? Quoi de plus normal pour ceux qui les animent de se tourner en premier lieu vers leurs partenaires habituels ici?

Conséquences politiques

Les provinces atlantiques ne comptent pas de nombreux sièges sociaux. La perte de l'un des plus gros risque d'avoir de grosses répercussions sur les réseaux d'affaires qui y sont établis. Le bonheur de Montréal et du Québec risque d'être singulièrement terni par les lamentations et le bruit des chemises déchirées qu'on s'apprête à entendre d'un bout à l'autre du pays.

Au-delà des seules considérations économiques, on aurait tort de sous-estimer les conséquences politiques. Le débat lui-même va être difficile. Chauffé à blanc par les démagogues de tout acabit, il risque de devenir le déversoir de tous les préjugés anti-Québécois qui prolifèrent et «pestilencent» au Canada.

L'affaire débouchera sur un climax toxique au possible qui ne pourra se solder que par la «défaite» des uns ou des autres, avec les risques politiques que cela comporte pour l'avenir du Québec et du Canada. On oublie vite les victoires, elles ne font les manchettes qu'un jour. Les défaites, elles, marquent. On parle encore des plaines d'Abraham. De Meech aussi. Ce sont les amateurs de chiffons rouges et de drapeaux piétinés qui vont être ravis. À quoi pense donc Jean Charest? Pense-t-il?

La suite des événements allait me donner en grande partie raison.

Dans les jours qui suivent, je suis l'actualité de près pour tenter de voir ce qui se cache derrière cette affaire. Insatisfait de l'information fournie par nos médias traditionnels, j'entreprends des fouilles sur Internet, et j'ai la surprise de découvrir sur vigile.net, un site que je connaissais alors très peu, un texte qui évoque la « Malédiction de Churchill Falls[6] » censée frapper le Québec en raison du caractère prétendument inique de l'entente de 1969 en vertu de laquelle Hydro-Québec et la province de Terre-Neuve se sont entendues pour construire et exploiter les chutes du Bas-Churchill.

Ce texte de Jacques Vaillancourt renvoie à un site sur lequel je découvre ceci :

1 — La Malédiction du Contrat de Churchill Falls

Pourquoi faudrait-il ouvrir le contrat de Churchill Falls ?

Pourquoi faudrait-il ouvrir ce contrat que Hydro-Québec a signé avec Terre-Neuve en 1969, contrat qui se terminera en 2041 ?

Pourquoi faudrait-il ouvrir ce contrat que la Cour suprême du Canada a reconnu comme parfaitement légal ?

Pourquoi faudrait-il ouvrir ce contrat que tous nos premiers ministres québécois n'ont jamais osé modifier, même après l'avoir lu et relu ?

Pourquoi faudrait-il ouvrir ce contrat, même s'il est un déshonneur pour la nation québécoise ?

Pourquoi faudrait-il ouvrir ce contrat, même s'il nous fait passer pour une bande de pourries (sic) ?

Parce que ce contrat est probablement le plus ignoble des contrats actuellement en vigueur dans tout le monde occidental.

Parce que ce contrat fait de nous, les Québécois, un peuple d'extorqueurs, d'arnaqueurs, un peuple de bougons, un peuple de mécréants !

---

6.   Jacques Vaillancourt, « CHURCHILL FALLS. La malédiction ! », *Vigile*, http://www.vigile.net/CHURCHILL-FALLS-La-malediction

Parce que ce contrat n'apporte que malédictions au peuple québécois!

Pourtant, il n'en tient qu'au Parlement de Québec d'y mettre fin…et ce Parlement, que l'on prétend honorable, le tolère en silence depuis 1969 et tout laisse penser qu'il le tolérera jusqu'au bout… jusqu'en 2041.

Ce contrat crapuleux rapporte à Hydro-Québec, la fiancée chérie du Parlement de Québec, la somme minimum de deux milliards de dollars de profit net par année: oui, plus de deux mille millions par année.

Mais alors, pourquoi faudrait-il l'ouvrir, ce contrat? Pourquoi faudrait-il y mettre fin? Pourquoi faudrait-il s'offusquer de passer pour une bande de pourries (sic), si après tout, on s'en met plein les poches?

Justement, on ne s'en met pas plein les poches! Hydro-Québec, oui, certainement…! Mais pas nous!

Ce contrat, toujours en vigueur, que l'on tient délibérément caché aux Québécois, parce que trop honteux, a cependant été diffusé partout dans le monde anglophone de l'Amérique. Partout il a provoqué colère et mépris.

Ce contrat démontre clairement à la face du monde à quel point les Québécois peuvent être malhonnêtes en affaires!

Ce contrat a créé un vent de méfiance chez les anglophones. À la suite de ce contrat, ils ont fait beaucoup plus que doubler de prudence à notre égard… ils nous ont mis sur leur liste noire!

Le Québec sera dorénavant exclu du monde des affaires de l'Amérique!

Entre deux fournisseurs de biens et services, celui du Québec sera le deuxième choisi ou pire encore…. ne sera jamais choisi…! S'ensuivront fermetures d'usines et pertes d'emplois en cascade…!

Dans les faits, ce contrat nous coûte à nous les Québécois, en termes de punition économique et en termes d'opportunités d'affaires avortées, plusieurs dizaines de milliards de dollars par année.

C'est la principale cause des 150 milliards $ de dette du Québec.

Et le plus odieux dans tout cela est que plus l'économie québécoise tourne au ralenti, plus on ferme nos usines, plus il y a surplus d'énergie électrique.

Ce sont ces surplus qu'Hydro-Québec revend à prix fort à l'Ontario et aux États de la Nouvelle-Angleterre.

Par année, Hydro-Québec achète de Terre-Neuve environ 30 milliards de kilowattheures au prix de ¼ ¢ du kilowattheure pour les revendre à l'exportation à plus de 8 ¢. Il ne faut donc pas se surprendre qu'Hydro-Québec prenne tous les moyens possibles pour s'assurer que personne ne discute du contrat de Churchill Falls et que personne ne touche au contrat de Churchill Falls.

En regard du contrat de Churchill Falls, trois scénarios sont actuellement possibles :

1– Le statu quo jusqu'en 2041 et, par conséquent, la stagnation de l'économie québécoise.

2– Terre-Neuve se révolte et ordonne de débrancher la centrale. L'événement sera si important que tous les médias du monde en seront informés. Les termes odieux du contrat seront alors exposés et l'on apprendra ainsi combien fourbe peut être le peuple québécois. Notre humiliation sera totale !

3– Québec ordonne la réouverture du contrat et présente des excuses aux Innus du Labrador et à la population de Terre-Neuve.

Cette dernière option sonnerait le glas de la malédiction du contrat de Churchill Falls !

Cette dernière option nous donnerait une place au sein des nations et nous y serions alors tous gagnants !

Lucien Beauregard, ing.

10 septembre 2008

Ouf…! Ce monsieur n'y va pas avec le dos de la cuiller ! Dans le registre de l'autoflagellation, on atteint les limites du possible !

Stupéfait par ce que je viens de lire, je retourne à l'article de Jacques Vaillancourt et j'y laisse un commentaire qui va me servir d'amorce au premier texte que je vais écrire pour *Vigile*.

Les Grandes manœuvres[7]

Dans un commentaire sur un texte de Jacques Vaillancourt informant les lecteurs de *Vigile* de l'existence d'un site consacré à la « Malédiction de Churchill Falls », je soulevais la question suivante en parlant de l'acquisition, par Hydro-Québec, d'Énergie NB et d'un lien possible entre les deux affaires : « Qui donc a intérêt à ce qu'Hydro-Québec sorte de ses frontières territoriales et de son mandat pour faire cette transaction ?

Car il faut comprendre que le jour où Hydro-Québec s'aventure à l'extérieur de ses frontières, elle tombe sous la compétence de l'Office national de l'énergie d'Ottawa, et elle s'expose à être déclarée à l'avantage général du Canada, selon les termes de l'article 92(10) de la Constitution de 1867, repris en 1982. Jolie porte ouverte à un scénario de privatisation… ».

Notons d'entrée de jeu que d'autres que moi ont également évoqué cette perspective, notamment le professeur André Braën, avocat et professeur à l'Université d'Ottawa, dans une lettre au *Devoir* datée du 20 novembre 2009, pour ce qui est de la possibilité de voir Hydro-Québec déclarée à l'avantage général du Canada, et Gabriel Ste-Marie dans *L'Aut'Journal* du 22 janvier, pour ce qui est d'une privatisation éventuelle.

En effet, qui pourrait souhaiter qu'Hydro-Québec, passée sous contrôle fédéral, cesse d'être un outil privilégié de développement économique pour le Québec, qui n'aurait alors plus d'autre intérêt que de la privatiser pour au moins en tirer tout le bénéfice financier auquel lui donnent droit les investissements consentis au fil des années depuis la nationalisation de 1962 ?

---

7. Richard Le Hir, « Les Grandes manœuvres », *Vigile*, 3 février 2010, http://www.vigile.net/Les-Grandes-manoeuvres,25614

On voit d'ici les arguments qui pourraient nous être servis pour justifier une pareille manœuvre :

1— Le produit de la vente va servir à renflouer les caisses de l'État et à réduire son endettement, comme cela a été le cas dans d'autres pays, notamment la France (où l'EDF est désormais privatisée). Le Québec pourra ainsi conserver ses acquis sociaux et n'aura pas à effectuer de coupures radicales dans les services publics ;

2— Une HQ privatisée parviendra à écouler plus facilement son énergie verte en Ontario, dans les provinces atlantiques, et dans le nord-est des États-Unis, ce qui ouvrira la perspective à de nouveaux projets de développement au Québec ;

3— La Caisse de dépôt, durement éprouvée par la crise du PCAA, va pouvoir se « refaire » en gérant pour le compte de l'État une part des actions d'une HQ privatisée, en recentrant son portefeuille sur le Québec et en permettant aux Québécois de demeurer en partie propriétaires de l'entreprise, surtout si d'autres institutions québécoises se mettent de la partie (Mouvement Desjardins, Fonds de solidarité, Banque Nationale, FondAction, etc.).

Et il faut admettre que certains de ces arguments ont le mérite d'être *a priori* séduisants et gagneraient à être creusés pour s'assurer que leur attrait apparent est bien réel.

Pour l'instant, il ne s'agit encore que d'une hypothèse, mais elle a au moins le mérite d'expliquer des choses qui demeurent pour le moment inexplicables, ou à tout le moins inexpliquées.

Mais comme il ne s'agit encore que d'une hypothèse, il convient de prendre toutes les précautions qui s'imposent et de n'imputer d'intentions malveillantes à personne.

La liste des groupes susceptibles d'être intéressés à une privatisation éventuelle d'Hydro-Québec est au fond assez courte, ne serait-ce qu'en vertu des qualifications et des compétences qu'elle requiert. En effet, un tel projet ne peut intéresser que les groupes qui disposent d'une grande surface financière, d'une expertise technique dans le développement et l'exploitation de grands projets, et de compétences en gestion.

Pour ce qui est de la surface financière, en excluant d'emblée un groupe étranger (il n'y a qu'à regarder la réaction au Nouveau-Brunswick pour voir combien l'attachement de la population à ses grandes institutions est viscéral, et il y a tout lieu de croire que cet attachement serait encore plus grand à l'endroit d'Hydro-Québec), le seul groupe québécois susceptible d'avoir à la fois la capacité, les moyens et l'intérêt pour mener un tel projet à terme est Power Corporation.

En effet, outre ses intérêts dans les services financiers, Power est déjà présente dans le secteur de l'énergie par le truchement de ses participations dans la pétrolière française Total, active dans l'exploitation des sables bitumineux en Alberta (Paul Desmarais fils siège au conseil de Total), et dans le groupe français Suez, qui a racheté Gaz de France.

GDF Suez est intéressé au projet Rabaska, et a conclu une entente d'approvisionnement à long terme avec Énergie NB (tiens donc!). Il faut aussi rappeler que, comme son nom l'indique, Power Corporation était à ses origines un holding pour les intérêts que détenaient ses actionnaires dans des fournisseurs d'énergie, notamment au Québec. Retour aux sources?

Power ne dispose évidemment pas des compétences techniques requises. Mais celles-ci abondent au Québec, chez Hydro-Québec même, et aussi chez SNC-Lavalin, qui constitue un partenaire privilégié d'Hydro depuis toujours.

Il n'y a donc pas de problème à ce niveau, pas plus que pour ce qui est des compétences en gestion qui pullulent dans ces deux viviers.

En revenant maintenant au projet actuel de rachat d'une partie importante des activités d'Énergie NB par Hydro-Québec, on constate que sa première version a été tellement décriée que les deux parties ont été forcées de faire machine arrière et de renégocier leur entente.

Il semble d'ores et déjà que la seconde subira le même sort que la première. En effet, les attaques se poursuivent et la mobilisation gagne en intensité. Un rapport commandé par le premier ministre Shawn Graham à un groupe de « sages » réunis par lui vient de rendre un rapport aussitôt qualifié « de complaisance ».

Le président du groupe, l'industriel David Ganong, héritier d'une riche famille de confiseurs (dont les usines profiteront d'ailleurs de la transaction avec HQ), se fait tirer dessus à boulets rouges et voit son entreprise menacée de boycott. L'insistance du premier ministre Graham à imposer cette transaction risque de lui valoir la sanction de l'électorat aux prochaines élections générales prévues pour septembre prochain.

Tout cela n'aurait qu'une importance secondaire si ce n'était qu'elle fait apparaître des liens troublants qui permettent de valider l'hypothèse des intentions de Power Corporation. En effet, que peuvent bien avoir en commun tous ces protagonistes?

Une chose est certaine, ils se connaissent. Paul Desmarais fils et David Ganong font partie d'un club sélect, le Conseil nord-américain de la compétitivité, un groupe officiel de travail américano-canado-mexicain regroupant des hauts dirigeants d'entreprises réunis dans le cadre du Partenariat nord-américain pour la sécurité et la prospérité (PSP) à son second sommet de Cancún, au Mexique, en mars 2006.

Voici d'ailleurs la liste des membres canadiens de ce groupe:
Canada
- Dominic D'Alessandro, président et chef de la direction, Financière Manuvie

- Paul Desmarais fils, président du conseil et cochef de la direction de la société, Power Corporation du Canada
- David A. Ganong, président, Ganong Bros. Limited
- Richard L. George, président et chef de la direction, Suncor Énergie inc.
- E. Hunter Harrison, président et chef de la direction, Compagnie des chemins de fer nationaux du Canada
- Linda Hasenfratz, chef de la direction, Linamar Corporation
- Michael Sabia, président et chef de la direction, Bell Canada Entreprises (BCE)
- James A. Shepherd, président et chef de la direction, Produits Forestiers du Canada ltée
- Annette Verschuren, présidente, Home Depot du Canada inc.
- Richard E. Waugh, président et chef de la direction, Banque Scotia

On aura reconnu au passage le nom de Michael Sabia, l'actuel président de la Caisse de dépôt et placement du Québec, nommé en remplacement d'Henri-Paul Rousseau, passé pour sa part au service de… Power Corporation.

Et quand on sait que le président du conseil de la Caisse de dépôt est aujourd'hui Robert Tessier, l'ancien président de Gaz Métro vendue en catimini par Hydro-Québec à SNC-Lavalin, la Caisse de dépôt et le Fonds de solidarité, cinq jours avant d'autoriser la construction de la centrale de Bécancour construite par SNC-Lavalin et approvisionnée par Gaz Métro, il y a de quoi donner le vertige à n'importe qui.

Et toute cette information se trouve encore à soulever une pléiade de questions sur ce qui s'est vraiment passé à la Caisse de dépôt.

Que des entreprises du secteur privé aient des projets visant éventuellement le secteur public et qu'elles préfèrent ne pas s'ouvrir publiquement de leurs intentions, rien de plus normal. En affaires, on ne les télégraphie pas à la concurrence, c'est bien connu.

Mais ici, il ne s'agit pas uniquement du secteur privé. Comme le secteur public est en jeu, il y a des gens qui ont des comptes à rendre à l'opinion publique. À commencer par le premier ministre Jean Charest.

L'ennui, c'est qu'aucun débat n'est engagé sur ces questions alors que certains intérêts sont peut-être déjà en train de se partager « la peau de l'ours » à l'insu des Québécois, convaincus qu'ils sont de pouvoir mettre la main dessus.

Il est grand temps que l'opposition officielle se lève pour demander à Jean Charest s'il est dans les intentions de son gouvernement de procéder à la privatisation d'Hydro-Québec en totalité ou en partie à court ou à moyen terme.

Alors que j'amorce mon questionnement, la mer s'agite furieusement au Nouveau-Brunswick, et comme je l'avais anticipé dans mon premier article paru dans *Le Devoir* et *La Presse*, les milieux d'affaires montent aux barricades.

C'est ainsi que paraît le 13 février 2010, dans le *Telegraph-Journal* de Moncton, un commentaire de Me Reuben Cohen C.R., O.C., l'une des personnalités d'affaires les plus influentes des provinces atlantiques, qui précise d'entrée de jeu qu'à l'âge de 90 ans et natif de Moncton, c'est la première fois de sa vie qu'il éprouve le besoin de s'adresser aux médias locaux. Le titre de son message est éloquent : « *Be Wary of Quebec* ». Méfiez-vous du Québec !

Parlant du premier ministre Shawn Graham qui semble pour sa part pressé de vendre Énergie NB, il dit ceci :

In his zeal to conclude the sale, the premier seems to be politically irrational and like a man possessed, and this leads me to somehow suspect that somewhere there is an "éminence grise" behind the whole scene with its own agenda, even though it may lead to the downfall of the present administration.

Non seulement annonce-t-il que Shawn Graham vient de poser le geste qui lui fera perdre le pouvoir (et c'est effectivement ce qui adviendra quelques mois plus tard), mais il soupçonne la présence derrière les rideaux d'une « éminence grise » qui mène le jeu en fonction de ses intérêts et de ses priorités.

Quant à savoir de qui il s'agit, il semble en avoir une excellente idée, car il l'a nommé quelques lignes plus haut en racontant comment il avait dû renoncer à acheter le Crédit Foncier dans les années 1970 à la suite de l'adoption précipitée au Québec d'un projet de loi l'en empêchant :

> *It seemed all right for a Quebec-incorporated company to have its ownership for almost 100 years in France, but the ownership transferred to a sister province in Canada was not acceptable to them.* **The company was eventually sold to a Quebec-based institution and ended up in the Desmarais family**[8]. [Mes caractères gras]

Tiens donc…

Quiconque verrait dans cette référence à Paul Desmarais une pure coïncidence ferait preuve de la plus grande naïveté. Ayant accumulé une fortune importante qui lui permettait de figurer parmi les prétendants au rachat du Crédit Foncier en concurrence contre Paul Desmarais au début des années 1970, Me Cohen est tout sauf un néophyte, et son intention est bien claire : dénoncer l'intervention du Québec dans les affaires du Nouveau-Brunswick en rappelant que si Desmarais était parvenu à l'écarter du Québec à l'époque, il devait s'attendre en retour à être écarté du Nouveau-Brunswick aujourd'hui.

La suite des choses allait démontrer que Me Cohen, tout en disant les choses le plus diplomatiquement possible, avait

---

8. L'accès aux archives du *Moncton Telegraph-Journal* est désormais payant : http://www.telegraphjournal.com/csp/cms/sites/TJOnline/Main/login.csp?LastURL=/csp/cms/sites/TJOnline/GreaterSJ/index.csp

bien l'intention de faire capoter la manœuvre de son ancien rival.

C'est dans ce contexte que j'intervins de nouveau sur *Vigile* le 24 février suivant. Rappelant les grandes lignes de l'affaire telle que j'étais désormais en mesure de la comprendre sous le titre « **Gare à l'arnaque du siècle !** », je reviens sur le contrat de Churchill Falls, qui semble destiné à servir de déclencheur à la remise en question du statut d'Hydro-Québec.

Selon les conclusions d'une étude juridique très intéressante publiée dans le *Dalhousie Law Journal* il y a quelques années dont je cite ici le résumé :

> Le contrat des chutes Churchill conclu en 1969 entre Hydro-Québec et la Churchill Falls (Labrador) Corporation a suscité une grande controverse politique. Il a aussi été contesté devant les tribunaux, les parties étant même allées jusqu'à soumettre leur différend à la Cour suprême du Canada. Pourtant, en dépit de l'examen minutieux de ce contrat par les tribunaux dans le cadre des nombreuses poursuites, en dépit de la rhétorique politique, et en dépit de toute l'encre qui a coulé, un élément extraordinaire de ce contrat reste mystérieux : la clause de reconduction. Cette disposition prévoit qu'**en 2016, à l'expiration des quarante-quatre ans que doit durer le contrat, il sera reconduit d'office pour vingt-cinq années additionnelles, à un tarif nominal fixe inférieur au tarif en vigueur pendant les années 1960.** Puisque cette reconduction portera sur des milliards de dollars, il est certain que la reconduction provoquera un différend de taille qui aura vraisemblablement des dimensions politiques et légales. Les auteurs présentent la première étude exhaustive sur les origines de cette clause de reconduction, étude réalisée en grande partie grâce à des documents d'archive et à d'autres

documents dont, jusqu'à tout récemment, on ignorait l'existence ; ils avancent que les événements relatés pourront soulever des questions quant à l'éthique des affaires et à la loi [9]. » [Mes caractères gras]

Et j'ajoutais ensuite :

Quant au site www.chuteschurchill.com, quiconque en prend connaissance ne peut conclure autrement qu'il s'agit d'une tentative éhontée de manipulation de l'opinion, de propagande, nécessairement au service d'intérêts qui demeurent pour le moment encore occultes [10], mais qu'une analyse même sommaire permet de cerner assez précisément.

Manipulation, propagande, intérêts occultes, on ne rit plus. Et je continuais :

[…] le seul groupe à avoir à la fois l'envergure, les moyens et l'intérêt pour mener à terme une acquisition comme celle d'Hydro-Québec était Power Corporation. Je soulignais également la présence dans l'entourage de Power de personnalités telles que Michael Sabia, devenu président de la Caisse de dépôt, et David Ganong, de la fameuse famille des confiseurs, invité par le premier ministre du Nouveau-Brunswick à

9.   James P. Feehan, Melvin Baker, « The Origins of a Coming Crisis : Renewal of the Churchill Falls Contract », *Dalhousie Law Journal*, 2007, http://www.ucs.mun.ca/feehan/CF.pdf .

10.   Un lecteur semi-anonyme de *Vigile* a effectué des recherches et a découvert l'information suivante, mise en ligne le 26 janvier 2010 : « Le site chuteschurchill.com est enregistré au nom de la société Mind Bending Media de Calgary qui ne semble pas faire dans la politique mais dans la création de sites Web … sur commande. Le véritable commanditaire se cache derrière évidemment… ». À la lumière de ce que nous avons appris par la suite, il ne serait guère étonnant que le commanditaire soit Total ou Talisman Energy pour le compte de Power ou de l'une ou l'autre de ses filiales ou participations, http://www.vigile.net/CHURCHILL-FALLS-La-malediction.

présider un comité ayant pour mission de se pencher sur le mérite de la transaction Hydro-Québec/NB Power (ce rapport a été rendu public il y a quelques semaines et a été si mal reçu par la population qu'il a valu à l'entreprise de David Ganong le boycott de ses produits — du chocolat — en pleine période de la Saint-Valentin!).

L'évolution du dossier au cours des dernières semaines m'a amené à creuser ma réflexion sur les liens entre ces différents dossiers. Ainsi, je me suis toujours demandé ce qu'Henri-Paul Rousseau allait faire chez Power Corporation. Et comme d'autres, j'avais été surpris que Michael Sabia, à peine nommé à la Caisse de dépôt, se précipite rencontrer Henri-Paul Rousseau aux bureaux de Power Corporation.

Si, effectivement, Power Corporation est intéressée à participer à la privatisation d'Hydro-Québec, les pions se mettent tous en place : Rousseau chez Power ; Robert Tessier, ancien président de Gaz Métro, à la présidence du conseil de la Caisse de dépôt ; Michael Sabia à la direction générale de la Caisse de dépôt ; Claude Garcia, ancien président de Standard Life, proche du Parti libéral et partisan affiché de la privatisation d'Hydro-Québec[11], au conseil d'administration de la Caisse de dépôt ; Shawn Graham, premier ministre du N.-B., instrumenté, au dire d'une des personnalités les plus respectables des milieux d'affaires des provinces Atlantiques, par une éminence grise qui pourrait être nulle autre que Paul Desmarais ; David Ganong, ami de Shawn Graham et dans le cercle d'influence de la famille Desmarais, nommé pour dédouaner la transaction HQ/Énergie NB auprès de la population du N.-B.

11. Claude Garcia, «Comment la privatisation d'Hydro-Québec permettrait-elle d'enrichir les citoyens québécois?», Institut économique de Montréal, 3 février 2009, http://www.iedm.org/fr/634-comment-la-privatisation-dhydro-quebec-permettrait-elle-denrichir-les-citoyens-quebecois-

Il n'est pas non plus inutile de rappeler que le sénateur Lowell Murray, qui a demandé l'intervention du fédéral dans le dossier HQ/Énergie NB[12], est un proche de Brian Mulroney, lui-même très proche de Paul Desmarais.

Henri-Paul Rousseau serait l'homme tout indiqué pour exécuter une stratégie de privatisation totale ou partielle d'Hydro-Québec, qui requiert une connaissance intime des rouages de l'État québécois, de ses finances, et de ses divers partenaires financiers.

Tout cela fait beaucoup. Beaucoup trop pour n'être le fruit que de la seule coïncidence.

Et pour couronner le tout, on apprenait hier que la poursuite de Nalcor (nouveau nom de la société Churchill Falls) avait déposé son action pour faire rouvrir le contrat de 1969. Voici d'ailleurs ce que précise Hélène Baril, de *La Presse*, dans un article paru aujourd'hui :

> Même si tous les recours précédents de Terre-Neuve contre Hydro-Québec ont échoué, le président de Nalcor estime que cette ultime tentative a des chances de réussir. Des juristes respectés, comme l'ancien juge de la Cour d'appel Jean-Louis Baudouin et l'ancien professeur de droit de l'Université McGill Pierre-Gabriel Jobin, estiment que notre cause est bonne, a expliqué M. Martin.
>
> Deux cabinets, Stikeman Elliott et Irving Mitchell Kalichaman, plaideront la cause de Terre-Neuve. Selon leurs arguments, le refus d'Hydro-Québec de renégocier le contrat est un abus de droit et une violation de la notion de « bonne foi » contenue dans le Code civil du Québec.

---

12. « Ottawa should review NB Power deal : Ont. Senator », CBCNews, 15 décembre 2009, http://www.cbc.ca/news/canada/new-brunswick/story/2009/12/15/nb-murray-senate-nbpower-149.html.

Selon les avocats de Terre-Neuve, la violation de la notion de bonne foi a déjà été reconnue par la Cour suprême du Canada, notamment dans une cause opposant la Banque Nationale et Normand, Réjean, Rolland et Bruno Houle, une famille d'industriels québécois.

Terre-Neuve et Hydro-Québec croisent le fer dans une autre cause, celle de l'accès au réseau de transport d'électricité au Québec. Terre-Neuve voudrait pouvoir y faire transiter l'énergie de son futur projet hydroélectrique du Bas-Churchill jusqu'au marché américain, ce que refuse Hydro[13].

On voit donc toutes les ramifications de ce dossier, certainement l'un des plus gros, des plus complexes et des plus lourds de répercussions sur le Québec, ses compétences et ses finances que l'on ait jamais vu. Pour les Québécois, les répercussions sont également considérables, à commencer par le compte d'électricité qu'ils auront à assumer tous les mois.

On voit très bien ce que le Québec et les Québécois ont à y perdre, mais très peu ce qu'ils ont à y gagner. C'est peut-être pour cela qu'il faudrait s'y intéresser.

Il est invraisemblable et inacceptable qu'un dossier aux enjeux aussi considérables et recelant un tel potentiel d'arnaques politiques et financières ne fasse pas l'objet d'un débat public. Le silence actuel augure très mal de l'avenir. Que fait l'opposition officielle?

En fait, l'opposition officielle (le PQ) ne faisait rien du tout. Ce dossier lui planait cent pieds au-dessus de la tête.

---

13. Hélène Baril, «Terre-Neuve et Hydro se battent devant la Régie», *La Presse*, 19 janvier 2010, http://lapresseaffaires.cyberpresse.ca/economie/energie-et-ressources/201001/19/01-940570-terre-neuve-et-hydro-se-battent-devant-la-regie.php

Fort heureusement pour le Québec et les Québécois, la population du Nouveau-Brunswick veillait au grain, et les Québécois ne se doutent même pas à quel point ils lui doivent une fière chandelle (un fier kilowattheure?).

Dans les jours et les semaines qui suivent, l'entente commence à se détricoter au Nouveau-Brunswick, comme il était désormais inévitable. Je suis quotidiennement la progression des débats autant dans les médias traditionnels que dans les médias sociaux. Le 24 mars, on apprend qu'elle ne tient plus[14].

Le jour même, je rédige pour *Vigile* le texte suivant:

Un prétexte fumiste[15]!
Les médias viennent d'annoncer l'annulation de la vente d'Énergie NB à Hydro-Québec. Officiellement, on invoque des coûts plus élevés que prévu révélés par la vérification diligente d'Hydro-Québec. Quelle fumisterie!

La **vraie vérité**, c'est que les deux parties se sont rendu compte qu'elle ne passait pas la rampe de l'opinion publique au Nouveau-Brunswick et que plus les Québécois découvriraient les tenants et les aboutissants de cette affaire-là, plus ils réserveraient à Jean Charest le sort que Shawn Graham subit présentement au Nouveau-Brunswick. Il s'agissait de trouver un moyen qui leur permettrait de sauver «**honorablement**» (?) la face.

Dans cette affaire, les médias traditionnels au Québec ont été au-dessous de tout. Ils se sont laissé enfumer par les belles paroles des dirigeants d'Hydro-Québec qui essayaient de les convaincre que cette transaction était dans les meilleurs intérêts du Québec.

---

14.   Agence QMI, «L'entente entre Hydro-Québec et Énergie NB ne tient plus», 24 mars 2010 http://fr.canoe.ca/infos/dossiers/archives/2010/03/20100324-113538.html
15.   Richard Le Hir, «Un prétexte fumiste!», *Vigile*, 24 mars 2010, http://www.vigile.net/Un-pretexte-fumiste

Je remercie ici *Vigile* qui, malgré qu'il ait subi des tentatives d'intimidation dans le passé en s'attaquant aux intérêts qu'on connaît, n'a pas hésité un seul instant à publier les textes que je lui ai fait parvenir sur le sujet. J'en profite pour souligner que je suis le premier surpris du nombre de « visiteurs » qu'ils m'ont valu.

Maintenant que les deux premiers ministres ont été pris en flagrant délit de détournement de biens publics (Hydro-Québec et Énergie NB), il serait temps de démonter publiquement toute cette mécanique pour découvrir ce qui se cache en dessous.

Le 25 mars, en éditorial dans *Le Devoir*, Jean-Robert Sansfaçon écrit :

Il était écrit dans le ciel [on ne l'aurait pas cru à lire *Le Devoir* pendant toute cette période] qu'Hydro-Québec échouerait dans sa tentative d'acheter les actifs d'Énergie Nouveau-Brunswick. Même si les motifs avancés par les deux gouvernements ne sont pas ceux qu'on attendait, le résultat est le même et il ramène sur le devant de la scène l'incapacité du gouvernement Charest à conclure ses projets.

Selon les communiqués de presse rédigés par les deux gouvernements, c'est Hydro-Québec qui serait à l'origine de l'échec des négociations. Alors qu'on s'attendait à un nouveau recul de la part du premier ministre Shawn Graham, aux prises avec une forte opposition à quelques mois des élections, ce serait le Québec qui aurait fait marche arrière après évaluation de la qualité des actifs et des investissements requis pour leur mise à niveau. Soit, mais admettons que l'argument fait l'affaire des deux parties puisque ni l'une ni l'autre n'était parvenue à convaincre les principaux intéressés, les contribuables du Nouveau-Brunswick, des avantages d'un tel contrat pour l'avenir énergétique de cette province.

Le mois dernier, un sondage commandé par Radio-Canada-Acadie nous apprenait que 76 % des Néo-Brunswickois étaient opposés à la dernière mouture de l'entente. Ce n'était pas une surprise puisque dès la signature initiale, en octobre dernier, le gouvernement Graham avait dû affronter une vive opposition malgré la promesse d'un gel des tarifs résidentiels pendant cinq ans.

Une telle levée de boucliers était à prévoir étant donné la corde sensible que fait vibrer la seule idée de se départir d'une société de services publics. Et dans le cas d'Énergie NB, s'ajoutait à cela le fait que l'acheteur intéressé était le Québec, ce mouton noir français de la fédération. D'ailleurs, le même sondage de Radio-Canada révélait que si 62 % des francophones du Nouveau-Brunswick étaient opposés à l'entente, la proportion grimpait à plus de 81 % chez les anglophones[16] ! [Mes caractères gras]

Deux jours après la publication de cet éditorial, Michel David, du *Devoir*, dans une chronique sur l'échec de cette transaction, trouve le moyen de me gratifier d'un coup de griffe en commentant la réaction de Pauline Marois à l'annonce de cette nouvelle :

Jusqu'à cette semaine, Mme Marois n'avait montré aucun intérêt pour ce dossier. « Nous aurions souhaité qu'elle réussisse », a-t-elle cependant assuré à l'Assemblée nationale, s'empressant d'attribuer l'échec de la transaction à l'improvisation du gouvernement et surtout au déferlement de « Quebec bashing » des derniers mois.

Certains, dont son ancien collègue dans le gouvernement Parizeau Richard Le Hir, avaient pourtant eu des visions

---

16. Le *Devoir*, 25 mars 2010, http://www.ledevoir.com/economie/actualites-economiques/285640/energie-nouveau-brunswick-un-echec-previsible

d'Apocalypse à l'annonce de l'entente. M. Le Hir craignait qu'en sortant ainsi de ses frontières, le Québec ne soit assujetti à l'Office national de l'énergie du Canada.

Selon lui, Ottawa aurait même pu invoquer l'article 92 de la Constitution, qui permet au gouvernement fédéral de déclarer un ouvrage provincial « à l'avantage général du Canada », ouvrant ainsi la porte à la privatisation d'Hydro-Québec. Je vous fais grâce de la suite de son scénario.

Sans sombrer dans la paranoïa, on peut être certain que M. Charest aurait profité de l'achat de réseau d'Énergie NB pour démontrer que l'appartenance à la fédération canadienne offrait des occasions d'affaires impensables dans un Québec souverain. Inversement, le camp souverainiste a maintenant beau jeu de présenter la levée de boucliers des derniers mois comme un nouveau rejet du Québec.

Commençons par noter que Pauline Marois a déclaré à l'Assemblée nationale : « Nous aurions souhaité que la transaction réussisse. » Pourtant, comme le souligne fort pertinemment Michel David, « Mme Marois n'avait [jusqu'alors] montré aucun intérêt pour ce dossier. » Comme le Parti québécois n'avait pas pris position, est-il déraisonnable de penser que le « Nous aurions souhaité… » était plutôt un « J'aurais souhaité… » ?

Si tel est bien le cas, il serait très important que Mme Marois s'explique à ce sujet avant le prochain rendez-vous électoral. S'il est une chose qui est de première importance dans la conjoncture actuelle, c'est bien de savoir très précisément quelle est sa vision de l'avenir d'Hydro-Québec et sur qui elle s'est appuyée pour se la former. Si ce devait être sur un électeur célèbre du comté de Charlevoix…

Pour ce qui est du commentaire malveillant de Michel David à mon endroit, j'y ai répondu de la manière suivante sur *Vigile* le jour même :

Je n'entrerai pas dans le jeu d'une polémique stérile avec M. David. Les faits sont toutefois les faits. En effet, le 3 novembre 2009, soit quelques jours après l'annonce de la transaction, j'envoyais à un collègue de M. David, Robert Dutrisac, qui m'avait fait part de son intérêt pour la question, le message suivant :

> Il n'y a aucun doute que plus les activités de transport et de commercialisation d'Hydro-Québec vont se développer ailleurs qu'au Québec, plus celles-ci seront assujetties à l'autorité du gouvernement fédéral. Et s'il fallait qu'elles en viennent à revêtir un intérêt vital pour le Canada, elles pourraient être déclarées à l'avantage général du Canada selon la Constitution, et tomber sous la seule autorité du fédéral.
>
> C'est sur ce modèle qu'avaient été développées les voies nationales de chemin de fer au début des années 1900, et c'est ce pouvoir que le fédéral avait utilisé pour affirmer sa compétence. Ce pouvoir n'a jamais été réutilisé depuis, mais il existe encore sous la forme du par. 92(10) de la Constitution de 1982 :
>
> > [Les provinces ont compétence sur :]
> > 10. Les travaux et entreprises d'une nature locale, autres que ceux énumérés dans les catégories suivantes : —
> > a. Lignes de bateaux à vapeur ou autres bâtiments, chemins de fer, canaux, télégraphes et autres travaux et entreprises reliant la province à une autre ou à d'autres provinces, ou s'étendant au-delà des limites de la province ;
> > b. Lignes de bateaux à vapeur entre la province et tout pays dépendant de l'empire britannique ou tout pays étranger ;
> > c. Les travaux qui, bien qu'entièrement situés dans la province, seront avant ou après leur exécution

déclarés par le Parlement du Canada être pour l'avantage général du Canada, ou pour l'avantage de deux ou d'un plus grand nombre des provinces; [...]

À partir du moment où Hydro-Québec tombe sous l'autorité du fédéral, on peut facilement imaginer de quelle façon serait tranchée la question de l'accès de Terre-Neuve au réseau d'Hydro-Québec pour vendre les surplus des chutes Churchill aux États-Unis. À l'heure actuelle, en vertu d'une vieille entente que Terre-Neuve dénonce, c'est Hydro-Québec qui achète ces surplus au tarif convenu.

Quelques jours plus tard, le 18 novembre 2009 pour être précis, j'étais ravi de voir mon analyse confirmée dans *Le Devoir* par un professeur de droit de l'Université d'Ottawa, Me André Braën, qui écrivait ceci:

Le gouvernement Charest a d'ambitieux projets d'expansion pour Hydro-Québec. L'achat éventuel d'Énergie Nouveau-Brunswick, suivi peut-être par celle (sic) de l'Île-du-Prince-Édouard afin d'en rationaliser les structures de transport et de distribution d'électricité surtout vers le marché de la Nouvelle-Angleterre, apparaît bien alléchant sur le plan économique. Toutefois ce projet, s'il se réalise, risque de transformer Hydro-Québec en «Hydro-Canada».

En effet, l'entreprise québécoise sera alors de plus en plus perçue comme étant une entreprise interprovinciale, et la tentation des autorités fédérales, sous la pression de l'opinion publique canadienne, d'en prendre le contrôle et d'en réglementer les activités, sera d'autant plus forte.

Le Parlement canadien peut en effet déclarer certaines entreprises de l'intérêt général du Canada ou de deux provinces et plus (article 92 (10) de la Loi constitutionnelle de 1867).

Par ailleurs, même si Québec peut effectivement légiférer en ce qui concerne l'exportation hors de la province de son électricité, la Constitution prévoit que le Parlement canadien peut aussi intervenir dans ce domaine et qu'à ce moment sa législation jouit d'une prépondérance (article 92 a) de la Loi constitutionnelle de 1867).

Le projet est donc emballant et porteur de croissance pour Hydro-Québec. Mais ce faisant, l'entreprise québécoise risque de plus en plus d'attiser la convoitise des autorités fédérales.

Le cas échéant, le Québec pourrait donc perdre le contrôle de son joyau. Le gouvernement Charest a-t-il été averti de cette possibilité ? La question mérite d'être posée[17].

Voilà donc pour l'aspect juridique de la question. Quant à la question d'une éventuelle privatisation, je demeure convaincu que le scénario que j'ai évoqué est réaliste sur la base des éléments de preuve circonstancielle que j'ai évoqués dans « Les Grandes manœuvres » et « Gare à l'arnaque du siècle ! ». Et le reste du présent article est justement consacré au deuxième volet de cette saga mettant en cause, cette fois-ci, Terre-Neuve et son bouillant premier ministre Danny Williams, en arrière desquels se profile encore une fois l'ombre de Power Corporation.

En attendant, je peux comprendre qu'au *Devoir* on soit un peu piqué de s'être fait coiffer au poteau sur un dossier majeur par quelqu'un qui n'est même pas issu du milieu des médias et qu'on cherche maintenant à réduire l'importance de l'affaire à une tempête dans un verre d'eau. Mais comme je le soulignais

---

17. *Le Devoir*, http://www.ledevoir.com/politique/quebec/277564/lettres-hydro-quebec-et-la-convoitise-a-ottawa

l'autre jour, dans cette affaire, les médias traditionnels au Québec ont été au-dessous de tout. Ils se sont laissé enfumer par les belles paroles des dirigeants d'Hydro-Québec qui essayaient de les convaincre que cette transaction était dans les meilleurs intérêts du Québec. […]

Abordons maintenant le cas de Terre-Neuve. Comme on le sait, cette province a récemment engagé deux procédures devant des instances judiciaires et quasi judiciaires du Québec. Comme il s'agit de dossiers assez complexes dans les deux cas, il est très important d'en saisir les différents enjeux.

La première de ces deux procédures a été intentée devant la Régie de l'énergie du Québec. Voici comment la journaliste Hélène Baril, de *La Presse*, résume la situation dans un article daté du 19 janvier :

> Après la déréglementation du marché de l'énergie aux États-Unis en 1996, Hydro-Québec a été obligée d'ouvrir une partie de ses activités, le transport d'énergie, à la concurrence, pour protéger son précieux accès au marché américain. Terre-Neuve et sa société d'État Nalcor, à qui Hydro-Québec a refusé l'accès à son réseau de transport d'électricité, affirment que l'ouverture d'Hydro-Québec à la concurrence n'est qu'une illusion. Leurs plaintes, qui font l'objet d'audiences publiques qui commencent aujourd'hui, sont un premier test pour la concurrence sur le marché québécois. Et pour l'indépendance de la Régie de l'énergie.
>
> C'est en quelque sorte la bible pour toutes les entreprises qui veulent vendre de l'énergie sur le lucratif marché américain. L'Open Access Transmission Tariff est un document de 200 pages qui fixe les règles du jeu pour quiconque vend de l'énergie aux États-Unis depuis la déréglementation du marché en 1996.

La règle de base est la suivante : le réseau de transport d'électricité des États-Unis est ouvert à tout le monde qui veut y acheminer de l'énergie, à condition d'en payer les frais d'accès. Les entreprises canadiennes qui veulent le louer doivent faire la preuve que la réciproque existe, c'est-à-dire que leur propre réseau est ouvert à tous sur la base du premier arrivé, premier servi.

À défaut de se conformer à ces règles, une entreprise ne peut obtenir le permis pour accéder au marché américain, émis par la FERC, l'organisme de réglementation en matière d'énergie.

C'est la raison pour laquelle Hydro-Québec s'est empressée d'adhérer à l'Open Access Transmission Tariff ou, en français, Tarifs et conditions de service de transport en libre-accès.

C'est de là que vient la séparation des activités d'Hydro-Québec en trois divisions, Production, Distribution et Transport. L'idée était de séparer le réseau de transport du reste du monopole afin de démontrer son indépendance et son ouverture à la concurrence, tel qu'exigé par la FERC.

C'est aussi la raison d'être de la Régie de l'énergie, qui a été créée pour surveiller les activités du monopole en matière de tarifs et de transport d'électricité.

Hydro-Québec a énormément profité de l'ouverture du marché du transport. L'entreprise a pu augmenter ses revenus d'exportation, notamment en achetant de l'énergie sur le marché quand le prix est bas pour la revendre lorsque les prix sont élevés.

En contrepartie, l'ouverture des marchés de gros n'a pas eu beaucoup de désavantage pour Hydro-Québec. Les autres producteurs d'énergie susceptibles d'emprunter le réseau de transport québécois pour exporter aux États-Unis sont peu nombreux et de petite taille. Ainsi, l'an dernier, près de 15 ans après la déréglementation, seulement 7 % des revenus de

2,8 milliards d'Hydro-Québec TransÉnergie provenaient d'autres producteurs d'énergie.

Le premier concurrent important qui pourrait profiter de l'ouverture du marché pour exporter de l'électricité aux États-Unis est Nalcor, la société d'État de Terre-Neuve, qui veut développer un mégaprojet hydroélectrique sur la rivière Churchill au Labrador et vendre cette énergie aux États-Unis.

Terre-Neuve exporte déjà de petites quantités d'électricité aux États-Unis (250 mégawatts) via le Québec, ce qui a permis au président d'Hydro, Thierry Vandal, de répéter publiquement la semaine dernière que le réseau québécois est ouvert à tous.

Mais la quantité d'énergie dont il est question maintenant est beaucoup plus considérable ; les deux centrales qui seraient construite sur le Bas-Churchill produiraient 2 800 mégawatts. Aucun autre commentaire n'a pu être obtenu de la part d'Hydro-Québec.

Pour atteindre le marché américain, Nalcor doit passer par le Québec ou construire un lien sous-marin vers la Nouvelle-Écosse, une solution plus coûteuse. Les demandes de réservation de capacité de transport de Nalcor ont été rejetées par Hydro-Québec et la société terre-neuvienne, insatisfaite des explications qu'on lui a servies, a porté plainte devant la Régie de l'énergie. En attendant, son projet de 6,5 milliards est bloqué. « Avant de commencer, il faut connaître les règles du jeu », a résumé le président de Nalcor, Ed Martin, lors d'une rencontre de presse.

Les plaintes de Nalcor, quatre en tout, posent plusieurs questions à Hydro-Québec.

Terre-Neuve a enregistré sa première demande de réservation de transport le 19 janvier 2006, et la réponse d'Hydro-Québec a été qu'il n'y avait pas de capacité disponible sur le réseau. Pourtant, le lendemain, 20 janvier, la division

Production d'Hydro-Québec enregistrait une demande de réservation pour la même portion du réseau. Pourquoi?

Nalcor a aussi demandé à Hydro-Québec d'examiner la possibilité d'emprunter son réseau pour acheminer de l'électricité vers l'Ontario par la nouvelle ligne à être construite entre les deux provinces. Quand la construction de ce nouveau lien a été confirmée, Hydro-Québec a fait savoir à Nalcor que toute la capacité était déjà réservée par Hydro-Québec pour les 50 prochaines années.

Pourquoi Hydro-Québec n'a-t-elle pas fait connaître et offert à tous cette capacité de transport supplémentaire vers l'Ontario, comme le prévoient les règles d'un marché ouvert? demande Nalcor.

Ces questions, et plusieurs autres plus techniques, seront débattues au cours des trois prochaines semaines devant la Régie.

Pour Terre-Neuve, qui a déjà un long contentieux avec Hydro-Québec, il semble bien que le marché du Québec ne soit pas aussi ouvert qu'Hydro le prétend et qu'il souffre d'un parti pris en faveur... d'Hydro-Québec.

Les plaintes de Terre-Neuve remettent aussi en question la séparation d'Hydro-Québec en trois divisions, indépendantes en principe mais toujours unies sous la même entité corporative avec un seul président-directeur général.

Si Nalcor avait gain de cause devant la Régie, la création des divisions Production, Distribution et Transport apparaîtrait alors comme ce qu'elle est déjà aux yeux de plusieurs observateurs: une formule pour permettre à Hydro-Québec de continuer d'agir comme un monopole en donnant l'illusion que la concurrence existe.

Hydro se serait volontiers passée de cet examen aux rayons x. La société d'État a d'ailleurs tenté sans succès de faire dérailler la démarche de Nalcor en alléguant que ses plaintes avaient été déposées hors délais et que la

Régie de l'énergie n'avait pas la compétence pour trancher les questions soulevées. La Régie a rejeté les deux arguments.

La Régie de l'énergie joue gros dans ce dossier. C'est la première cause importante qui lui offre une occasion de prouver qu'elle est le tribunal impartial qu'elle se doit d'être.

Plusieurs décisions de la Régie ont fait croire qu'elle est comme la tour de Pise et qu'elle penche toujours du même côté, celui d'Hydro-Québec.

Par exemple, la Régie a accepté récemment la proposition d'Hydro-Québec d'accorder à sa division Transport la responsabilité du contrôle des mouvements d'énergie et de la fiabilité du réseau électrique. Partout ailleurs dans les marchés concurrentiels, c'est une entité indépendante, les ISO (pour Independent System Operator), qui remplit ce rôle.

Si Hydro-Québec réussit à acheter Énergie NB, le mandat de la division Transport concernant les mouvements d'énergie s'étendra vraisemblablement au Nouveau-Brunswick, et NBSO, l'opérateur indépendant qui joue ce rôle pour le Nouveau-Brunswick et la Nouvelle-Écosse, disparaîtra. C'est la raison pour laquelle Terre-Neuve s'oppose aussi férocement à la transaction. « Notre seul intérêt, c'est l'accès au marché », dit Ed Martin.

Les clients américains d'Hydro-Québec et la FERC, qui s'inquiètent déjà de la toute-puissance d'Hydro-Québec sur le marché, suivront de près ce qui se passera devant la Régie de l'énergie au cours des prochaines semaines. Il y a de quoi rendre les dirigeants d'Hydro-Québec nerveux.

Comme on le voit, ce recours soulève plusieurs questions de fond qui toutes mettent en cause soit la compétence d'une instance du Québec à juger de questions internationales et interprovinciales (une compétence du gouvernement fédéral), soit l'intégrité d'Hydro-Québec (le partage des activités de l'entreprise en trois divisions, ultimement sous l'autorité de la même personne, le président d'Hydro-Québec). Dans tous les cas, la question de la capacité pour le Québec de conserver l'autorité sur Hydro-Québec et la propriété de celle-ci est posée. D'où mes craintes quant à la possibilité de voir Hydro-Québec passer sous l'autorité du gouvernement fédéral et de devoir être privatisée.

Passons maintenant au deuxième recours, intenté cette fois-ci devant la Cour supérieure du Québec pour tenter de faire annuler, encore une fois, le contrat de Churchill Falls qui, s'il est particulièrement défavorable à Terre-Neuve, a toutefois été librement consenti et signé par cette province, en plus d'être validé à deux reprises par la Cour suprême du Canada.

Je rappelle alors la « La Malédiction de Churchill Falls » et l'article du *Dalhousie Law Journal*[18] qui m'avait inspiré le commentaire suivant :

> Cependant, il y a le droit et l'équité. Même si la Cour suprême a déjà confirmé la validité du contrat, il n'est pas dit qu'elle ne se laisserait pas ébranler par l'argument sur le prétendu « délit d'initié ». En fait, tout ce dossier est à surveiller de très près.

Le 24 février de cette année [nous sommes alors le 27 mars 2010], toujours sous la signature de la journaliste Hélène Baril, *La Presse* nous apprenait que Terre-Neuve venait de déposer sa poursuite contre Hydro-Québec.

Je noterai seulement deux choses. Premièrement, l'article de Mme Baril se trouve à confirmer la crainte que j'exprimais le

---

18.   Voir notes 6 et 7.

26 janvier quant à la possibilité, pour les tribunaux, d'annuler le contrat sur la base de principes non encore invoqués :

> Même si tous les recours précédents de Terre-Neuve contre Hydro-Québec ont échoué, le président de Nalcor estime que cette ultime tentative a des chances de réussir. Des juristes respectés, comme l'ancien juge de la Cour d'appel Jean-Louis Baudouin et l'ancien professeur de droit de l'Université McGill Pierre-Gabriel Jobin, estiment que notre cause est bonne, a expliqué M. Martin.

Moi-même ancien élève du juge Jean-Louis Baudouin, je ne suis pas surpris de sa réponse. Je ne sais trop si ça veut dire que j'ai été un bon élève ou qu'il a été un bon professeur ! ;-)

Deuxièmement, *La Presse* (Gesca-Power) semble très bien renseignée sur ce dossier et posséder d'excellentes sources auxquelles les autres médias ne semblent pas avoir accès. Je ne veux rien enlever au mérite de Mme Baril, qui a produit deux excellents articles, mais je crois tout de même nécessaire de relever la coïncidence.

D'autant plus que ce n'est pas la seule. En effet, on a beau savoir que le hasard fait bien les choses (surtout lorsqu'il est organisé), il est tout de même frappant de retrouver encore une fois dans ce dossier l'ombre de Power Corporation, cette fois-ci sous les traits de Claude Garcia.

En effet, dans une étude effectuée sous l'égide de l'Institut économique de Montréal (encore Power), et intitulée fort curieusement « Comment la privatisation d'Hydro-Québec permettrait-elle d'enrichir les citoyens québécois ? », la valeur des actifs d'Hydro-Québec se trouve remise en question dans la mesure où 75 % de ses profits disparaîtraient s'il fallait qu'elle paie le prix du marché pour l'électricité produite au Labrador. Quand on veut acheter quelque chose, il est toujours utile d'en minimiser la valeur pour en réduire le prix.

Power est nécessairement dans le coup. Sinon, pourquoi retrouve-t-on sa trace partout ?

Cela dit, pour Terre-Neuve, la partie n'est pas gagnée pour autant. Fort opportunément pour le Québec, le premier ministre Williams ne compte pas que des amis dans sa propre province, et le site *The Sir Robert Bond Papers* comporte plusieurs références à des articles critiquant sa gestion du dossier et des rapports entre Terre-Neuve et le Québec[19].

Et je conclus cet article en soulignant que même s'il reste encore plusieurs chapitres à écrire dans ce dossier, il est tout de même invraisemblable qu'une affaire ayant un tel potentiel de répercussions à la fois politiques et financières soit gérée en catimini.

Si l'on peut admettre qu'on ne négocie pas sur la place publique, il n'en reste pas moins qu'Hydro-Québec et le gouvernement du Québec ont une obligation de transparence envers tous les Québécois, et dans ce dossier — un dossier majeur — ils ne s'en acquittent manifestement pas. Ont-ils quelque chose à cacher ? Quoi ? Faudrait-il dans ce cas aussi réclamer la tenue d'une enquête publique ?

Deux ans plus tard, nous ne sommes toujours pas plus renseignés.

Le lendemain, j'ai la surprise de trouver le commentaire suivant laissé au bas de mon article :

28 mars 2010
Monsieur Le Hir,
Étant très près de la haute direction d'Hydro-Québec, je puis corroborer l'ensemble de votre analyse.

---

19. Voir à ce sujet l'article intitulé « Hydro-Quebec has leverage on Danny Williams » http://bondpapers.blogspot.com/2009/12/hydro-quebec-has-leverage-on-danny.html

Cela dit, il m'apparaît évident que la société d'État ne fut jamais au service de ses citoyens comme le souhaitait René Lévesque. Comme le gouvernement d'ailleurs…

Je dois ici taire mon identité. Je puis toutefois écrire ceci. Après trente ans au service d'Hydro-Québec, j'y vois un peu plus clair…

Quand on rédige un texte, on est loin de se douter des réactions qu'il va susciter chez les lecteurs. La dernière chose à laquelle on s'attend, c'est bien de voir son analyse corroborée par des gens qui se trouvent en plein cœur de l'action, ou en tout cas, tout à côté.

Le commentaire n'étant pas signé, il existe un risque qu'il s'agisse d'un faux ou d'une « pelure de banane » sur laquelle quelqu'un, quelque part, voudrait me voir glisser. Il s'agirait alors au mieux d'une très mauvaise plaisanterie, et au pire d'un acte délibérément malfaisant, avec une intention de nuire qui relèverait du Code criminel.

Ma formation juridique m'a enseigné que la bonne foi se présume. Il existe donc une possibilité, sans doute plus forte que la précédente, que ce qu'écrit ce lecteur anonyme soit vrai. En droit, on accorde plus de crédibilité à un témoignage qui affirme que quelque chose s'est passé qu'à un témoignage à l'effet contraire.

En supposant donc que ce soit vrai, ce témoignage justifierait à lui seul une enquête approfondie sur ce qui se passe à Hydro-Québec et au sein du gouvernement Charest. En combinant ce dossier à tous les autres en cours où l'intégrité de nos plus hautes instances est mise en doute, nous nous retrouvons devant le plus énorme scandale de toute notre histoire.

Hélas, si le passé récent est un gage de l'avenir, nous serons tout au plus témoins d'une traque au sein du personnel de la haute direction d'Hydro-Québec pour débusquer le fauteur de trouble, qui vient ainsi de tirer la sonnette d'alarme.

Heureusement pour elle, cette personne prétend compter 30 ans de service. On la mettra donc commodément à la retraite en lui imposant le silence le plus total en contrepartie de la « mansuétude » de la direction, et en lui disant qu'elle a bien de la chance que l'affaire n'aille pas plus loin.

Ce que cette personne pouvait ignorer, c'est que c'était surtout le vœu le plus cher de la direction (et sans doute aussi du gouvernement).

Je pensais bien en avoir terminé avec cette affaire lorsque je suis tombé par hasard quelques semaines plus tard sur les conférences d'un universitaire français, diplômé d'une grande école et de la très prestigieuse École nationale d'administration publique. Il est inspecteur général des Finances, ce qui fait de lui l'un des plus hauts fonctionnaires de l'État français, et il a occupé plusieurs postes de très haute responsabilité au sein des divers gouvernements qui se sont succédé pour gouverner la France depuis 25 ans.

Bardé de tous ces titres, François Asselineau, choqué par l'ineptie de la classe politique au pouvoir et convaincu qu'elle engage la France dans de mauvaises directions, a décidé de lancer un nouveau parti politique, l'Union populaire républicaine (UPR), « dont le but essentiel est de faire sortir la France des traités européens, sereinement, unilatéralement, démocratiquement et conformément au droit international ». Il voit dans « cette rupture décisive — que l'UPR est le seul mouvement à proposer clairement — la clé pour redonner du sens à [la] démocratie [française] et à la République, pour relancer l'économie, protéger [les] acquis sociaux [des Français], dégager la France de l'empire qui l'asservit et [s'] opposer aux dérives guerrières du choc des civilisations[20]. »

Marginalisé par les grands partis qui voient en lui une menace pour les intérêts qu'ils ont choisi de servir, François Asselineau fait le tour de la France pour y donner des conférences dans les

---

20. Union populaire républicaine http://www.u-p-r.fr/francois-asselineau

grandes villes. En visionnant celle qui s'intitule « Qui gouverne réellement la France[21] ? », je comprends que ce qu'il dit pour la France vaut également pour le Québec. Il suffit de changer quelques noms.

Le 12 avril, je publie sur *Vigile* un texte intitulé **Power Corp., Hydro-Québec et les Lucides**, car je viens de comprendre le rôle qu'ils jouent dans la stratégie de Paul Desmarais.

Depuis que j'ai commencé à m'intéresser au dossier de la privatisation d'Hydro-Québec le 26 janvier dernier, je vais de découverte en découverte, et de surprise en surprise. Je me fais l'impression du chat qui, découvrant une pelote de laine, n'arrive pas à en détacher son attention tant qu'elle n'est pas entièrement déroulée.

Cette fois-ci, je crois bien que nous tenons le fin mot de l'affaire, même si nous commencions déjà à avoir une idée assez précise de ce qui se passait. Curieusement, c'est sur un site français que j'ai trouvé la réponse à l'énigme, et c'est pourquoi vous trouvez une référence aux *Lucides* dans le titre. En effet, ceux-ci avaient leur rôle à jouer dans l'extravagant stratagème visant à amener Hydro-Québec sous le contrôle de Power Corporation, et peut-être même était-ce leur seule fonction.

La France est engagée depuis la fin de la deuxième guerre dans le processus de construction de l'Europe. Au fil des années se sont multipliées les initiatives qui ont eu pour effet de mailler les différents États européens dans un réseau d'institutions présentant de plus en plus un caractère confédéral. Vous me voyez venir ?

Il se trouve qu'un nombre de plus en plus important de Français prend conscience des conséquences qu'aura

---

21. « Qui gouverne réellement la France ? », Site de l'Union populaire républicaine, http://www.u-p-r.fr/videos/conferences-en-ligne/qui-gouverne-la-france

l'intégration européenne sur la capacité de la France à prendre des décisions qui serviront véritablement les intérêts de la France et des Français. Ça vous rappelle quelque chose?

Au cours des dernières années, un nouveau parti politique a pris vu le jour, l'Union populaire républicaine, dont la mission est « de faire sortir au plus vite la France du piège européen », comme l'indique son fondateur, le haut fonctionnaire (inspecteur général des finances) et professeur François Asselineau.

Les motifs qu'invoque ce nouveau parti pour justifier sa présence et son action sur le champ politique français sont presque un calque de ceux des indépendantistes québécois.

Qui plus est, ils s'appuient sur une analyse très étayée et d'une très grande force que François Asselineau a développée dans une conférence intitulée « Qui gouverne la France ? », qui comporte un volet historique montrant la communauté du parcours du Québec avec celui de la France.

Pour ceux que la question pourrait préoccuper, je précise que je n'ai aucun lien avec ce parti et que je n'ai découvert son existence que la semaine dernière que, grâce à *Vigile*.

Cette conférence dure environ deux heures. Vers la toute fin, Asselineau, après le constat que la situation de la France n'est pas si mauvaise que certains voudraient le faire croire (ça aussi, ça devrait vous rappeler quelque chose), pose la question suivante : « **Mais alors, pourquoi ne cesse-t-on pas de dire que la France est en faillite et qu'il faut prendre modèle sur les Américains ?** » Et de répondre à sa propre question : « **Parce que des appétits puissants ont intérêt à nous le faire croire, pour nous forcer à vendre notre patrimoine.** »

Lorsque vous aurez terminé le visionnement de cette vidéo, substituez des noms comme Power Corporation aux fonds américains, et Énergie NB ou Hydro-Québec au nom des entreprises françaises, et vous comprendrez la façon dont se joue chez nous la partie.

Mais ce n'est pas fini, et c'est là que la manœuvre devient carrément sordide. Cette partie que je viens de décrire ne peut se jouer que si vous pouvez compter sur un « verrouillage des médias » pour propager les messages qui vous permettront de parvenir à vos fins. Le visionnement du dernier extrait de la conférence est particulièrement éclairant à ce sujet.

On comprend donc l'intérêt de Power à détenir le contrôle de certains médias, et le pourquoi du rapprochement de l'empire Gesca avec Radio-Canada. Mais on doit aussi comprendre que tous ces gros intérêts à travers le monde sont maillés entre eux pour avoir un maximum d'efficacité, et qu'il faut, avant d'entreprendre quelque action, avoir une juste idée de la force de ces intérêts.

On voit donc aussi le rôle que jouait le manifeste des *Lucides* dans la stratégie de Power pour créer au Québec des « conditions favorables » à la privatisation d'Hydro-Québec. Si l'on peut parfaitement comprendre le rôle que jouait André Pratte dans cette affaire à titre de représentant de son employeur — *La Presse*, du réseau Gesca, contrôlé par Power —, on a beaucoup de difficulté à comprendre ce que venaient faire dans cette galère des gens comme Lucien Bouchard et Joseph Facal. Se sont-ils fait manipuler, ou savaient-ils parfaitement ce qu'ils faisaient, et au bénéfice de qui ?

C'est à travers ces nouveaux médias que sont ici *Vigile*, et en France le *Réseau Voltaire*, pour ne retenir que ceux-là, que nous sommes en mesure de découvrir ce qui se trame à notre insu.

Encore ce matin, *Vigile* affichait un lien[22] avec le *Réseau Voltaire* sur lequel on pouvait retrouver ceci :

---

22. Les USA, le Canada et le Mexique arment l'ALENA, *Réseau Voltaire*, http://www.voltairenet.org/article164899.html

La SPP[23] a créé le Conseil pour la compétitivité d'Amérique du Nord (Conseil nord-américain de la compétitivité) qui fonctionne comme un groupe officiel de travail trinational. Il réunit des représentants d'une trentaine de compagnies géantes d'Amérique du Nord, dont General Electric, Ford Motors, General Motors, Wal-Mart, Lockheed-Martin, Merck et Chevron.

Les recommandations du NACC sont axées sur la « participation du secteur privé », considérée comme « un facteur décisif pour améliorer la position concurrentielle des États-Unis sur les marchés du monde et comme un catalyseur de l'innovation et de la croissance ». Le NACC a insisté sur l'importance de la mise en place d'une politique destinée à maximiser les gains.

L'agenda fixé par les USA privilégie l'accès sans entrave des compagnies pétrolières aux ressources naturelles canadiennes et mexicaines, notamment au pétrole et à l'eau. Le Conseil de compétitivité US stipule que « la prospérité des États-Unis se base essentiellement sur un approvisionnement sûr en énergie importée ».

La sécurité énergétique des USA est considérée comme une priorité absolue, si bien **qu'on incite le Canada et le Mexique à autoriser la privatisation des entreprises gérées par l'État**, comme la compagnie pétrolière publique du Mexique Pemex — Petroleos Mexicanos.

En janvier 2008, Halliburton [la multinationale anciennement dirigée par le vice-président Dick Cheney] a signé un contrat avec Pemex d'un montant de 683 millions de dollars pour le forage de 58 nouveaux puits de pétrole dans les États de Chiapas et de

---

23. Partenariat nord-américain pour la sécurité et la prospérité ; cette information peut être confirmée sur le site du gouvernement fédéral http://pm.gc.ca/fra/media.asp?id=1084

Tabasco, ainsi que pour superviser l'entretien des oléoducs.

Il s'agit du plus récent des contrats, pour un montant de 2 milliards de dollars, décroché par Halliburton avec Pemex sous les gouvernements de Calderon et de Fox, ce qui, de l'avis de l'opposition, n'est que la façade publique de la privatisation prônée par le capital monopoliste US.

La politique des États-Unis cherche aussi à s'assurer un accès illimité aux ressources hydriques [lire hydro-électriques] du Canada.

On se souviendra que Paul Desmarais fils siège au Conseil nord-américain de la compétitivité, en compagnie de David Ganong (l'industriel de la confiserie au Nouveau-Brunswick auquel le premier ministre de cette province, Shawn Graham, avait confié la présidence d'un comité chargé d'étudier et de faire rapport sur la deuxième entente entre Énergie NB et Hydro-Québec) et de Michael Sabia[24], entre autres.

L'ampleur de cette machination et les moyens employés sont absolument saisissants et témoignent d'une dégradation sans précédent de la démocratie, non seulement chez nous, mais comme nous le voyons avec cet exemple, ailleurs dans le monde. Si nous sommes impuissants à régler le sort du monde, appliquons-nous au moins à régler le nôtre. Une enquête publique sur les dessous de cette affaire au Québec s'impose de toute urgence.

Et toujours pas d'enquête à l'horizon. Pourtant, non seulement les faits sont-ils clairs, mais tout l'assemblage de miroirs en trompe-l'œil mis en place pour nous empêcher de découvrir la vérité craque-t-il de partout.

---

24. Le premier ministre annonce les membres canadiens du Conseil nord-américain de la compétitivité http://www.pm.gc.ca/fra/media.asp?category=1&id=1200

Depuis que cet article a été écrit, je me suis rendu compte que Michel Plessis-Bélair, un vice-président du conseil d'administration de Power Corporation, le deuxième personnage en importance (au moins sur papier) dans la hiérarchie du groupe, siège au conseil d'Hydro-Québec[25] depuis le 7 avril 2004[26].

Power Corporation a une filiale en Europe qui se nomme Pargesa[27] et qui prend des participations stratégiques dans des grands groupes industriels. Un de ses placements les plus importants est celui qu'elle détient dans GDF Suez[28], qui s'affiche sur son site comme « 1er producteur indépendant d'électricité mondial[29] ».

Comble de l'ironie, parmi les comités du conseil d'administration d'Hydro-Québec auxquels siège Michel Plessis-Bélair, on retrouve le « Comité de gouvernance et d'éthique[30] ». Des choses comme ça, ça ne s'invente pas!

Si le gouvernement Charest a une forte responsabilité dans les faits que nous venons d'examiner, il ne faudrait pas oublier celle de sa direction, à la tête de laquelle se trouve Thierry Vandal. Il pourra toujours dire qu'il n'est que l'exécutant; le fait est qu'il dispose d'une marge de manœuvre à la mesure de l'entreprise qu'il dirige. Je me suis donc penché sur son cas dans le texte intitulé :

---

25.   Hydro-Québec, organigramme, conseil d'administration
http://www.hydroquebec.com/publications/fr/organigramme/administrateurs_hq.pdf
26.   Communiqué, Gouvernement du Québec, site du premier ministre
http://www.premier-ministre.gouv.qc.ca/actualites/communiques/2004/nominations/
2004_04_07/plessis_belair_michel.asp
27.   Site de Power Corporation http://www.powercorporation.com/fr/societes-du-groupe/
pargesa-holding-sa/profil/
28.   Site de Pargesa http://www.pargesa.com/index.php?option=com_content&view=
article&id=47&Itemid=27&lang=fr
29.   GDF Suez http://www.gdfsuez.com/fr/activites/nos-metiers/production-d-electricite/
production-d-electricite/
30.   Voir note 25.

La gestion calamiteuse de Thierry Vandal[31]

Dans le secteur privé, le droit des affaires astreint le premier dirigeant d'une entreprise (*chief executive officer*) à « une obligation fiduciaire » envers tous les actionnaires de l'entreprise. Cette obligation impose au dirigeant de se comporter en « bon père de famille » dans sa gestion de leurs intérêts, et donc d'y subordonner tous les autres.

On serait porté à croire que cette obligation n'en serait que d'autant plus forte dans une entreprise du secteur public dont le seul actionnaire est l'État, lui-même fiduciaire de l'intérêt collectif.

Ce serait compter sans ce prisme déformant qu'est le gouvernement actuellement au pouvoir et qui, du fait de son mandat électoral, se croit être le patron ultime et absolu d'Hydro-Québec, et ce, d'autant plus facilement qu'il en nomme tous les administrateurs.

Le président d'Hydro-Québec se retrouve donc toujours au cœur d'une situation extrêmement difficile : il doit gérer l'entreprise au mieux des intérêts de celle-ci et de l'intérêt collectif en exécutant la politique de l'actionnaire, et il lui faut des compétences, une autorité personnelle et un doigté extraordinaires pour y parvenir sans sacrifier les uns ou les autres.

En examinant le bilan d'Hydro-Québec depuis que Thierry Vandal est à la direction, force est de constater d'abord qu'il n'est pas à la hauteur du défi, dans la mesure où non seulement il n'a pas démontré « des compétences, une autorité personnelle et un doigté extraordinaires », mais également que son incapacité à maintenir la distance nécessaire entre l'entreprise et le gouvernement au pouvoir l'a précipité dans des directions qui ne répondent ni aux intérêts de l'entreprise, ni à ceux de l'État, ni à ceux de la collectivité québécoise, alors qu'il est évident qu'elles servent des intérêts privés.

---

31. *Vigile*, 14 juillet 2010.

Au cours des derniers mois, j'ai eu l'occasion de me pencher sur le cas d'Hydro-Québec dans trois dossiers en particulier : la décision d'Hydro-Québec d'acheter Énergie Nouveau-Brunswick, l'intérêt de Power Corporation pour les actifs d'Hydro-Québec dans un scénario éventuel de privatisation partielle ou totale, et la décision d'Hydro-Québec de reconstruire la centrale nucléaire de Gentilly.

Dans ces trois dossiers, la preuve est accablante. *Vigile* a même reçu un message d'une personne proche de la haute direction de l'entreprise qui confirme, après y avoir travaillé pendant près de 30 ans, que « la société d'État ne fut jamais au service de ses citoyens comme le souhaitait René Lévesque ».

Fort heureusement, la très forte opposition de la population du Nouveau-Brunswick a empêché Hydro-Québec de conclure la transaction envisagée avec Énergie Nouveau-Brunswick, au grand dam des premiers ministres des deux provinces qui avaient mis tout leur prestige derrière cette opération, et sans doute aussi des intérêts plus ou moins occultes qui les manipulent.

Mais « la messe n'est pas dite » dans le cas d'une privatisation éventuelle d'Hydro-Québec, et la présence d'un très haut dirigeant de Power Corporation dans des fonctions très stratégiques au conseil d'administration de HQ est pour le moins alarmante (le loup est carrément dans la bergerie et a accès à toutes les informations sur l'entreprise, même les plus stratégiques), quoique la responsabilité ne puisse en être imputée à Thierry Vandal.

Dans un tel cas, Thierry Vandal aurait eu à tout le moins l'obligation de s'assurer des intentions de Power Corporation avant d'accepter qu'un représentant d'un niveau aussi supérieur siège au conseil, car il y a manifestement là conflit d'intérêts.

Dans le cas de la reconstruction de la centrale nucléaire de Gentilly, il n'existe aucune justification rationnelle à ce projet. La technologie Candu n'a pas su gagner l'adhésion du marché, l'Ontario n'en veut plus, et même le Nouveau-Brunswick a décidé de délaisser cette filière à sa centrale de Pointe-Lepreau et de faire plutôt affaires avec AREVA, une entreprise française qui exploite une tout autre technologie.

La décision d'Hydro-Québec dans ce dossier sert donc carrément les intérêts de SNC-Lavalin qui a reconnu avoir des visées sur Énergie Atomique du Canada Ltée[32], une société de la Couronne dont le gouvernement fédéral cherche à se départir et qui est propriétaire de la technologie Candu. Mais deux milliards pour faire plaisir à SNC-Lavalin, c'est quand même un peu fort de café! Et l'on se dit que s'ils n'ont pas reculé devant deux milliards dans ce cas, combien y a-t-il d'autres dossiers où ils n'ont pas reculé devant des sommes peut-être encore plus importantes?

Il existe toute une série de cas, depuis les contrats de production accordés aux petites centrales en passant par la production d'énergie éolienne et jusqu'à la cession de la technologie du moteur roue, où des occasions ont été trouvées pour céder des avantages aux amis du régime dans une grande braderie d'une ampleur rarement égalée, tout ça pour qu'une poignée de magouilleurs aillent faire les jars en France et ailleurs à nos frais.

Vous avez des doutes? Consultez-donc ce montage audio-visuel très instructif[33] et donnez-vous la peine de l'écouter jusqu'au bout. Vous serez estomaqué. Attention, si vous portez un dentier, il risque de tomber tout seul!

Vous verrez également comment un important partenaire stratégique de Power Corporation, Dassault[34], a pu mettre la

---

32. Cette transaction a été conclue au cours de l'été 2011. Voir «SNC-Lavalin abolira 900 postes chez EACL». *Les Affaires*, http://www.lesaffaires.com/secteurs-d-activite/services-professionnels/snc-lavalin-abolira-900-postes-chez-eacl/532624
33. www.youtube.com/watch?v=mxvPtKKAOtI
34. Représenté au conseil d'administration de Power par Laurent Dassault http://www.powercorporation.com/fr/gouvernance/conseil-dadministration/

main sur la technologie du moteur-roue d'Hydro-Québec pour en faire ses choux gras ; vous découvrirez les juteuses perspectives pour ce produit en Chine grâce à CITIC, un énorme consortium du gouvernement chinois au conseil d'administration duquel siège d'ailleurs André Desmarais[35], et vous comprendrez encore mieux le parallèle que j'établissais il y a quelques semaines entre les destins de Jean Charest et de Nicolas Sarkozy[36]. Tout ce beau monde s'abreuve à la même auge : votre poche.

Rappelons à ce stade-ci que siège au conseil d'administration d'Hydro-Québec depuis 2004 nul autre que le vice-président du conseil d'administration de Power Corporation, Michel Plessis-Bélair, également membre du comité d'éthique et de gouvernance de la première !

Le pire dans tout cela, c'est que Thierry Vandal n'est sans doute même pas conscient de ses responsabilités à titre de premier dirigeant d'une grande société d'État. Il doit davantage son poste au fait d'avoir été « un proche du Parti libéral, ayant dirigé la commission politique du PLQ sous le leadership de Robert Bourassa[37] » (donc quelqu'un qui n'était guère susceptible de contester les instructions du gouvernement) qu'à ses qualités de gestionnaire. Et ça paraît !

Avec un chiffre d'affaires de près de 12,5 milliards $ en 2010, Hydro-Québec est de loin la plus grosse société d'État à se trouver

---

35. « CITIC, le partenaire des Desmarais en Chine », *Argent*, http://argent.canoe.ca/lca/affaires/quebec/archives/2011/08/20110822-055454.html
36. Vous pouvez trouver ce texte sur Vigile.net à l'adresse suivante : http://www.vigile.net/La-stupefiante-symetrie-des. Il est intégré au chapitre suivant.
37. « Hydro-Québec — Thierry Vandal succède à André Caillé », *Le Devoir*, http://www.ledevoir.com/economie/actualites-economiques/78773/hydro-quebec-thierry-vandal-succede-a-andre-caille.

sous l'autorité du gouvernement du Québec. On comprend aisément qu'elle puisse exciter bien des convoitises.

J'ai rappelé plus haut que René Lévesque, l'architecte de la nationalisation de l'électricité et le père spirituel de l'entreprise, voyait en elle le « navire amiral de l'économie québécoise ». Lorsqu'il évoquait cette image, il avait en tête la contribution qu'elle pouvait apporter à notre enrichissement collectif, et il serait sûrement scandalisé de la voir devenue une grosse vache au pis de laquelle viennent téter tous les profiteurs avant qu'on la sacrifie sur l'autel de la privatisation pour nourrir les rapaces.

Le dernier mot sur ce sujet revient au groupe Loco Locass :

Prêt pas prêt la charrue Charest, acharnée,
charcute en charpie la charpente
De la maison qu'on a mis 40 ans à bâtir.
Libérez-nous des Libéraux[38].

---

38. Premières paroles de la chanson *Libérez-nous des Libéraux*, Loco Locass, site officiel, http://www.locolocass.net/nouvelles/content/view/24/39/ ; également en vidéo avec un extrait d'une émission de René Lévesque où il s'en prend aux rapaces et aux rois-nègres, http://www.youtube.com/watch?v=dnWVQ1lGSQs.

Chapitre 2

UN COULISSIER HORS PAIR

Je prends une certaine liberté avec le dictionnaire pour ressusciter un terme tombé en désuétude[39] et lui donner un sens un peu différent de celui qu'il avait autrefois, mais qui est propre au domaine de la finance et qui évoque à la perfection, ne serait-ce que phonétiquement, le *modus operandi* de Paul Desmarais.

Nous avons vu, au chapitre précédent, comment Power Corporation était parvenue à déployer ses tentacules au sein du gouvernement Charest et d'Hydro-Québec pour tenter d'orienter leurs décisions dans le sens de ses intérêts.

Daniel Johnson père

Dans son ouvrage intitulé *Derrière l'État Desmarais: POWER*[40] Robin Philpot raconte bien comment Paul Desmarais était parvenu à influencer l'ancien premier ministre Daniel Johnson père peu de temps avant son décès pour l'amener à tempérer ses propos dans la foulée de la visite du général de Gaulle.

---

39. Voir la définition offerte sur le site du Centre national de ressources textuelles et lexicales : « Coulissier, n. m.: T. de Bourse. Celui qui fait des affaires à la Bourse, hors du parquet des agents de change, après ou avant l'heure des négociations sur les effets publics. » http://www.cnrtl.fr/definition/academie8/coulissier. Pour l'aspect historique, voir Wikipédia http://fr.wikipedia.org/wiki/Coulissier

40. *Op.cit.*, voir note 2.

Robert Bourassa

Robert Bourassa a toujours entretenu une relation très étroite avec Paul Desmarais. La rumeur veut qu'ils échangeaient au téléphone trois à quatre fois par semaine. C'est une rumeur que je n'ai aucune peine à croire, ayant compté parmi le nombre des interlocuteurs nocturnes de Bourassa lorsque j'étais président de l'Association des manufacturiers.

Daniel Johnson fils

Lorsque Bourassa est disparu, et pour le peu de temps que Daniel Johnson fils a été premier ministre, Paul Desmarais pouvait compter sur les liens qu'il avait développés avec lui lorsqu'il occupait le poste de vice-président chez Power avant de s'engager en politique.

Le hiatus Parizeau

On imagine sans peine la frustration de Desmarais lorsque le Parti québécois l'emporte aux élections générales de 1994 et que Jacques Parizeau devient premier ministre. Si Desmarais était parvenu en 1977 à convaincre Parizeau (alors ministre des Finances) d'adopter une loi pour empêcher un investisseur du Nouveau-Brunswick d'acquérir le Crédit Foncier, que lui-même convoitait, son opposition obsessionnelle et acharnée à l'indépendance du Québec l'empêchait d'avoir accès à celui qui affichait clairement son intention d'y parvenir.

Il ne faut donc pas se surprendre que Desmarais ait mis tout son poids et celui des médias qu'il contrôle pour faire déraper par tous les moyens possibles et imaginables (et même par des moyens qu'on n'imagine pas ou que l'on se refuse à imaginer) la campagne référendaire. Ayant personnellement goûté à sa médecine en tant que ministre délégué à la Restructuration dans le gouvernement

Parizeau, chargé des études référendaires, je suis bien placé pour en parler, mais ce n'est pas le propos du présent ouvrage.

Notons qu'à la même époque, Jean Chrétien est premier ministre du Canada, et que Paul Desmarais se trouve à être le père de son gendre, Paul Desmarais fils. Et pour faire bonne mesure, le ministre fédéral des Finances, Paul Martin (qui prendra la suite de Chrétien à son départ), est l'ancien président de la Canada Steamship Lines, une filiale de Power à qui il a vendu l'entreprise en 1974[41].

Lucien Bouchard

Après le départ de Parizeau, annoncé en 1995 et officialisé fin de janvier 1996, Lucien Bouchard devient premier ministre du Québec. Quelques semaines avant la parution du présent ouvrage, dans un article pour *Vigile*, j'écrivais ceci :

> Or l'époque où Bouchard était ambassadeur du Canada à Paris (1985 à 1990) est justement celle où Paul Desmarais

---

41. Parmi les actifs de la Canada Steamship Lines vendue à Paul Martin se trouve le domaine de Sagard, que Martin s'est engagé à revendre à Power Corporation pour la somme nominale de 1 dollar ! Oui, vous avez bien lu. Par la suite, Power revend cette propriété à Paul Desmarais au même prix.

Cette transaction soulève deux questions : l'une qui concerne les actionnaires de Power, et l'autre qui concerne les autorités fiscales. Pour ce qui est des actionnaires, dans la mesure où cette transaction a été conclue sur la base de la valeur comptable (1 $) et non de la juste valeur marchande du bien cédé, se trouvent-ils à avoir été lésés pour la différence entre les deux ?

Quant au trésor public (fédéral et provincial), la vente par Power de cette propriété à un prix inférieur à sa juste valeur marchande devenait-elle un avantage imposable entre les mains de Paul Desmarais et, le cas échéant, cet avantage a-t-il été déclaré par le contribuable Desmarais ? L'impôt exigible a-t-il été acquitté ? Avis aux intéressés.

Toujours est-il qu'en 1990, Paul Desmarais vend à son tour la propriété à une obscure société, Polprim inc., cette fois au coût de 1 028 000 $. Les membres du conseil d'administration ne sont nuls autres que Paul Desmarais (président), André Desmarais (trésorier), Paul Desmarais fils (secrétaire) et Jacqueline Desmarais (administratrice). Gageons que cette année-là, Paul Desmarais était dans une situation fiscale qui rendait la transaction intéressante.

s'implante en Europe. Bouchard et Desmarais ont un ami en commun, Brian Mulroney, alors premier ministre du Canada.

Pas besoin d'être grand sorcier pour comprendre que Mulroney a dû chaudement recommander son ami Desmarais à son ami Bouchard. C'est d'ailleurs ce qu'affirmait Konrad Yakabuski, un ancien du *Devoir* passé au *Globe and Mail* dans le dernier article d'une série parue en 2005 sur les personnalités les plus influentes du Canada[42]. Et dans le même article, Yakabuski affirme que Desmarais tient Bouchard en «haute estime».

Et quand on sait que les ambassades comptent parmi leurs rôles celui de promouvoir les intérêts de leurs ressortissants à l'étranger, on s'imagine sans peine à quel point l'ambassadeur, les services et les salons de l'ambassade du Canada à Paris ont dû être mobilisés pour servir les intérêts de Paul Desmarais pendant cette période.

Rien en effet ne pose davantage un homme d'affaires que de pouvoir inviter ses contacts dans les salons de son ambassade et de pouvoir en profiter pour leur présenter l'ambassadeur, surtout lorsque son pays jouit d'un grand prestige comme c'était encore le cas pour le Canada à cette époque.

Et l'on comprend aussi que l'étendue des ambitions et des activités de Paul Desmarais l'ait amené à développer des contacts très étroits avec celui qui était alors Son Excellence l'ambassadeur Lucien Bouchard.

Quand on connaît aussi tout le soin que Paul Desmarais met à cultiver ses relations avec les gens de pouvoir, on s'imagine sans peine qu'il ait maintenu le contact avec Lucien Bouchard après que ce dernier est devenu d'abord chef du

---

42. «The Power 25 — 1. Paul Desmarais», Konrad Yakabuski, *Globe and Mail*, 27 octobre 2005, http://www.theglobeandmail.com/report-on-business/the-power-25/article917085/page8/

Bloc québécois, puis premier ministre du Québec, après la démission de Jacques Parizeau.

Non seulement Bouchard est-il un hôte fréquent de Desmarais à Sagard, mais il était même présent encore tout récemment à l'Élysée à l'occasion de la remise de la Légion d'honneur à Jacqueline Desmarais « des mains de Nicolas Sarkozy », comme nous l'apprend *La Presse*[43]. Et l'on apprend même dans cet article que Lucien Bouchard assistait à la cérémonie à titre d'« ami du couple Desmarais ».

Lucien Bouchard n'est plus premier ministre du Québec depuis longtemps (fort heureusement) et il est libre d'avoir les amis de son choix. Sa fréquentation des Desmarais et de Sagard aujourd'hui ne soulève pas les mêmes questions que celle de Jean Charest.

Mais elle nous donne une idée très claire de l'homme qu'il est, et quand on le voit être comme cul et chemise avec les Desmarais, on ne peut s'empêcher de penser qu'il l'était tout autant quand il était premier ministre.

Alors, si Jean Charest leur ouvre toutes grandes les portes de la bergerie, on peut se demander s'il ne suit pas tout simplement les traces de son prédécesseur. Il ne nous reste plus donc qu'à découvrir quels intérêts du Québec Lucien Bouchard a bien pu céder à Paul Desmarais à notre insu, dans quelles circonstances, et à quelles conditions.

Le cas de Lucien Bouchard étant vraiment particulier, je crois utile d'inclure dans cet ouvrage certains articles à son sujet que je n'avais pas écrits en pensant à ses liens avec Paul Desmarais au départ, mais qui illustrent de manière flagrante leur degré de proximité.

Le premier date du 17 février 2010 et s'intitule :

---

43. « Jacqueline Desmarais reçoit la Légion d'honneur », *La Presse*, http://www.cyberpresse.ca/actualites/201111/08/01-4465640-jacqueline-desmarais-recoit-la-legion-dhonneur.php

Les coins ronds de Lucien Bouchard[44]

Dans une sortie fracassante à l'occasion d'un colloque organisé pour commémorer les 100 ans du journal *Le Devoir*, l'ancien premier ministre péquiste Lucien Bouchard s'en est pris férocement au PQ et à son chef actuel, Pauline Marois, qui n'avait surtout pas besoin d'une interpellation de la « belle-mère ».

L'intervention de Lucien Bouchard est d'autant plus incompréhensible qu'elle procède d'une **analyse erronée sur le plan économique, le plan identitaire et le plan politique**. En somme, Lucien Bouchard tourne les coins ronds, et même très ronds.

Sur le plan économique, M. Bouchard rappelle l'humiliation qu'il avait ressentie à New York chez Moody's, qui menaçait de décote la dette du Québec lorsqu'il était premier ministre. Effectivement, la situation n'était guère reluisante à ce moment-là, et un coup de barre s'imposait. Mais outre que les choix qu'il fit alors étaient très discutables, la situation actuelle a très peu à voir avec celle que le Québec vivait alors.

En 1996 et 1997, le Québec se trouvait pris à gérer en catastrophe le désengagement du fédéral, lui-même aux prises avec le besoin de redresser sa situation conséquemment à l'accumulation de gros déficits sur plusieurs années. C'était l'époque du « pelletage » dans la cour des provinces, et le Québec s'en est fait pelleter beaucoup.

Aujourd'hui, dans la foulée de la crise mondiale de 2008 et 2009, tout le monde se retrouve logé à la même enseigne. Les déficits atteignent des sommets inégalés, et tous les gouvernements des pays industrialisés se trouvent en situation déficitaire. Il n'y a qu'à suivre ce qui passe aux États-Unis et en Europe où tous les clignotants sont au rouge.

---

44. *Vigile*, 17 février 2010, http://www.vigile.net/Les-coins-ronds-de-Lucien-Bouchard

Le Canada ne fait pas exception, et cette fois-ci, l'Ontario se trouve touché de plein fouet. La province affiche un déficit budgétaire de 14 milliards $ pour l'année en cours, et les prochaines années s'annoncent très difficiles car son secteur manufacturier a été décimé, d'abord par la hausse brutale du dollar, qui a favorisé les délocalisations de production, puis par la crise de 2008, qui a entraîné l'effondrement du secteur automobile et de tout le réseau de sous-traitants qui l'alimentait. Une grande part des pertes subies est irréversible.

Le crédit du Québec s'apprécie non pas sur une base absolue, mais sur une base relative. Quand les investisseurs examinent la situation du Québec, ils la comparent avec d'autres. Non, notre situation n'est pas reluisante, mais elle n'est guère plus mauvaise que celle de bien d'autres, et il faut même ajouter que le Québec a des atouts que d'autres n'ont pas.

Notamment Hydro-Québec et son énergie renouvelable. Le jour où le gouvernement du Québec décidera de hausser ses tarifs d'électricité, tout le monde grognera, mais personne ne partira, parce que c'est bien pire ailleurs. Pour leur part, les finances du Québec s'en porteront mieux, et Moody's le reflètera dans sa cote.

À propos de Moody's, il faudrait tout de même rappeler que ses pratiques, comme d'ailleurs celles de toutes les agences de notation de crédit, ont fait l'objet de sérieuses critiques à l'occasion de la crise financière de 2008 pour des questions de conflits d'intérêts. Comme on le disait au temps des Romains, *Quis custodiebat custodies*[45]? Personne, semble-t-il. À une époque où il faut apprendre à tout relativiser, il faut même apprendre à relativiser les jugements de Moody's.

Et, pour en terminer avec les considérations économiques, il faut tout de même s'interroger sur l'opportunité de sabrer

45. Traduction : Qui gardait les gardiens ?

dans les finances publiques alors que tout le monde fait justement le contraire dans le but de relancer l'activité économique [deux ans plus tard, à deux jours près, Moody's et Fitch me donnent raison][46].

Sur le plan identitaire, Lucien Bouchard accuse le PQ de vouloir récupérer le fonds de commerce de l'ADQ pour en faire ses choux gras. Que le PQ ait toujours fait preuve de maladresse dans le dossier de l'immigration et des immigrants, c'est un fait que j'ai moi-même dénoncé en termes très sévères à plusieurs reprises.

Mais les questions soulevées par certaines pratiques dites religieuses de certains immigrants sont très légitimes et soulèvent des questions dans plusieurs pays qui sont loin d'avoir une tradition d'intolérance. Faut-il en venir à se renier soi-même, son histoire, ses coutumes, ses valeurs, pour se montrer accommodant ?

En France, tout récemment, à l'occasion du débat sur le port de la burqa devant la commission Gérin, le philosophe et juriste Henri Peña Ruiz a présenté un témoignage intitulé « De l'aliénation voilée à l'enfermement communautariste : Pour une politique active d'émancipation » qu'on pouvait lire dans l'édition de *Vigile* du 15 janvier. Peña Ruiz montre comment la burqa est un symbole d'aliénation :

> Le voile intégral n'est pas analysable d'abord comme un simple signe religieux. Il est tout à la fois un instrument et un symbole d'aliénation. Aliénation de la personne singulière à une communauté exclusive qui se retranche de l'ensemble du corps social en entendant imposer sa loi

---

46. « Le choix de l'austérité — Fitch et Moodys' critiquent Ottawa », *Le Devoir*, 15 février 2010, http://www.ledevoir.com/economie/actualites-economiques/342755/le-choix-de-l-austerite-fitch-et-moodys-critiquent-ottawa

propre contre la loi commune. Et ce, paradoxalement, au nom même de la démocratie que rend possible cette loi commune !

Il est en même temps un instrument de soumission de la femme qu'il dessaisit de sa liberté, de sa visibilité assumée, de son égalité de principe avec l'homme. Aliénée à une tenue qui la cache, la femme ne peut plus exister comme sujet libre, se montrer en sa singularité. Se montrer, ce serait nécessairement provoquer l'homme, comme si c'était à elle d'éviter toute incitation et non à l'homme de savoir tenir et retenir son désir. …

Le fait que certaines femmes, dit-on sans vraiment le savoir, consentent à leur aliénation ne légitime pas celle-ci. Il ne s'agit certes pas de forcer les femmes à s'émanciper. Mais au moins peut-on faire en sorte que les ressorts de l'aliénation ne soient plus consacrés par la puissance publique.

On y reviendra. Quant à ceux qui refusent l'interprétation du voile intégral comme signe et instrument, et se réfugient derrière la pluralité supposée de ses sens, on ne peut admettre cet étrange relativisme qu'ils avancent pour laisser en l'état les ressorts de l'aliénation[47].

Réagissant au premier degré, M. Bouchard se trouve en bien étrange compagnie. Il eût mieux fait de regarder où il mettait les pieds.

Ce n'est pas en se réclamant de la mémoire de René Lévesque (qui doit sûrement se retourner dans sa tombe devant la récupération dont il est l'objet) que Lucien Bouchard étoffe son argumentation. La situation qui nous préoccupe aujourd'hui

---

47. République française, Assemblée Nationale, Mission d'information sur la pratique du port du voile intégral sur le territoire national, jeudi 12 novembre 2009, www.assemblee-nationale.fr/13/cr-miburqa/09-10/c0910012.asp

est nouvelle, et personne ne peut dire avec certitude comment un René Lévesque se serait positionné. Lucien Bouchard utilise ici un vieux truc de rhétorique dont notre clergé d'autrefois faisait grand usage. Ce que l'on a reproché au clergé peut également être reproché à Lucien Bouchard.

Sur le plan politique enfin, Lucien Bouchard ne fait pas dans la dentelle. Selon lui, la souveraineté ne serait pas « réalisable ». Le moins que l'on puisse dire, c'est qu'il s'agit d'une opinion toute personnelle, à l'emporte-pièce. Et puis elle fait totalement l'impasse sur le fait que la réalité politique est mouvante. En ce moment, elle est même très mouvante. Plus une situation est volatile, plus elle est susceptible de connaître des écarts violents.

C'est certainement la démonstration qui nous a été donnée par le comportement des marchés financiers. Le « marché » des idées et des options politiques est soumis aux mêmes aléas, et la souveraineté demeure une possibilité. N'en prenons pour preuve que ce commentaire d'André Pratte, observateur attentif de la scène politique québécoise depuis plus de 20 ans :

> Quoi qu'il en soit du fond du dossier, on voit que, comme ils l'ont toujours fait, les souverainistes bougent. Ils bougent de façon convaincue, intelligente et habile, ils bougent avec l'aide d'une relève impressionnante. Et pendant ce temps, que font les Québécois qui croient au Canada ? Les politiciens disent la même chose que leurs adversaires souverainistes. Les autres, confortés par les sondages, vaquent à leurs occupations professionnelles. Ils vivent dans l'illusion que le scénario de 1995 ne peut pas se reproduire. Grave erreur[48].

---

48. « Le nouvel étapisme », *La Presse*, http://www.cyberpresse.ca/debats/editorialistes/andre-pratte/201002/05/01-946905-le-nouvel-etapisme.php

André Pratte, « la voix de son maître » pour reprendre le slogan de l'ancienne maison de disques RCA Victor, exprimait les inquiétudes de Paul Desmarais. Mais revenons à mon article sur Bouchard :

> En 1995, dans les milieux fédéralistes tout au moins, on s'interrogeait encore sur la question de savoir si le Québec aurait le « droit » de se séparer. La Cour suprême a répondu à cette question de façon très claire en 1998[49], statuant que la séparation du Québec était d'abord affaire de légitimité politique, mais que si les conditions de la légitimité étaient réunies, le Québec pourrait fort bien se séparer.

C'est d'ailleurs exactement ce que j'avais anticipé en 1997, un an avant que la Cour suprême ne se prononce sur le droit du Québec à la sécession, dans un ouvrage publié chez Stanké[50]. Et le fait que les fédéralistes ne puissent plus désormais utiliser contre les Québécois la peur de se trouver dans l'illégalité s'ils décident de le faire est de nature à leur faire craindre le pire.
Tellement que...

> Le gouvernement Chrétien s'est empressé de colmater la brèche qui venait d'être ainsi ouverte (en fait, elle avait toujours été ouverte), en adoptant la Loi sur la clarté. Or cette loi n'a guère de portée.
> Pour les Canadiens du reste du Canada, la séparation du Québec sera toujours illégitime. Hélas pour eux, leur opinion ne compte guère. Le jour où les Québécois décideront de quitter le Canada, ils pourront le faire en toute liberté, et la porte leur sera d'autant plus grande ouverte que l'issue du vote sera

---

49. Renvoi relatif à la sécession du Québec, [1998] 2 R.C.S. 217
http://scc.lexum.org/fr/1998/1998rcs2-217/1998rcs2-217.html
50. « La prochaine étape : Le défi de la légitimité », Montréal, Stanké, 1997

incontestable [s'ils choisissent de procéder par voie de référendum].

Finalement, la seule question qui se pose est celle de l'opportunité d'une telle décision : la souveraineté est-elle souhaitable ? Et c'est une question à laquelle les Québécois sont seuls à pouvoir répondre, car tout dépend de ce que l'on met dans la balance.

En situant comme il le fait la question de la souveraineté sur le plan du « réalisable », une question réglée depuis longtemps, Lucien Bouchard profite de sa notoriété pour en mettre tout le poids dans la balance. Toujours le même « truc de curé ».

Non, comme je le soulignais justement à propos du même M. Bouchard dans un article publié par *Le Devoir* en juillet 1999 et intitulé « À propos d'un certain modèle » : « Si Duplessis est mort, son esprit règne encore. » Dans celui de Lucien Bouchard.

Au fait, pour qui roule-t-il ?

Il aura fallu attendre l'annonce de la nomination de Lucien Bouchard à la présidence de l'Association pétrolière et gazière du Québec (APGQ)[51] à la fin janvier 2011 pour que je me pose de nouveau la question. Quelques jours plus tard, *Vigile* mettait en ligne cet article : « **L'étrange destinée de Lucien Bouchard** », coiffé du surtitre suivant : « APRÈS LA RÉVOLUTION TRANQUILLE, LA DÉPOSSESSION TRANQUILLE » (1).

Quiconque examine le parcours de cette comète reste mystifié par sa trajectoire.

De ses origines modestes au lac Saint-Jean à aujourd'hui, il sera passé par les prétoires de province, les parties de bras de

---

51. « Gaz de schiste : Lucien Bouchard remplace André Caillé », *Le Soleil*, http://www.cyberpresse.ca/le-soleil/affaires/actualite-economique/201101/25/01-4363572-gaz-de-schiste-lucien-bouchard-remplace-andre-caille.php

fer dans les négociations de l'État avec ses employés, les feux de la rampe à l'occasion de commissions d'enquête très médiati-sées, la diplomatie sur l'une des scènes les plus prestigieuses du monde — Paris —, les ors de la République, les coulisses et l'avant-scène du pouvoir, tant à Ottawa qu'à Québec, le rôle de chef d'une nation en quête de son indépendance à qui il avait promis de la réaliser avant de se défiler à la sauvette dans les couloirs feutrés d'un prestigieux cabinet d'avocats, pour aboutir aujourd'hui dans le rôle de propagandiste en chef des intérêts d'un gros joueur d'une industrie sale qui cherche à faire la passe en exploitant les richesses du sous-sol québécois qu'elle a acquises à rabais en s'acoquinant avec des politiciens peu scrupuleux.

En cours de route, Bouchard a fait la preuve qu'il n'avait aucune loyauté, ni envers ses amis (il s'est retourné contre Mulroney, un ami de longue date qui l'avait pourtant nommé ambassadeur avant de le faire accéder, par-dessus la tête de bien d'autres, au cabinet fédéral), ni envers ses engagements politiques ; et le plus surprenant est qu'il n'en a sans doute pas envers lui-même tant le hiatus est profond entre les fonctions qu'il a occupées jusqu'ici et celles qu'il accepte d'occuper aujourd'hui. Enfin, que dire du fait qu'il ne semble pas en être conscient ! Ou alors s'il l'est, il est animé d'une forte volonté d'autodestruction.

Revenant sur le passé, certains seront tentés de voir dans l'épisode de la bactérie mangeuse de chair qui a failli le terras-ser une manifestation externe d'un mal de l'âme qui le grugeait au plus profond de lui-même et qui avait fini par s'emparer de son corps.

Mais si le personnage Bouchard est suffisamment riche pour alimenter les ragots d'un bataillon de concierges, inspirer un nouveau Balzac, ou constituer un cas modèle pour les psy-chanalystes en herbe, il mérite surtout notre intérêt pour ce qu'il nous apprend sur les mœurs de notre classe politique actuelle et sur l'effort systématique en cours pour déposséder les Québécois des gains économiques de la Révolution tranquille.

En effet, il faut comprendre que l'épisode des gaz de schiste n'est pas isolé. Il s'inscrit dans une suite de décisions où le gouvernement du Québec, sous la poussée de lobbys aussi gloutons qu'ambitieux, s'est laissé convaincre, au nom d'une prétendue maturité à laquelle l'économie québécoise en serait arrivée, à renoncer à d'importants leviers qu'il avait créés justement pour la dynamiser.

Sont ainsi passés à la trappe au fil des années des instruments comme SOQUIP (dont on découvre aujourd'hui combien ses travaux auront été utiles), dans le secteur du pétrole et du gaz; SOQUEM, dans le secteur minier; SOQUIA, dans le secteur agroalimentaire; REXFOR, dans le secteur forestier; et SIDBEC, dans la sidérurgie. L'État québécois a également abandonné au secteur privé DOMTAR dans le secteur des pâtes et papiers, puis, plus tard Gaz Métro, dans la distribution du gaz naturel, par une série de transactions complexes au bénéfice d'on ne sait trop qui.

D'autres instruments ont vu leur profil se réduire, ont été fusionnés, ou sont carrément disparus. On pense ici à des organismes comme la SGF, la SDI ou Investissement Québec.

Dans le noyau dur des sociétés d'État qu'il nous reste, citons Hydro-Québec, la Caisse de dépôt et placement, la SAQ, la SAAQ et Loto-Québec.

Que toutes ces initiatives n'aient pas toujours été couronnées de réussite, que l'on ait même connu certains fiascos cuisants (la Société nationale de l'amiante, SNA), que certaines aient perdu leur pertinence au fil du temps, cela ne fait aucun doute. Mais leur création répondait à une vision dont les Québécois auraient mauvaise grâce de nier les bienfaits, tant ils en ont bénéficié à tous les niveaux et dans tous les domaines.

Depuis quelques années, on assiste à un démantèlement massif de tout cet appareil de leviers dont s'était doté l'État québécois, sans autre justification que l'idéologie conservatrice, la conviction quasi religieuse de la supériorité du capitalisme débridé, dont on découvre depuis deux ans tous les méfaits.

La chute de l'Empire américain, ce n'est pas rien! C'est pourtant le produit de cette idéologie, et il s'en trouve encore qui continuent de la promouvoir! Soit ils sont bien placés pour en tirer un profit personnel, soit ils sont obnubilés par le dogme. Mais la preuve est désormais faite que cette idéologie n'est pas au service du bien commun, et qu'elle en constitue même l'antithèse.

Devant une preuve aussi accablante, on se serait attendu, sinon à un renversement immédiat de la vapeur, du moins à une pause et à un examen sérieux des choix que le Québec doit faire pour tirer son épingle du jeu dans ce nouveau contexte. Mais non; on continue sur la même lancée, comme si de rien n'était.

Dans ce contexte, le dossier du gaz de schiste prend valeur de symbole pour illustrer tous les vices, les excès et les dérives d'un système où l'enrichissement d'un petit nombre prime sur l'intérêt collectif, sur la sécurité publique, sur la santé publique, sur la qualité de l'environnement, avec en prime, dans le cas du Québec, une désagréable odeur de corruption en raison de la faiblesse des redevances qui avantagent l'industrie d'une façon éhontée et constituent ni plus ni moins qu'une spoliation de notre patrimoine collectif.

C'est dans ce contexte qu'arrive dans le dossier notre sauveur national qui, en plus de s'être posé en homme de la providence pour le Québec, était à titre de premier ministre le gardien de l'héritage de la Révolution tranquille. Et quel camp choisit-il? Le camp des prédateurs. On ne peut pas reprocher à un loup d'être un loup, mais on peut reprocher au berger de lui ouvrir les portes de la bergerie.

Or qu'il le veuille ou non, que cela fasse son affaire ou non, un ancien premier ministre conserve des responsabilités après son départ. En contrepartie du privilège qui lui a été donné d'exercer les plus hautes fonctions, il aliène une partie de sa liberté pour l'avenir et ne doit rien faire qui vienne jeter une ombre sur la noblesse des fonctions qu'il a occupées.

Ce n'est pas tant de représenter l'industrie qui pose problème comme le *deal* en vertu duquel il devient l'homme de paille de l'entreprise qui le paie, Talisman Energy, qui entretient des liens étroits de copinage avec le gouvernement Charest par le truchement de Dan Gagnier[52], encore tout récemment chef de cabinet du premier ministre.

En principe, une personne qui a occupé ce genre de fonction doit s'abstenir de faire du lobbying auprès du gouvernement pendant un certain temps. Nous avons ici la preuve que cette règle n'a pas été respectée.

Mais ce n'est pas tout. Dan Gagnier est aussi le président du conseil d'administration de l'Institut international du développement durable (IISD), dont on apprend ceci sur son site[53] :

> En 1990, le premier ministre du Manitoba, Gary Filmon, **et le ministre de l'Environnement du Canada, Lucien Bouchard**, signent l'accord qui crée officiellement l'IISD pendant la conférence Globe à Vancouver (Colombie-Britannique). L'Institut est établi en vertu de la partie II de la Loi sur les corporations canadiennes en tant que corporation sans but lucratif dirigée par un conseil d'administration international indépendant.

---

52. « Talisman Energy, Daniel Gagnier. Membre du conseil consultatif du Québec », *La Presse*, http://lapresseaffaires.cyberpresse.ca/cv/nominations/201011/15/10-174-talisman-energy.php

53. À propos de l'IISD, http://www.iisd.org/about/default_fr.asp

Je vous conseille fortement la consultation de la liste des membres de son conseil d'administration ; vous allez y faire des découvertes intéressantes, dont la présence d'un certain Hugo Delorme, au parcours aussi court qu'instructif. Enfin, ceux qui ont la mémoire longue se souviendront que le successeur de Lucien Bouchard au ministère fédéral de l'Environnement avait été… Jean Charest.

Et tant qu'à y être, si vous allez sur le site de l'Association pétrolière et gazière, vous découvrirez aussi que le président de l'une des entreprises membres, Gastem, et membre du conseil d'administration, est nul autre que Raymond Savoie, un ancien ministre libéral délégué aux Mines sous le gouvernement Bourassa.

Quant à Talisman Energy, c'est une « spin-off » de BP (l'entreprise qui a fait cadeau au monde l'été dernier de la plus grande catastrophe environnementale de l'histoire), c'est-à-dire une entreprise qui a été détachée de sa compagnie mère pour en maximiser la valeur. Le président de Talisman est un ancien de BP, imprégné de la même culture d'entreprise.

C'est une des plus grandes entreprises pétrolières et gazières au Canada ; elle a des activités tout autour du monde et se distingue en étant sans doute l'une des rares entreprises à avoir jamais été accusée de génocide devant les tribunaux, dans son cas pour ses activités au Soudan[54].

En consultant le site de Talisman, on découvre qu'une québécoise siège à son conseil d'administration : Christiane Bergevin, vice-présidente aux partenariats stratégiques du groupe Desjardins et ancienne vice-présidente de SNC-Lavalin, membre associé de l'Association pétrolière et gazière dont Lucien Bouchard prend les commandes.

Je suis prêt à parier que la plupart des sociétaires des caisses Desjardins n'ont aucune idée de la façon dont a évolué le

---

54. Talisman Energy, Wikipedia, http://en.wikipedia.org/wiki/Talisman_Energy

Mouvement Desjardins ces dernières années, ni que sa présidente, Monique Leroux, est également membre du conseil d'administration (tout comme le PDG d'Hydro-Québec, Thierry Vandal) du *Conference Board*[55], cette officine de propagande fédéraliste qui déverse régulièrement son fiel sur le Québec. Je serais très curieux de savoir ce qu'en pense Claude Béland[56].

Alors voilà dans quelle galère s'est engagé Lucien Bouchard. C'est lui qui va être chargé de vendre aux Québécois non pas la Révolution tranquille, mais la dépossession tranquille, le renoncement pacifique et progressif à l'héritage qu'ils tiennent de l'histoire de leur pays [oui, il existe déjà ; tout ce qui lui manque, c'est la reconnaissance de sa propre population et de la communauté internationale] et de sa géographie : ses richesses naturelles, au bénéfice de ceux qui veulent mieux les exploiter pour mieux les dominer tout en les exploitant.

De la part d'un ancien premier ministre du Québec, et du PQ par surcroît, on se serait attendu à autre chose. En février dernier, dans un de mes tout premiers articles sur *Vigile*, j'avais posé la question « Pour qui roule Lucien Bouchard ? » au regard de sa sortie fracassante à l'occasion du 100e anniversaire du *Devoir*, au cours de laquelle il avait entre autres déclaré que la souveraineté n'était pas « réalisable ». Maintenant, on a la réponse, et ce n'est pas pour le Québec.

À peine un mois plus tard, Lucien Bouchard donnait une entrevue à Radio-Canada dont il allait sortir passablement écorché. J'avais alors écrit le texte suivant :

---

55. Au conseil duquel siègent également des entreprises comme Bombardier et... Power Corporation !

56. Quelques mois plus tard, j'allais avoir l'occasion de m'entretenir à ce sujet avec Claude Béland. Il était effectivement très inquiet des nouvelles orientations du Mouvement Desjardins sous la présidence de Monique Leroux, et notamment de ses liens avec l'Empire Desmarais.

Bouchard le « schisteux »[57]

Lucien Bouchard est dans la m…., et il le sait. Il fallait le voir en entrevue, hier soir, tenter de trouver le bon angle et le ton juste pour défendre une cause qu'il sait très mal engagée. Il est handicapé en partant par la pitoyable façon dont le dossier a été géré jusqu'ici, et par la découverte très rapide de l'information sur qui le paie. Tout le monde sait maintenant que Bouchard est l'homme de Talisman. Et ça limite singulièrement sa marge de manœuvre.

Il tente de récupérer la mise en se présentant comme un médiateur, un négociateur; une fonction somme toute assez respectable alors que la situation dans laquelle il est placé va nécessairement ne faire de lui qu'un « peddleur » de bas étage. Pour un homme qui a une si haute opinion de lui-même, la déconvenue risque d'être brutale.

Ce dont il va rapidement se rendre compte, c'est qu'il ne s'agit pas tout simplement pour lui de vendre aux Québécois l'idée du développement de leurs richesses naturelles; il lui faut aussi vendre l'idée que ces richesses vont être exploitées par des voleurs.

Oh, il a bien dit que les entreprises allaient devoir accepter de payer de justes redevances et qu'il se ferait fort de les en convaincre, mais il s'est bien abstenu de comment et à quelles conditions les entreprises du secteur du gaz et du pétrole ont obtenu les droits qu'elles détiennent.

Or, c'est justement là que le bât blesse. En effet, le gouvernement de Jean Charest a cédé pour une bouchée de pain les droits d'exploration sur le territoire québécois. Là où la Colombie-Britannique a cédé ces mêmes droits pour 1 000 $ à 10 000 $ l'hectare, le gouvernement Charest les a cédés, lui, pour 0,10 $ l'hectare, soit à un prix de 10 000 à 100 000 fois moindre.

---

57. « Bouchard le "schisteux" », *Vigile*, 25 février 2011,
http://www.vigile.net/Bouchard-le-schisteux

Le scandale, il est là ; et Bouchard aura beau séduire, menacer, appâter, semoncer, cajoler, morigéner, flatter, ou tancer, il ne parviendra jamais à corriger ce premier faux pas qui vicie tout le reste de la démarche. Les Québécois se sont fait escroquer des centaines de millions, voire quelques milliards. *Grosso modo*, le coût du stade olympique ! Ou, pour prendre un exemple plus actuel, le coût du CHUM !

Bouchard n'est pas un imbécile, tant s'en faut. Alors comment peut-il prêter son prestige et l'autorité morale que les Québécois sont encore assez naïfs pour lui reconnaître à une cause aussi pourrie ? Ne se regarde-t-il pas dans un miroir le matin ?

Vous croyez que j'exagère ? Hélas, non. Regardez la suite. Dans l'entrevue qu'il donnait à Anne-Marie Dussault, cette dernière l'a questionné sur l'opportunité d'un moratoire en lui citant l'exemple de l'État de New York. Pas question, a-t-il répondu. Le BAPE va imposer des conditions très dures, et l'industrie va les respecter, foi de Bouchard.

Or on sait que le mandat du BAPE avait été restreint en partant afin que le principe du développement des gaz de schiste ne puisse être remis en question. Ensuite, en fin négociateur qu'il est, Bouchard ne sait que trop bien qu'un moratoire, d'abord imposé pour des raisons de sécurité, pourrait ensuite devenir un levier qui permettrait au gouvernement du Québec de renégocier les droits d'exploration. Et le moratoire resterait en place tant que les entreprises n'accepteraient pas de rouvrir le dossier des droits d'exploration. Comprenez-vous maintenant pourquoi l'industrie ne veut rien savoir d'un moratoire ?

Fin renard, Bouchard savait qu'il ne pouvait pas braquer les Québécois sur tous les fronts. Alors, suavement, sur le ton de celui qui fait ça à contrecœur, il a sacrifié le « soldat » Charest en lui plantant un coup de poignard dans le dos. Oui, a-t-il dit, une enquête sur la corruption serait nécessaire, sachant très bien que la tenue d'une telle enquête aurait pour effet de détourner l'attention des Québécois du dossier des gaz de schiste et de laisser à ses clients tout le temps et l'espace dont ils ont désespérément besoin pour consolider leurs acquis.

Pour Bouchard, trop fort ne casse pas. Il en a rajouté une bonne mesure en se positionnant comme un indépendantiste déçu des résultats du référendum de 1995, mais suffisamment réaliste pour reconnaître qu'un autre référendum n'est pas dans les cartes à court ou moyen terme. Cette « astuce » lui permet de réduire le nombre de ses adversaires en plus de ramollir la véhémence de l'opposition, qui était en train de se mobiliser contre lui et « ses clients ».

À ce propos, depuis qu'est sorti le nom de Talisman, les médias s'imaginent que la piste s'arrête là. Personne ne trouve bizarre qu'une seule entreprise se trouve à assumer tout le fardeau des honoraires de Lucien Bouchard.

C'est bien mal connaître cette industrie. Ce n'est pas un milieu où l'on se fait des « cadeaux ». **Faire porter le chapeau à Talisman, une entreprise qui n'est pas établie au Québec, c'est bien commode. Beaucoup trop commode pour que ce soit vraisemblable. Il faut continuer à fouiller ; on risque d'avoir des surprises.**

Alors, voilà le « messie » que nous avions élu comme premier ministre. Il vous plaît toujours autant ? Pour ma part, j'ai la satisfaction de me dire que je n'ai jamais été dupe, depuis le premier jour où je l'ai rencontré, et je rajouterai, pour que ce soit bien clair, que c'était à sa demande.

Et effectivement, j'avais raison. Surprises il y a. Quelques jours avant de remettre mon manuscrit à l'éditeur, je reçois un appel de Jean-Jacques Samson, du *Journal de Québec*, qui a pris connaissance d'un de mes articles tout récents sur *Vigile* dans lequel je demande au commissaire au lobbyisme de faire enquête sur Power Corporation pour vérifier si elle se conforme à la loi qu'il a charge d'administrer[58]. Samson veut savoir si je serais disposé à écrire un court article à ce sujet pour son journal et le *Journal de Montréal*. J'accepte, et cet article paraîtra effectivement le 15 février[59].

Quant à ma lettre au commissaire au lobbyisme[60], en voici le contenu :

Montréal, le 7 février 2012
Me François Casgrain
Commissaire au lobbyisme du Québec
70, rue Dalhousie, bureau 220
Québec (Québec) G1K 4B2

Monsieur le commissaire,
C'est avec beaucoup d'intérêt que j'ai pris connaissance dans le *Journal de Montréal* du 3 février dernier de votre intention de vous pencher sur les questions d'éthique et de transparence soulevées par le séjour du président de la Caisse de dépôt et placement, Michael Sabia, et de sa famille, au domaine des Desmarais à Sagard, dans Charlevoix.

En effet, au cours des deux dernières années, j'ai été en mesure de documenter dans plus de cinquante articles dont vous pourrez trouver tous les liens dans un fichier ci-joint le *modus operandi* du groupe Power et de la famille Desmarais dans une série de dossiers publics qui touchent de près leurs intérêts. Ainsi, dans un texte du 11 octobre dernier, j'écrivais ceci :

---

58. L'épreuve de feu du commissaire au lobbyisme et Lettre à Me François Casgrain, commissaire au lobbyisme du Québec
http://www.vigile.net/L-epreuve-de-feu-du-commissaire-au
59. «Desmarais : Le loup dans la bergerie»
http://www.journaldequebec.com/2012/02/15/desmarais--le-loup-dans-la-bergerie
60. Quelques jours avant la remise de mon manuscrit à l'éditeur, je recevais une lettre du bureau du commissaire au lobbyisme me confirmant la transmission de ma demande et des documents joints à la Direction de la vérification et des enquêtes.

Mais à partir du moment où Power utilise ses contacts pour s'infiltrer aux plus hauts niveaux dans les sphères décisionnelles de l'État, comme le fait Power par l'entremise de Marc Bibeau ou de la présence de Michel Plessis-Bélair au conseil d'administration d'Hydro-Québec, son comportement se met à soulever de sérieuses questions de transparence, d'influence et d'éthique pour lesquelles non seulement nous n'avons pas de réponses, mais surtout aucun moyen d'en demander et d'en obtenir.

Le Québec s'est doté il y a quelques années d'un mécanisme pour assurer la transparence des démarches entreprises par les personnes ou les sociétés intéressées à faire des affaires avec l'État. Si vous consultez le registre, non seulement n'y trouverez-vous pas le nom de Marc Bibeau, mais vous constaterez également que le nom de Power Corporation n'y apparaît pas souvent.

Faut-il en conclure pour autant que Power n'est pas intéressée aux affaires de l'État ? Bien sûr que « non ». Il ne se passe plus une semaine sans que nous en ayons de nouvelles indications comme j'ai eu l'occasion de le démontrer récemment dans les articles suivants « Quand les hypothèses d'un jour deviennent les vérités du lendemain »[61] et « Le Plan Nord et l'Accord de libre-échange Canada-Europe sont taillés sur mesure pour servir les intérêts de Power »[62].

C'est donc la preuve que Power s'y prend autrement, et les faits exposés plus haut, ironiquement avec le concours bien involontaire de *La Presse*, j'en suis sûr, nous fournissent d'amples indications sur sa façon de procéder.

Au fil des années, l'appétit de Power est devenu de plus en plus vorace, comme je l'expliquais dans un article

---

61. *Vigile*, http://www.vigile.net/Quand-les-hypotheses-d-un-jour
62. *Vigile*, http://www.vigile.net/Le-Plan-Nord-et-l-Accord-de-libre

récent : « L'appétit vorace de "l'Oncle" Paul »[63]. Son envahissement systématique de tous les champs d'activités où est présent le gouvernement du Québec, et qui affichent un certain potentiel de développement et de croissance, est soit la marque d'une très grande confiance dans sa capacité de récupérer les droits du gouvernement (qui ne peut lui venir que de la certitude que les dés sont pipés en sa faveur), ou alors d'une tentative désespérée et frénétique de recentrer ses activités à la veille d'une catastrophe imminente, comme pourrait en constituer la crise systémique de l'économie mondiale dont il est question ces jours-ci.

Je suis pour ma part convaincu que nous sommes en face d'une combinaison des deux.

Alors la question se pose : en vertu de quelle exception Power Corporation n'est-elle pas assujettie aux mêmes règles que toutes les autres entreprises lorsqu'elle veut faire des affaires avec l'État québécois ? Le « Seigneur de Sagard » serait-il devenu roi du Québec à notre insu ? S'il l'est devenu, c'est avec la complicité de quelqu'un. Quelqu'un qui lui a ouvert toutes grandes les portes de notre caverne d'Ali-Baba nationale. Quelqu'un qui, sûrement en échange d'une considération quelconque (on se demande bien quelle autre raison il aurait eue de le faire, à moins d'être prêt à admettre que Paul Desmarais est le « gourou » d'une secte et que Jean Charest est tombé sous son emprise !), s'est littéralement mis au service des intérêts de Power en se souciant comme d'une guigne des Québécois et des intérêts supérieurs du Québec.

Dans un article récent, j'avais lancé la mise en garde suivante : « Attention ! Un scandale peut en cacher un autre ». La situation que je viens de décrire est un scandale, au même titre que l'est l'infiltration du crime organisé dans

---

63. *Vigile*, http://www.vigile.net/L-appetit-vorace-de-l-oncle-Paul

l'industrie de la construction et les structures décisionnelles de l'État québécois. Il ne faudrait surtout pas que le côté spectaculaire du second nous fasse perdre de vue le premier, et vous pouvez d'ores et déjà être assurés que tous les moyens seront mis en œuvre pour que ce soit le cas. » (Power Corporation, un État dans l'État, véritable « hydre au Québec[64] »)

Votre intervention rapportée dans le *Journal de Montréal* me permet de comprendre que j'étais dans l'erreur quand je pensais qu'il n'y avait aucun recours. Je vous soumets donc par la présente ma demande d'examiner le dossier Power dans son ensemble afin de vérifier si des infractions ont été commises à la loi que vous avez charge d'administrer.

Je n'aurai pas la prétention de vous affirmer que tous les textes que je vous soumets comme autant de pièces au soutien de ma requête ont le même caractère probant. Je peux cependant vous affirmer en toute conscience que chacun d'entre eux est absolument indispensable à la bonne compréhension de l'interface entre le groupe Power, le gouvernement du Québec, et ses diverses entreprises et organismes.

Je tiens cependant à vous préciser que les entreprises du groupe Power ou celles sur lesquelles il exerce un « contrôle et une influence », pour reprendre sa propre terminologie, n'hésitent pas à utiliser des prête-noms et des sociétés-écrans, un usage beaucoup plus répandu en Europe qu'ici. Cela s'explique par la forte présence du groupe Power en Europe depuis maintenant une bonne trentaine d'années.

Enfin, je me tiens à l'entière disposition de vos enquêteurs pour leur fournir toute explication ou complément d'information dont ils auraient besoin pour mener leur enquête à bonne fin.

---

64. *Vigile*, http://www.vigile.net/Power-Corporation-un-Etat-dans-l

Veuillez recevoir, monsieur le commissaire, l'assurance de ma plus haute considération.

Richard Le Hir

L'appel de Samson du *Journal de Québec* et ma lettre au commissaire au lobbyisme allaient me fournir l'occasion de faire des recherches et de comprendre finalement qui se cachait derrière Talisman Energy : nul autre que Paul Desmarais, bien sûr, comme j'allais l'expliquer dans l'article intitulé :

Au service de l'Empire[65]

Invité à écrire un article sur l'affaire Desmarais par le *Journal de Montréal* et son pendant à Québec, j'ai dû me soumettre au processus de vérification de la véracité de mes allégations imposé par les avocats de Québecor.

On comprendra facilement que, dans le contexte tendu du climat qui règne présentement dans les rapports entre Québecor et l'Empire Desmarais, les parties en présence prennent toutes les précautions pour s'éviter des retombées judiciaires qui pourraient être extrêmement coûteuses.

Parmi les questions auxquelles j'ai dû répondre s'en trouve une qui m'a amené à revenir sur le cas de Lucien Bouchard. En effet, dans mon texte, je mentionne l'intérêt de l'Empire Desmarais pour le gaz de schiste et sa présence dans la vallée du Saint-Laurent.

Au dire du journaliste du *Journal de Montréal* qui agissait comme contact entre moi et le contentieux de Québecor, leur équipe n'était pas parvenue à valider cette information et ils souhaitaient connaître la source de mon information. Or par la plus grande des ironies, c'est dans *La Presse* elle-même que j'ai découvert le pot aux roses[66].

---

65. «Au service de l'Empire», *Vigile*, 17 février 2012, http://www.vigile.net/Au-service-de-l-Empire

66. Carte du Québec gazier, http://www.cyberpresse.ca/environnement/dossiers/gaz-de-schiste/carte/

En effet, on trouve dans son dossier sur le gaz de schiste une carte interactive du Québec gazier. La carte comporte en légende la liste des détenteurs des permis et des baux d'exploration et assigne à chacun une couleur.

En cliquant sur le nom de chaque détenteur, vous obtenez les informations suivantes : le nom exact de l'entreprise, le nom de ses actionnaires, ses coordonnées, la superficie des droits octroyés, et le nom des partenaires avec lesquels elle s'est associée pour ses opérations d'exploration.

C'est ainsi qu'en cliquant sur le nom Intragaz Exploration SEC, vous découvrez l'information suivante :

Intragaz Exploration SEC

Actionnaires :
Partenariat 60-40 entre Gaz Métro et GDF Québec, une filiale de GDF Suez, qui est elle-même actionnaire à 17 % de Gaz Métro. Power Corporation, qui possède aussi *La Presse,* **détient une participation importante dans GDF Suez à travers sa filiale Pargesa Holding SA.** [Mes caractères gras]
Coordonnées :
6565, boul. Jean-XXIII
Trois-Rivières (Québec) G9A 5C9
Téléphone : 819 377-8080
Superficie :
80 000 hectares
Partenaire(s) :
Talisman, Gastem [Mes caractères gras]

L'information est on ne peut plus claire et parlante. Et elle est même parlante au point d'en être indiscrète. Ainsi, le nom des partenaires amène toute personne le moindrement curieuse à vérifier qui sont les partenaires de ces partenaires, pour vérifier s'ils ont des intérêts liés. En cliquant sur le nom Talisman, on découvre ceci :

LA CARTE DU QUÉBEC GAZIER

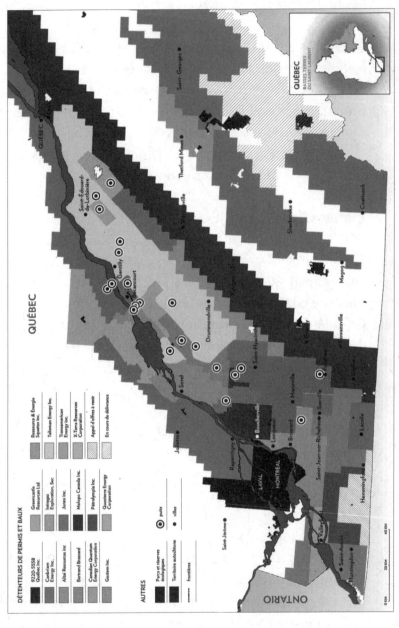

Sources : Ministère des Ressources naturelles et de la Faune, Bloomberg, Rapports et présentations des entreprises, Registre des entreprises du Québec, Jennings Capital

Talisman Energy inc.

Actionnaires :
Entreprise majeure. Ses actionnaires principaux sont des fonds de placements privés et publics, dont Jarilowsy Fraser, Fidelity et **la Caisse de dépôt et placement**. [Mes caractères gras]
Coordonnées :
Siège social en Alberta. Bureau au Québec :
475, boul. de l'Atrium, bureau 401
Québec (Québec) G1H 7H9
Téléphone : 418 877-9039
Superficie :
311 741 hectares
Partenaire(s) :
Intragaz, Questerre [Mes caractères gras]

Alors non seulement apprend-on que la Caisse de dépôt et placement est un actionnaire important de Talisman, mais qu'Intragaz, dans laquelle l'empire Desmarais détient un intérêt suffisamment important (via Pargesa) pour qu'il le considère stratégique, est associée à Talisman pour l'exploitation de ces permis.

À ce stade-ci, il est utile de rappeler les principes qui guident les investissements de Pargesa :

« La stratégie du groupe Pargesa repose sur les principes suivants :

- concentration du portefeuille sur un nombre limité de participations significatives, avec pour objectif la création de valeur à long terme.

- obtention d'une position de contrôle ou d'influence majeure dans ces participations.

- mise en œuvre continue d'un travail professionnel d'actionnaire stratégique auprès des participations[67]. »

---

67. Site de Pargesa, http://www.pargesa.ch/index.php?option=com_content&view=article&id=46&Itemid=66&lang=fr

C'est sans doute son « travail professionnel d'actionnaire stratégique auprès des participations » qui l'a amené à suggérer le nom de l'ancien premier ministre Lucien Bouchard pour remplacer au pied levé André Caillé (ancien PDG d'Hydro-Québec, débordé par la contestation du milieu) à la tête de l'Association pétrolière et gazière du Québec.

La suite de ce texte se trouve déjà dans le chapitre précédent. Comme elle est essentielle à la bonne compréhension des paragraphes qui précèdent, je me permets de la reprendre en priant les lecteurs dotés d'une excellente mémoire de m'excuser de cette répétition.

Dans l'un de mes tout premiers textes sur *Vigile*, il y a aura exactement deux ans demain, commentant une sortie fracassante de Lucien Bouchard à l'occasion des 100 ans du *Devoir*, lors de laquelle il avait déclaré que l'indépendance du Québec n'était « pas réalisable », j'avais conclu mon article sur cette interrogation : « Au fait, pour qui roule-t-il ? ».

Deux mois plus tard, ayant pris les Lucides, un groupe formé à l'initiative d'André Pratte, de *La Presse* (lire Desmarais), dont faisait justement partie Lucien Bouchard, en défaut sur leur analyse de la situation financière du Québec, j'écrivais ceci :

La vérité, c'est que les Québécois ne sont ni meilleurs ni pires que les autres, et que leurs chances de se tirer de la mauvaise posture dans laquelle cette crise nous a mis sont peut être même meilleures que celles de nos voisins américains et ontariens, pour ne s'en tenir qu'à ceux-là, en raison même du modèle que les Lucides et le gouvernement Charest s'acharnent à vouloir détruire. Le moment est donc venu de remettre les pendules à l'heure.

Sans doute à cause de ma formation juridique, j'hésite toujours à mettre en doute la bonne foi des gens. J'ai la même réserve face aux Lucides. Il s'en trouve toutefois parmi eux un certain nombre à qui leur formation et leur expérience [et je pensais alors plus particulièrement à Lucien Bouchard et Joseph Facal] devraient pourtant avoir enseigné la prudence.

On ne balance pas un pavé tel que le « Manifeste pour un Québec lucide » dans l'opinion publique en mettant en arrière tout le poids de sa réputation et de son influence sans savoir qu'il risque de produire certains effets. Si on le fait, c'est qu'on recherche justement ces effets. On peut aussi comprendre que certaines personnes agissent par idéologie. Mais si la motivation n'est pas idéologique, les pires soupçons deviennent permis. Au profit de quoi ou de qui ces personnes ont-elles agi[68] ?

Quelques jours plus tard, en visionnant les conférences du professeur français François Asselineau[69], je découvrais le stratagème employé par des « appétits puissants » comme ceux de Power « pour nous forcer à vendre notre patrimoine » collectif.

Tout en ayant compris le jeu de l'Empire Desmarais dans ses grandes lignes, je n'en avais pas encore saisi toutes les ramifications, et plusieurs mois passèrent avant que je reprenne ma réflexion sur le sujet. C'est l'irruption fracassante (comme un « cheval » sur la soupe, pour reprendre l'expression d'un de mes anciens électeurs dans Iberville) de Lucien Bouchard dans le dossier du gaz de schiste[70] qui allait m'en fournir l'occasion.

---

68. « Les "lucides" démasqués », *Vigile*, http://www.vigile.net/Les-lucides-demasques
69. Voir note 21.
70. « L'étrange destinée de Lucien Bouchard », *Vigile*,
http://www.vigile.net/L-etrange-destinee-de-Lucien

En me demandant ce qu'il allait faire dans cette galère, j'exprimais ma plus grande surprise de le voir, lui qui avait été ambassadeur, ministre et premier ministre, « aboutir aujourd'hui dans le rôle de propagandiste des intérêts d'un gros joueur d'une industrie sale qui cherche à faire la passe en exploitant les richesses du sous-sol québécois qu'elle a acquises à rabais en s'acoquinant avec des politiciens peu scrupuleux ».

Indigné par ce geste, j'en avais même rajouté :

C'est dans ce contexte qu'arrive dans le dossier notre sauveur national qui, en plus de s'être posé en homme de la providence pour le Québec, était à titre de premier ministre le gardien de l'héritage de la Révolution tranquille. Et quel camp choisit-il ? Le camp des prédateurs. On ne peut pas reprocher à un loup d'être un loup, mais on peut reprocher au berger de lui ouvrir les portes de la bergerie.

Or qu'il le veuille ou non, que cela fasse son affaire ou non, un ancien premier ministre conserve des responsabilités après son départ. En contrepartie du privilège qui lui a été donné d'exercer les plus hautes fonctions, il aliène une partie de sa liberté pour l'avenir et ne doit rien faire qui vienne jeter une ombre sur la noblesse des fonctions qu'il a occupées.

Ce n'est pas tant de représenter l'industrie qui pose problème comme le *deal* en vertu duquel il devient l'homme de paille de l'entreprise qui le paie, Talisman Energy, qui entretient des liens étroits de copinage avec le gouvernement Charest par le truchement de Dan Gagnier, encore tout récemment chef de cabinet du premier ministre.

Après avoir rappelé que Lucien Bouchard avait été le successeur de Jean Charest à la tête du ministère fédéral de l'Environnement après que Charest a été limogé pour cause « d'indélicatesse » envers le pouvoir judiciaire, je concluais sur ces mots :

Alors voilà dans quelle galère s'est engagé Lucien Bouchard. C'est lui qui va être chargé de vendre aux Québécois non pas la Révolution tranquille, mais la dépossession tranquille, le renoncement pacifique et progressif à l'héritage qu'il tient de son histoire et de sa géographie : ses richesses naturelles, à ceux qui veulent mieux les exploiter pour mieux les dominer tout en les exploitant.

De la part d'un ancien premier ministre du Québec, et du PQ par surcroît, on se serait attendu à autre chose. En février dernier, dans un de mes tout premiers articles sur *Vigile*, j'avais posé la question « Pour qui roule Lucien Bouchard ? » au regard de sa sortie fracassante à l'occasion du 100ᵉ anniversaire du *Devoir*, au cours de laquelle il avait entre autres déclaré que la souveraineté n'était pas « réalisable ». Maintenant, on a la réponse, et ce n'est pas pour le Québec.

Il faut noter qu'au moment d'écrire ces mots, j'ignorais encore l'implication de l'Empire Desmarais dans le gaz de schiste[71]. C'est uniquement au moment d'entreprendre ma série d'articles sur le *modus operandi* des spoliateurs, dont le présent est le treizième, que je suis parvenu à faire le lien entre Paul Desmarais et Lucien Bouchard, et que j'ai compris que ce n'était pas pour les beaux yeux de Talisman qu'il s'était engagé dans le dossier du gaz de schiste, mais bien pour ceux de Paul Desmarais.

Or l'époque où Bouchard est ambassadeur du Canada à Paris (1985 à 1990) est justement celle où Paul Desmarais s'implante en Europe. Bouchard et Desmarais ont un ami en commun, Brian Mulroney, alors premier ministre du Canada.

---

71. Dans un commentaire sur cet article paru sur *Vigile*, un lecteur m'a très gracieusement informé que Desmarais, via Pargesa, était également présent dans le capital d'Arkema, une entreprise française dont la filiale nord-américaine exploite à Bécancour une usine spécialisée dans la fabrication d'adjuvants utilisés dans l'exploration des gaz de schiste.

Pas besoin d'être grand sorcier pour comprendre que Mulroney a dû chaudement recommander son ami Desmarais à son ami Bouchard. Et quand on sait que les ambassades comptent parmi leurs rôles celui de promouvoir les intérêts de leurs ressortissants à l'étranger, on s'imagine sans peine à quel point l'ambassadeur, les services et les salons de l'ambassade du Canada à Paris ont dû être mobilisés pour servir les intérêts de Paul Desmarais pendant cette période.

Rien en effet ne pose davantage un homme d'affaires en déplacement à l'étranger que d'inviter ses contacts dans les salons de son ambassade et d'en profiter pour leur présenter l'ambassadeur, surtout lorsque son pays jouit d'un grand prestige comme c'était encore le cas pour le Canada à cette époque.

Et l'on comprend aussi que l'étendue des ambitions et des activités de Paul Desmarais l'ait amené à développer des contacts très étroits avec celui qui était alors Son Excellence l'ambassadeur Lucien Bouchard. Quand on connaît aussi tout le soin que Paul Desmarais met à cultiver ses relations avec les gens de pouvoir, on s'imagine sans peine qu'il ait maintenu le contact avec Lucien Bouchard après que ce dernier est devenu d'abord chef du Bloc québécois, puis premier ministre du Québec, après la démission de Jacques Parizeau.

Non seulement Bouchard est-il un hôte fréquent de Desmarais à Sagard, mais il était même présent encore tout récemment à l'Élysée à l'occasion de la remise de la Légion d'honneur à Jacqueline Desmarais « des mains de Nicolas Sarkozy », comme nous l'apprend un article de *La Presse* du 8 novembre dernier[72]. Et l'on apprend même dans cet article que Lucien Bouchard assistait à la cérémonie à titre d'« ami du couple Desmarais ».

---

72. « Jacqueline Desmarais reçoit la Légion d'honneur », *La Presse*, http://www.cyberpresse.ca/actualites/201111/08/01-4465640-jacqueline-desmarais-recoit-la-legion-dhonneur.php

Lucien Bouchard n'est plus premier ministre du Québec depuis longtemps (fort heureusement) et il est libre d'avoir les amis de son choix. Sa fréquentation des Desmarais et de Sagard aujourd'hui ne soulève pas les mêmes questions que celle de Jean Charest.

Mais elle nous donne une idée très claire de l'homme qu'il est, et quand on le voit être comme cul et chemise avec les Desmarais, on ne peut s'empêcher de penser qu'il l'était tout autant quand il était premier ministre.

Alors, si Jean Charest leur ouvre toute grandes les portes de la bergerie, on peut se demander s'il ne suit pas tout simplement les traces de son prédécesseur. Il ne nous reste plus donc qu'à découvrir quels intérêts du Québec Lucien Bouchard a bien pu céder à Paul Desmarais à notre insu, dans quelles circonstances, et à quelles conditions.

En réunissant tous les morceaux du dossier pour le présent ouvrage, je me suis rendu compte que Bouchard et Desmarais avaient développé des rapports étroits avant que Bouchard n'entre en politique. Ces rapports se sont poursuivis alors que Bouchard était chef du Bloc québécois, et ensuite, lorsque Bouchard était premier ministre.

Aussi déplaisant cela soit-il, il est donc nécessaire de se demander dans quelle mesure Paul Desmarais a pu influencer l'agenda de Lucien Bouchard lorsqu'il était premier ministre. En effet, on se souviendra du zèle quasi missionnaire avec lequel Bouchard avait entrepris de redresser la situation financière du Québec au lendemain du référendum, et de l'humiliation qu'il avait dit avoir ressentie en effectuant son pèlerinage chez Moody's.

Cette politique d'austérité et ces affrontements avec les syndicats, c'était les Lucides avant leur temps. Et quand on mesure les effets démobilisateurs et divisifs que ces politiques ont eus par la suite sur le mouvement indépendantiste et qu'on examine le parcours de Bouchard depuis cette époque, on est saisi d'un profond malaise à la possibilité que son passage en politique n'ait été qu'une manœuvre habile pour faire baisser la fièvre indépendantiste en la récupérant, le genre de tactique qu'employait autrefois l'Église catholique lorsqu'elle nommait des «modérateurs» chargés de tempérer les mouvements excessifs.

Si l'on se place dans la perspective de Desmarais, avec Parizeau aux commandes de l'État, tout était possible, même le pire. Avec Bouchard, le Québec se retrouvait entre des mains sûres. On voit donc tout l'intérêt que Desmarais pouvait avoir à abattre Parizeau et faire en sorte que Bouchard prenne sa place. Parizeau visait l'indépendance et rien d'autre. Il n'y avait aucune possibilité de dialogue, alors que Bouchard ne voulait que renégocier la place du Québec dans la confédération.

Quand on voit les efforts mis par l'Empire Desmarais pour lancer Legault et sa CAQ, on n'a aucune peine à imaginer ceux qu'il a pu faire pour déloger Parizeau et installer Bouchard à sa place.

Cette interprétation est tout à fait dans la lignée des déclarations que fera Bouchard par la suite sur le caractère «irréalisable» de la souveraineté[73]. Il est toutefois particulièrement intéressant de noter que c'est justement au moment où la conjoncture générale redevient favorable à l'indépendance[74] que Bouchard lance cette douche froide sur les aspirations des Québécois.

---

73. Robert Dutrisac, «La souveraineté n'est pas réalisable, dit Bouchard», *Le Devoir*, 17 février 2010, http://www.ledevoir.com/politique/quebec/283286/la-souverainete-n-est-pas-realisable-dit-bouchard

74. C'est en effet à cette époque que j'entreprends d'écrire pour *Vigile* une série d'articles dont le but sera justement d'illustrer comment la conjoncture est redevenue favorable: «Les coins ronds de Lucien Bouchard», 17 février 2010, http://www.vigile.net/Les-coins-ronds-de-Lucien-Bouchard; «Terminus: Tout l'monde descend!», 11 mars 2010, http://www.vigile.net/Terminus-Tout-l-monde-descend; «Tel est pris qui croyait prendre», 13 mars 2010, http://www.vigile.net/Tel-est-pris-qui-croyait-prendre; «Un carcan et des œillères qui nous empêchent de voir clair», 17 mars 2010, http://www.vigile.net/Un-carcan-et-des-oeilleres-qui; «Les malheurs de l'Ontario», 26 mars 2010, http://www.vigile.net/Les-malheurs-de-l-Ontario; «Jamais la conjoncture ne sera meilleure», 8 avril 2010, http://www.vigile.net/A-gauche-toute; etc.

À l'époque, il jouissait encore d'un certain degré de popularité, et il est parvenu à faire passer ce message qui faisait si bien l'affaire de Desmarais et qui avait l'avantage de correspondre de toute façon à ce que les Québécois ressentaient confusément.

Or non seulement n'est-il pas du tout certain que Bouchard jouirait aujourd'hui de la même écoute de la part des Québécois s'il reprenait ce message, mais il y a même de bonnes raisons de croire qu'une proportion importante de Québécois le rejetteraient s'ils se souvenaient que Bouchard en fut la source, tant il a perdu de crédibilité au cours de 2011, comme le *Bye-Bye* est venu le confirmer en fin d'année. L'Empire Desmarais use ses porte-couleurs à un rythme qui croît avec l'usage qu'il en fait.

Mais, si la caricature a pour but faire de ressortir les traits d'un personnage à travers la réalité pour en rire, les faits, eux, n'ont rien de comique et sont particulièrement accablants.

En tant que président de l'Association pétrolière et gazière du Québec (APGQ), Lucien Bouchard ne pouvait pas ne pas connaître les liens entre Intragaz et Talisman. Il savait donc parfaitement que Paul Desmarais se cachait derrière Talisman Energy pour faire ses combines, et en le sachant, il s'en est fait le complice.

Par ailleurs, le mandat confié à Lucien Bouchard à titre de président de l'Association pétrolière et gazière du Québec ne couvre pas uniquement le volet gazier de l'industrie, mais aussi le volet pétrolier. Si on l'a surtout vu agir jusqu'ici dans le domaine gazier, on ne peut en conclure pour autant que son travail se limite à celui-ci. C'est une question sur laquelle nous aurons l'occasion de revenir dans le chapitre consacré au dossier du pétrole.

Dans le registre des personnalités décevantes, Bouchard n'est pas le seul, hélas.

Le cas Pierre-Marc Johnson

Pour l'avoir côtoyé au collège puis à l'université, où il a démontré un leadership flamboyant, pour avoir même profité de sa voiture[75] pour me rendre à la fameuse manifestation contre le Bill 63 à Québec le 31 octobre 1969[76], pour l'avoir ensuite vu œuvrer comme ministre dans le gouvernement Lévesque et avoir alors eu professionnellement affaire à lui à quelques occasions, pour avoir cru qu'il pourrait être un excellent premier ministre, je ne peux que ressentir une certaine tristesse devant les orientations que Pierre-Marc Johnson a prises par la suite.

Qu'il ait appuyé Raymond Bachand comme candidat du PLQ dans Outremont aux élections provinciales de 2005 ne m'a guère surpris. L'amitié entre les deux remonte à leurs années de collège, et ils ont eu le même parcours politique à la même époque, partageant enthousiasme et déceptions, euphorie du pouvoir et coups de poignard dans le dos. Le soutien de Johnson s'explique avant tout par l'amitié qui le lie à Bachand.

Bien sûr, il a négocié avec aisance et même un certain panache l'épreuve de la commission d'enquête sur l'effondrement du viaduc de la Concorde[77]. Mais du panache, il en a toujours eu. On ne s'attendait pas à moins.

En fait, c'est lorsque j'ai appris qu'il allait représenter le Québec dans les négociations sur l'accord économique et commercial entre le Canada et l'Europe que je me suis mis à avoir quelques inquiétudes, non pas parce que je l'en croyais incapable, mais plutôt parce que je croyais qu'il s'engageait dans cette galère à un bien mauvais moment.

---

75. Une Renault 8 ou 10 de couleur bourgogne.
76. Manifestation devant le Parlement de Québec contre le projet de loi 63, Bilan du siècle, Université de Sherbrooke, http://bilan.usherbrooke.ca/bilan/pages/evenements/21039.html .
77. Voir Viaduc de la Concorde,
Wikipédia, http://fr.wikipedia.org/wiki/Viaduc_de_la_Concorde

Ayant représenté les entreprises au moment où se dessinait l'ALENA à la fin des années 1980 et au début des années 1990 alors que la mondialisation suscitait tous les espoirs, je sais très bien que la conjoncture n'est plus du tout la même. La financiarisation trop rapide de l'économie mondiale à partir de 1998, avec l'abolition du Glass-Steagall Act aux États-Unis et la déréglementation qui s'est ensuivie, rend les bénéfices éventuels d'un accord Canada/Europe de libre-échange plus que douteux.

Sans doute parce que je connais bien l'industrie manufacturière, je me trouve parmi ceux qui ont le plus rapidement vu comment le délaissement de ce secteur au profit du secteur financier allait transformer les pays qu'on appelait autrefois les «pays industrialisés[78]». Leur caractéristique commune? L'effondrement des classes moyennes.

Et quand on connaît la contribution des classes moyennes au développement économique de l'après Deuxième Guerre mondiale, on ne peut être que saisi par l'ampleur de la dévastation. Cet effondrement amplifie les effets de la mondialisation et mène tout droit à notre paupérisation collective.

Pierre-Marc Johnson vit sur la même planète que nous tous, et c'est un homme qui est sûrement bien informé de la situation économique mondiale. Qui plus est, il a exercé des fonctions qui devraient lui avoir donné une certaine hauteur de vue. Il est donc surprenant de le voir s'engager au service d'une cause qui dessert l'intérêt collectif et qui l'expose à l'impopularité.

Bien sûr, il œuvre au sein d'un grand cabinet d'avocats où son statut l'astreint à contribuer aux revenus de manière

---

78. On notera l'intéressant glissement sémantique qui s'est produit avec le temps. De pays industrialisés, ils sont progressivement devenus développés. Maintenant que le sous-développement les guette en raison de la crise de l'endettement, faudra-t-il les qualifier de «pays désindustrialisés» pour cerner correctement leur réalité?

importante, et rien n'est plus lucratif pour un tel cabinet qu'un mandat grassement rétribué par le gouvernement. Mais à moins d'avoir une âme de mercenaire, il y a des mandats qu'il faut avoir l'intelligence et l'élégance de refuser. Or il n'a pas une âme de mercenaire, il est supérieurement intelligent et il a beaucoup de classe.

Il faut donc comprendre que Pierre-Marc Johnson se trouvait placé dans une situation où il ne pouvait pas faire autrement, quelle qu'en soit la nature. Dans un article d'octobre 2011 intitulé **« Le Plan Nord et l'Accord de libre-échange Canada-Europe sont taillés sur mesure pour servir les intérêts de Power**[79] **»** et sous-titré « Merci Pierre-Marc, merci Lucien », j'écrivais ceci au sujet du premier :

> Mais ce que je trouve vraiment fascinant, c'est de retrouver deux anciens premiers ministres du Québec aux commandes pour organiser le pillage de nos ressources : Lucien Bouchard pour ce qui est du pétrole et du gaz, et Pierre-Marc Johnson pour ce qui est des ressources minérales.
>
> Au fait, saviez-vous que Pierre-Marc Johnson[80] avait été invité par un ancien président de Power Corporation, Maurice Strong, à devenir l'un de ses conseillers spéciaux du temps où ce dernier était secrétaire-général associé des Nations Unies ?
>
> Saviez-vous que Maurice Strong était resté en contact étroit avec Power Corporation longtemps après son départ de l'entreprise et peut-être l'est-il même encore aujourd'hui en raison de son incroyable réseau de relations internationales[81],

---

79. *Vigile*, http://www.vigile.net/Le-Plan-Nord-et-l-Accord-de-libre.
80. « L'éthique grandeur nature », *Sommets*, vol. XIX n° 1 — Hiver 2006, Université de Sherbrooke.
81. Informations sur l'auteur, Éditions Berger, http://www.editionsberger.com/fr/auteur.htm?fkauthors=128283579&returnpage=%2Ffr%2Fproducts.php%3Fprd%3D1868784462%26cat%3D620776678

notamment avec la Chine, qui lui est redevable pour le rôle qu'il a joué dans sa reconnaissance diplomatique par les États-Unis sous le président Nixon[82].

Saviez-vous que le même Maurice Strong avait dû quitter ses fonctions à l'ONU en 2005 après la publication du rapport sur le scandale « pétrole contre nourriture » ?

> *The inquiry into the UN's scandal-ridden oil-for-food program has found that Canadian businessman Maurice Strong accepted a personal cheque for nearly $1 million US from a controversial businessman who was working closely with the Iraqi regime[83].*

Saviez-vous que Total, la pétrolière favorite de l'Oncle Paul, son PDG Christophe de Margerie et l'ancien ministre français de l'intérieur Charles Pasqua[84] sont poursuivis en justice en France pour des « ... malversations dans le cadre du programme « Pétrole contre nourriture ». Ce dispositif, mis en place par l'ONU entre 1996 et 2002, a permis au régime de Saddam Hussein, alors soumis à un embargo du Conseil de sécurité, de vendre son or noir en échange de denrées alimentaires et de médicaments[85].

Et lisez bien ceci, toujours extrait du même article :

Pasqua accusé de corruption et de trafic d'influence
La justice soupçonne les dirigeants de Total d'avoir mis en place un système de commissions occultes afin de bénéficier de marchés pétroliers et d'avoir contourné

---

82. Meet Maurice Strong, http://sovereignty.net/p/sd/strong.html
83. Maurice Strong named in UN oil-for-food report, *CTV News*, Thursday Sep. 8, 2005, http://www.ctv.ca/CTVNews/Canada/20050908/maurice_strong_oil_iraq_050908/.
84. Marié à une Québécoise du nom de Jeanne Joly.
85. « Pétrole contre nourriture » : Pasqua et Total seront jugés. *Le Figaro*, 2 août 2011. http://www.lefigaro.fr/actualite-france/2011/08/02/01016-20110802ARTFIG00464-petrole-contre-nourriture-pasqua-et-total-seront-juges.php

l'embargo en achetant des barils de pétrole irakien via des sociétés écrans. La société est ainsi poursuivie pour corruption d'agents publics étrangers, recel de trafic d'influence et complicité de trafic d'influence. Son PDG actuel, Christophe de Margerie, est renvoyé pour complicité d'abus de biens sociaux. « Nous sommes confiants dans l'issue du procès et sur le fait qu'il sera établi que Total ne peut se voir reprocher les faits cités », a réagi le groupe pétrolier.

Les autres personnalités françaises impliquées auraient touché leurs commissions sous forme d'allocations de barils de pétrole. Deux anciens diplomates de haut rang seront ainsi traduits pour corruption : Jean-Bernard Mérimée, ambassadeur de France à l'ONU de 1991 à 1995, et Serge Boidevaix, ancien secrétaire général du Quai d'Orsay. Charles Pasqua devra, lui, se défendre des accusations de corruption et de trafic d'influence pour des faits commis entre 1996 et 2002.

Ouf ! Vous admettrez avec moi que ça fait beaucoup de coïncidences. Et dire que ce Maurice Strong fut aussi le mentor de Paul Martin[86] !

La question qui reste à nous poser, comme Québécois, est la suivante : souhaitons-nous nous laisser déposséder de nos ressources naturelles par ces gens-là ?

Et, ayant découvert dans ma recherche un site bizarre qui contient de nombreuses affirmations scandaleuses sur Power Corporation, je terminais mon article sur ces mots :

---

86. « Maurice Strong *protégé* Paul Martin recycled in Copenhagen », *Canada Free Press*, http://www.canadafreepress.com/index.php/article/17900 .

S'il vous reste encore un brin d'appétit, consultez le lien suivant, sous toutes réserves[87].

Ce site ne semble pas présenter les garanties de rigueur nécessaires pour se fier à son contenu. Cependant, ce qu'il met en relief, c'est le degré d'animosité qui semble exister un peu partout à l'endroit de Paul Desmarais, de Power Corporation et de leurs pratiques d'affaires. C'est un sujet sur lequel je reviendrai plus loin, après avoir épuisé la liste des politiciens et ex-politiciens que Paul Desmarais a mis dans sa poche.

Pour en revenir à Pierre-Marc Johnson, ma lecture quotidienne de *Vigile* allait me permettre de découvrir quelques semaines plus tard un texte de Louis Aubin sur l'Accord économique et commercial global (AECG)[88] qui mettait en cause son rôle comme négociateur du Québec:

> Est-ce qu'on peut m'expliquer pourquoi Pierre-Marc Johnson, le négociateur (nommé par Jean Charest) représentant le Québec, dans les négociations quasi secrètes entourant l'Accord économique et commercial global (AECG) entre l'Europe et le Canada, siège en même temps au comité de prospective de l'Institut Veolia?
>
> Sous des dessous vertueux, l'Institut Veolia est une sorte de *think* — issu de Veolia Environnement, une entreprise européenne privée qui est très intéressée à soumissionner sur des contrats publics au Canada et au Québec. Dans de nombreuses villes européennes, Veolia ne contrôle pas seulement l'eau, mais de nombreux autres secteurs du service public comme le gaz, l'électricité, le traitement des ordures, le chauffage urbain, le nettoyage municipal, les transports en commun, les services sanitaires…

---

87. Abel Danger, Abel Danger Brief Summary of the Last Six Years: Connecting the Power — Canada's Power Corporation and Maurice Strong, http://www.abeldanger.net/2011/05/canadas-power-corporation-canadas_08.html

88. Institut Veolia Environnement, http://www.institut.veolia.org/fr/biographies/pierre-marc-johnson.aspx

Est-ce que la population est au courant que, présentement, on est entrés dans le dernier droit des négociations de l'AECG et qu'on y négocie exactement ce genre d'enjeux, c'est-à-dire l'ouverture de nos marchés publics (traitements et gestion des eaux, ressources naturelles, gestion des matières résiduelles, etc.)?

Il faut un débat ouvert, transparent et démocratique sur l'AECG (une commission parlementaire a été demandée par plusieurs groupes au Québec). Les gouvernements canadien et québécois doivent nous informer clairement de ce qui est négocié dans cet accord, et surtout permettre à la population d'évaluer concrètement les conséquences et de se prononcer sur la question. La portée de l'AECG est si grande que cette entente ne peut être ratifiée sans une consultation significative de l'ensemble de la population du Québec et du Canada.

En janvier 2010, la ville de Paris vient de «remunicipaliser» la distribution d'eau, qui avait été déléguée au privé (notamment Veolia) depuis 1985. La gestion de l'eau parisienne par le privé a littéralement fait exploser les coûts.

Avec la remunicipalisation, on parle de 30 millions d'économie annuelle pour Paris. Les économies sont dues en grande partie à la disparition de la marge des distributeurs ; au lieu d'être distribués aux actionnaires, les profits seront réinvestis dans le service.

De notre côté, ici au Québec, on s'apprête fort probablement à prendre le chemin inverse… chercher l'erreur ou à qui ça profite.

Pour conclure, à court terme, il nous faut minimalement une commission parlementaire. Ensuite, à mon sens, M. Pierre-Marc Johnson, qui est nettement en conflit d'intérêts, doit tout simplement quitter son poste et être remplacé par une personne dont l'éthique et l'indépendance ne pourront pas être discutées.

Louis Aubin, Citoyen

Et en post-scriptum, la cerise sur le gâteau :

P.S. : L'entreprise Veolia est détenue en partie par Putman Investments, un fonds américain d'investissement contrôlé à 100 % par Power Corporation...

Je ne crois pas que la situation dans laquelle Pierre-Marc Johnson se trouve réponde à la définition technique de conflit d'intérêts, mais une chose est certaine : il se trouve dans une posture délicate, et cette information met le gouvernement Charest dans une situation politiquement très embarrassante.

D'autant plus qu'en ce qui concerne le gouvernement Charest, ça ne s'arrête pas là. Dans le cadre de mes recherches sur l'influence de Paul Desmarais et de Power Corporation sur la Caisse de dépôt et placement, j'ai découvert l'information suivante sur le site boursier français Boursier.com[89] :

Les sociétés Putnam Investment Management et The Putnam Advisory Company ont annoncé qu'elles avaient franchi en baisse le seuil des 5 % du capital de Veolia Environnement et détenaient désormais au travers de ses comptes clients 20 013 722 actions représentant 4,94 % du capital de cette société.

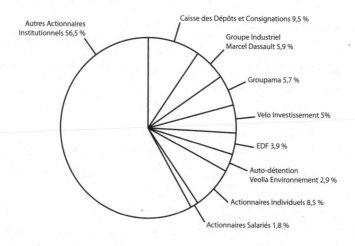

89.   *Boursier.com*, http://www.boursier.com/actions/actualites/news/veolia-putnam-sous-les-5-du-capital-77260.html

La raison de la réduction de cette part sous le seuil des 5 % est bien simple. En vertu de la réglementation française, un groupe qui détient une part inférieure à ce chiffre n'est pas tenu de divulguer son identité, et sa part est comptabilisée avec celles de ceux qu'on appelle en jargon boursier les « zinzins », soit les investisseurs institutionnels. Très commode pour passer inaperçu.

Sauf que... qui cherche trouve. Et il se trouve que Paul Desmarais a invité à siéger au conseil d'administration de Power[90] Laurent Dassault, un des héritiers du grand groupe industriel français Marcel Dassault, et que ce groupe détient une participation de 5,9 % dans Veolia Environnement.

Si vous additionnez la part de Power à celle de Dassault, vous obtenez un résultat de 10,84 %, ce qui leur donne ensemble une position de contrôle au conseil d'administration de Veolia Environnement si vous examinez attentivement le tableau suivant[91] :

Il se trouve également que Groupama et EDF sont des groupes amis de Dassault et de Power.

En effet, Roland Lescure, maintenant premier vice-président et chef des Placements de la Caisse de dépôt et placement[92], était auparavant directeur des Gestions chez Groupama Asset Management, une filiale de l'assureur français du même nom. Parmi les 80 milliards d'euros de participations qu'il avait à gérer au sein de ce groupe se trouvaient toutes celles dans lesquelles Groupama, Desmarais et Dassault sont associés par le biais d'une myriade de conventions d'actionnaires, de filiales, de participations, de sociétés-écrans et de prête-noms.

On comprend beaucoup mieux les raisons de son recrutement par la Caisse de dépôt, et on imagine sans peine qu'il n'a pas dû se sentir très dépaysé lorsqu'il a assumé ses nouvelles fonctions.

90. Site de Power Corporation,
http://www.powercorporation.com/fr/gouvernance/conseil-dadministration/
91. Site de Veolia Environnement,
http://www.finance.veolia.com/investisseurs-structure-du-capital.html
92. http://www.lacaisse.com/fr/a-propos/organisation/equipe-direction/roland-lescure

En ce qui concerne EDF, elle est contrôlée à 84,8 % par l'État français (pensez Sarkozy), elle détient 3,9 % de Veolia Environnement, et jusqu'à récemment, elle devait se « marier » avec Veolia[93]. Si ce mariage n'aura finalement pas lieu en raison de conflits d'ego entre les dirigeants, les deux entreprises n'en ont pas moins convenues de renforcer leurs liens via leur filiale commune, Dalkia.

Comme « par hasard », ce hasard qui sait si bien faire les choses quand on l'organise en conséquence, Dalkia, par l'entremise de sa filiale Dalkia Canada, est justement l'entreprise qui a obtenu le « contrat de gestion des énergies et du cycle de vie des actifs ainsi que les prestations multitechniques et multiservices » du CHUM pour 30 ans[94].

Et puisque nous parlons de « hasard », que dire de celui par lequel le directeur du CHUM, qu'on a recruté au CHU de Rouen en France, Christian Paire, entretient depuis longtemps des liens avec Dalkia, au point où l'on trouve sa photo dans un rapport annuel de Veolia (la société-mère de Dalkia) de 2005, suivie de son témoignage dithyrambique sur les capacités de Dalkia :

Avec Dalkia, c'est une *success story* qui dure depuis 30 ans! Nous travaillons dans une relation de partenariat gagnant-gagnant basée sur la confiance et la durée. À mon sens, l'un des grands mérites de Dalkia tient à sa capacité à évoluer, à prendre en compte les transformations de nos besoins et de notre environnement. Ce qui est important, c'est la manière dont nous percevons, chez notre partenaire, l'écoute de nos préoccupations.

D'ici 4 à 5 ans, nous compterons 400 nouveaux lits et nous avons entrepris la construction de 37 000 m²

---

93.   « EDF et Veolia vont renforcer leurs liens », *Le Figaro*, 2 novembre 2011, http://www.lefigaro.fr/flash-eco/2011/11/07/97002-20111107FILWWW00379-edf-et-veolia-vont-renforcer-leurs-liens.php
94.   Site de Dalkia, http://www.dalkia.ca/fr/communiques-presse/actualites/2011-03-01,19325.htm

complémentaires. Après mise en concurrence, nous avons retenu à nouveau Dalkia, pour plusieurs raisons. D'abord pour la pertinence de sa proposition, qui répondait tout à fait à notre programme fonctionnel. Ensuite, pour l'excellente qualité de ses prestations qui nous garantit une alimentation électrique sûre et une maintenance *(sic)* de haut niveau. Enfin, pour ses performances économiques : une partie de l'énergie produite par la nouvelle unité de cogénération sera revendue à l'Hôtel de région de Rouen, à la Faculté de médecine, à des offices HLM, autant de partenaires extérieurs avec lesquels nous entretenons des liens très étroits.

Ces ventes vont nous permettre d'augmenter notre surface pratiquement à coût constant.

Autres points importants à nos yeux : le développement durable, intégré à notre projet d'établissement, et le respect de la réglementation environnementale et sanitaire, inscrite au cahier des charges de notre appel d'offres. Nous savons que Dalkia, là aussi à la pointe de l'innovation, peut nous accompagner[95].

Ce témoignage apparaissait dans mon texte intitulé « Christian Paire, l'homme de Dalkia[96] » et affiché sur *Vigile* le 2 mars 2011, soit quelques jours après l'annonce de l'octroi du contrat. Je concluais cet article ainsi :

Avouez que c'est quand même troublant : Christian Paire est un partenaire et associé de Dalkia depuis des années et, comme par « hasard », c'est Dalkia qui est sélectionnée pour gérer le CHUM en PPP. C'est incroyable comme le « hasard » fait bien les choses.

---

95.   Dalkia, Rapport annuel de 2005, p. 19. Noter les sigles de Veolia et de EDF au bas de la page couverture http://www.dalkia.com/energy/ressources/files/1/99,rapportannuel2005.pdf
96.   *Vigile*, http://www.vigile.net/Christian-Paire-l-homme-de-DALKIA .

Alors la question se pose : le processus d'appel d'offres était-il truqué, et son issue, scellée d'avance ? M. Charest, qu'avez-vous à dire à ce sujet ?

Ça pue, ça pue, c'est effrayant comme ça pue !

À ce stade-ci, certains lecteurs seront tentés de se dire : toutes ces petites participations indirectes dans toutes sortes d'activités, il n'y a pas de quoi en faire un drame. Ce serait oublier les principes qui guident Pargesa dans ses placements et que nous avons déjà vus plus haut dans le cas des gaz de schiste. Il est utile de les rappeler, car ils décrivent à la perfection le *modus operandi* de Paul Desmarais :

> La stratégie du Groupe Pargesa repose sur les principes suivants :
> - concentration du portefeuille sur un nombre limité de participations significatives, avec pour objectif la création de valeur à long terme.
> - obtention d'une position de contrôle ou d'influence majeure dans ces participations.
> - mise en œuvre continue d'un travail professionnel d'actionnaire stratégique auprès des participations[97].

Tout ceci est évidemment très loin de Pierre-Marc Johnson, et peut-être n'est-il même au courant du détail de toutes ces combines. Hélas pour lui, il est lié à Veolia, et de ce fait aux intérêts de Power. Mais il y a au moins une chose de certaine : dans le théâtre de marionnettes de Paul Desmarais, il est l'un des pantins sur les fils duquel tire celui-ci.

Jean Charest

Nous en arrivons maintenant à Jean Charest, notre premier ministre actuel. Nous avons déjà vu, dans le chapitre consacré à

---

97. Voir note 67.

Hydro-Québec, avec quelle complaisance — je serais même tenté de la qualifier de servile — il a ouvert toutes grandes les portes de la bergerie à Paul Desmarais.

Le texte suivant est paru sur *Vigile* au début d'octobre 2011 sous le titre :

Power Corporation, un État dans l'État, véritable « hydre au Québec[98] »

Il y a une quinzaine de jours, j'ai transmis à *Vigile* l'article intitulé « Anticosti : les relents nauséabonds du colonialisme français à la sauce Desmarais-Charest[99] ». J'avais coiffé ce texte d'un surtitre, « Le pire est encore à venir », sans avoir une idée trop précise de la suite.

C'est alors qu'est tombée la nouvelle de la conclusion prochaine de l'entente de libre-échange Canada-Europe, et que j'ai compris le parti que pourrait en tirer Power Corporation, comme je l'ai expliqué dans les colonnes de *Vigile*[100] et au journaliste Benoît Dutrizac sur les ondes de la station 98,5 FM[101].

Je pensais bien alors avoir épuisé le filon Power pour quelque temps, et c'est donc avec beaucoup de surprise que j'ai reçu des informations qui méritaient d'être approfondies sur certaines liaisons dangereuses, certainement au niveau des apparences en tout cas, entre Jean Charest, l'un de ses proches, Marc Bibeau[102], et Power Corporation.

Il faut tout d'abord savoir gré au député Amir Khadir, de Québec solidaire, d'avoir été le premier à soulever le voile sur les rapports étroits de Jean Charest avec Marc Bibeau. Et il faut aussi savoir gré à *La Presse* (!) d'en avoir fait état le 8 octobre

---

98. Voir note 64.
99. *Vigile*, http://www.vigile.net/Anticosti-les-relents-nauseabonds
100. Voir note 62.
101. Site de 98,5 FM, http://www.985fm.ca/audioplayer.php?mp3=113391
102. Voir Marc Bibeau, Wikipédia, http://fr.wikipedia.org/wiki/Marc_Bibeau

de l'an dernier, dans la foulée des révélations de la Commission Bastarache. En effet, voici ce qu'écrivait Patrick Lagacé, blogueur-vedette du « quotidien de la rue Saint-Jacques[103] » :

Hier, Amir Khadir, député de Québec solidaire et remarquable poil à gratter du gouvernement Charest dans ces affaires de liens entre le fric, les constructeurs et le politique, a posé une question fort pertinente au premier ministre, hier, à l'Assemblée nationale :

« Est-il normal qu'on le retrouve, à cette table, en grande familiarité avec nul autre que Marc Bibeau, un vendeur de béton, sans charge officielle ? », a demandé M. Khadir. « Est-ce digne d'une démocratie que ce collecteur de fonds influence des nominations à la tête des sociétés d'État ? »

C'est une excellente question. Et c'est une question qui englobe beaucoup de zones d'ombre qui teintent les histoires du triangle fric-constructeur-PLQ depuis deux ans.

Pourquoi Franco Fava, grand constructeur et grand argentier du PLQ, qui n'occupe aucune charge publique, est-il consulté pour des nominations de l'État québécois ?

Pourquoi Franco Fava, grand constructeur et grand argentier du PLQ, qui n'occupe aucune charge publique, allait-il dîner avec le sous-ministre associé à la Justice ?

Pourquoi un organisateur politique de l'Outaouais, qui n'occupe aucune charge publique, a-t-il réussi à pistonner la candidature de son fils avocat qui voulait être juge auprès du ministre de la Justice, par député interposé ?

Pourquoi Charles Rondeau, grand argentier libéral, avait-il un accès très large au bureau du premier ministre, dans les premiers mois du règne libéral ?

---

103. Marc Bibeau et le silence des ingénieurs constructeurs, La Presse.ca, http://blogues.cyberpresse.ca/lagace/2010/10/08/marc-bibeau-et-le-silence-des-ingenieursconstructeurs/

Pourquoi des gens qui contribuaient au PLQ, à l'invitation de Tony Tomassi, recevaient-ils des contrats publics qui, selon les normes établies par des fonctionnaires, auraient dû leur échapper?

J'en oublie, je sais, mais mon disque dur déborde quand il est question de l'influence du fric sur le politique, au PLQ...

Et là arrive Marc Bibeau. Donc, Marc Bibeau est un entrepreneur. Il «lève» de l'argent pour la cause du PLQ. Et là, en 2004, il se retrouve à la table du premier ministre du Québec. Qui l'a invité là? On ne sait pas parce que Jean-Marc Fournier, nouveau ministre libéral, qui a répondu à la question... qui a répondu à côté de la question d'Amir Khadir à l'Assemblée nationale, n'a pas pu éclairer notre lanterne.

On ne sait pas comment M. Bibeau s'est retrouvé là. Peut-être que le premier ministre du Québec pourrait trouver la force, prochainement, de se lever et d'expliquer aux Québécois ce que M. Bibeau faisait là et qui l'avait invité? Il peut aussi nous écrire une lettre, tiens, comme il l'a fait pour le *Maclean's*.

Et Marc Bibeau, qu'a-t-il à dire?

Eh bien, M. Bibeau, de Shokbéton, adopte une posture très similaire à celle de tous les acteurs du secteur privé qui ont été mêlés, depuis deux ans, à ces histoires émanant du triangle fric-construction-politique: il ne dit rien. Impossible à trouver. De M. Tony Accurso aux boss de firmes d'ingénierie qui comptent des secrétaires qui donnent des milliers de dollars au PLQ en passant par d'autres grands constructeurs, ils disent tous la même chose quand les journalistes appellent: rien à dire.

Ils sont probablement très occupés.

C'est pour cette raison qu'une commission d'enquête publique, élargie, serait instructive: on pourrait mettre les

MM. Bibeau, Accurso et cie dans la boîte, pour leur poser des questions. Voici des gens, entrepreneurs et ingénieurs, qui reçoivent des contrats énormes payés par les fonds publics, qui sont mêlés à des histoires qui font lever des sourcils en certains cercles, et qui n'ont jamais rien à dire. Une commission d'enquête publique permettrait de poser des questions, de comparer des versions, d'élucider des zones d'ombre qui soulèvent des interrogations. Mais évidemment, comme chacun le sait, il n'y a pas, et il n'y aura pas de commission d'enquête publique élargie. Il y a un *side-show* qui fait diversion, la Commission Bastarache. La différence entre ces deux commissions est aussi évidente que la différence entre une burqa et un bikini.

Vous admettrez avec moi que tant la question du député Khadir que les commentaires du blogueur Lagacé — pour verts qu'ils soient — ont le mérite de bien camper la problématique. Dans le cas de ce dernier, son propos s'inscrivait en marge des révélations du journaliste-enquêteur chevronné, André Noël, qui signait le même jour un article très étoffé évoquant l'étroitesse des liens de Marc Bibeau avec Jean Charest et le PLQ, et intitulé « Financement du PLQ : Marc Bibeau, à table avec George W. Bush et Jean Charest », dont voici le texte[104] :

> Le premier ministre Jean Charest s'est fait accompagner par un riche entrepreneur de l'industrie de la construction à une réception en l'honneur du président américain George Bush, en 2004, a soutenu hier le député Amir Khadir à l'Assemblée nationale.

---

104. « Financement du PLQ : Marc Bibeau, à table avec George W Bush et Jean Charest », *La Presse* http://www.cyberpresse.ca/actualites/quebec-canada/politique-quebecoise/201010/07/01-4330629-financement-du-plq-marc-bibeau-a-table-avec-george-w-bush-et-jean-charest.php

«Cet homme est Marc Bibeau, a dit le député de Québec solidaire. Son entreprise, Schokbéton, est le plus grand fournisseur de béton du secteur de la construction. Or, depuis 2003, M. Bibeau exerce, à l'abri des regards, une influence directe sur le premier ministre qui déplaît à plusieurs libéraux.»

Le 30 novembre 2004, ministres et dignitaires politiques canadiens assistaient à une réception en l'honneur de George W. Bush. M. Charest était assis à deux tables de celle du président américain. «Est-il normal qu'on le retrouve, à cette table, en grande familiarité avec nul autre que Marc Bibeau, un vendeur de béton, sans charge officielle? a demandé M. Khadir. Est-ce digne d'une démocratie que ce collecteur de fonds influence des nominations à la tête des sociétés d'État?»

Jean-Marc Fournier, leader du gouvernement et ministre de la Justice, a dit que les questions de M. Khadir étaient basées «sur du vent» et n'avaient pas leur place à l'Assemblée nationale. La question est donc demeurée en suspens: que faisait M. Bibeau aux côtés de M. Charest lors de la visite du président des États-Unis? Joint par *La Presse*, l'attaché de presse du premier ministre, Hugo D'Amours, a dit qu'il ne connaissait pas la réponse. «Effectivement, M. Bibeau était là, a-t-il dit. Mais ce n'est pas nous qui l'avions invité. C'est le gouvernement fédéral.»

Six autres personnes se trouvaient à la table avec MM. Bibeau et Charest, dont l'ancien ministre fédéral Francis Fox et le ministre fédéral des Transports Jean Lapierre. Lors d'un point de presse, M. Khadir en a rajouté: «Quel est son rôle, ce monsieur qui vient du béton? Quelles sont ses compétences politiques? Pourquoi exerce-t-il une influence dans les nominations au gouvernement?»

Selon M. Khadir, M. Bibeau aurait joué un rôle dans des nominations de présidents de société d'État, peut-être même dans celle de Thierry Vandal comme PDG d'Hydro-Québec en 2005. « On n'a pas de commentaires à faire sur cette allégation, a dit Guy L'Italien, porte-parole de la société d'État. Le C.V. de M. Vandal témoigne de son expérience et de sa compétence. »

Nous avons laissé des messages à la secrétaire de Marc Bibeau chez Schokbéton, mais personne ne nous a rappelés. Les relations étroites entre M. Bibeau et M. Charest sont de notoriété publique. Dès 2001, M. Bibeau recevait M. Charest lors d'une « soirée libérale » à sa résidence privée, dans l'ouest de Montréal.

Proche de Charest

M. Bibeau faisait partie du groupe très restreint de personnes que M. Charest avait invitées à la résidence de son père pour suivre la soirée électorale à la télévision, le 14 avril 2003. Une photo publiée dans *La Tribune de Sherbrooke* le montre en compagnie du premier ministre élu, avec une dizaine d'autres personnes, essentiellement des membres de la famille de M. Charest.

Encore dernièrement, M. Charest a confié qu'il connaissait beaucoup mieux Marc Bibeau que d'autres collecteurs de fonds comme Franco Fava et Charles Rondeau, dont il a été question à la Commission Bastarache. Pourtant, son nom a été beaucoup moins souvent évoqué à l'Assemblée nationale ou dans les médias.

Le printemps dernier, des libéraux proches de M. Charest soulignaient que seul M. Bibeau pouvait prétendre au titre de « responsable du financement » au PLQ. Sous le sceau de la confidentialité, un ténor libéral disait qu'il avait encore une grande proximité avec M. Charest.

Une source a indiqué à *La Presse* qu'un membre de l'équipe de M. Charest a déjà conseillé à Liza Frulla de prendre contact avec Marc Bibeau si elle souhaitait être nommée à un poste de responsabilité dans une société d'État. Mme Frulla, ancienne ministre libérale provinciale et ancienne députée libérale fédérale, avait perdu ses élections en 2006 comme candidate pour le Parti libéral du Canada. Elle s'était trouvée temporairement sans emploi. Choquée de se faire dire de contacter M. Bibeau, elle a refusé de faire cette démarche. Jointe hier, elle n'a pas voulu commenter cet incident.

La Presse a joint le Parti libéral du Québec, hier, pour savoir si M. Bibeau occupait toujours des fonctions de collecteur de fonds, mais personne n'a donné suite à notre appel.

M. Bibeau est le président de la société à numéro qui est l'actionnaire majoritaire de Schokbéton et des Centres d'achats Beauward. Schokbéton, qui se spécialise dans la fabrication de poutres de béton, a été créée il y a une quarantaine d'années. La firme a participé à la construction du Stade olympique et de nombreux ouvrages privés et publics, notamment d'un barrage hydroélectrique. Les « Centres d'achats Beauward » possèdent plusieurs centres commerciaux, dans lesquels sont installés les points de service d'organismes comme la SAAQ[105].

Mais dès avril 2004, Radio-Canada avait attaché le grelot au sujet de l'influence exercée par Marc Bibeau dans un topo de Sophie Langlois au *Téléjournal* de Radio-Canada. Voici quelques extraits d'une retranscription de ce reportage :

---

105. [Note ajoutée par l'auteur] Les Centres d'achats Beauward ne sont pas les seuls dans lesquels sont installés les points de service d'organismes comme la SAAQ. Jusqu'à tout récemment propriétaire des Galeries Laval, l'entrepreneur très controversé Tony Accurso était parvenu à décrocher le même privilège (la SAAQ, comme d'ailleurs tous les services gouvernementaux, est en effet un locataire prisé par les propriétaires de centres commerciaux). Voir à ce sujet « Galeries Laval : Tony Accurso ferme le complexe Le Tops », *La Presse*, http://lapresseaffaires.cyberpresse.ca/economie/immobilier/201104/01/01-4385535-galeries-laval-tony-accurso-ferme-le-complexe-le-tops.php

BERNARD DEROME (LECTEUR) : Québec, toujours, où certains libéraux s'interrogent de plus en plus sur la façon de gouverner de Jean Charest. Ce qui se passe, c'est qu'il y a un petit groupe de conseillers qui ne sont pas des élus : des gens, donc, qui n'ont aucun compte à rendre à personne et qui exercent une très grande influence sur le premier ministre. Plus, même, que certains ministres, et c'est ce qui agace.

[…]

SOPHIE LANGLOIS (JOURNALISTE) : Certains libéraux ont ainsi une influence peu commune sur les orientations du gouvernement et sur le bureau du premier ministre. Or, ils n'ont pas de comptes à rendre, ne sont pas soumis aux règles d'éthique des attachés politiques. C'est le cas de Raymond Boucher, un publicitaire retraité. […] Des libéraux disent de lui que c'est lui le vrai chef de cabinet de Jean Charest.

[…]

Marc Bibeau, le plus important collecteur de fonds du Parti libéral, fait aussi partie de ce petit groupe tout-puissant. La famille Bibeau est propriétaire de Schokbéton, qui a participé notamment à la construction du stade olympique.

Les libéraux inquiets qui nous ont parlé ne trouvent pas ça normal qu'un petit groupe d'hommes, qui ne sont ni des élus ni des employés du gouvernement, aient beaucoup plus d'influence sur le premier ministre que la très grande majorité des ministres[106].

Bigre ! Tout un personnage, ce Marc Bibeau ! Charest prétend le connaître « mieux que les autres collecteurs de fonds du parti »,

106. « Influence des argentiers : des libéraux se sont déjà plaints », Guillaume Leduc, Les Analystes.ca, http://lesanalystes.wordpress.com/2010/04/14/bagmen-du-plq-des-liberaux-se-sont-deja-plaints/

et un « ténor libéral » confie à André Noël qu'il a « une grande proximité avec Jean Charest. Quant aux Libéraux, certains se disent inquiets de l'influence indue qu'il aurait sur Jean Charest !

Mais ce que ni Patrick Lagacé, ni André Noël, ni Radio-Canada ne nous ont dit, c'est que Marc Bibeau est également lié à Power Corporation de façon très étroite. Ça, c'est Amir Khadir et le *Journal de Montréal* qui nous l'ont appris[107].

En effet, Marc Bibeau siège au conseil de la Société financière Power, le cœur financier de Power Corp., aux côtés de Paul Desmarais fils et d'une vingtaine d'administrateurs de haut niveau comme l'ex-ministre Don Mazankowski, le Belge Gérald Frère, Henri-Paul Rousseau (ex-Caisse de dépôt), Raymond Royer, anciennement de Bombardier et Domtar, Amaury de Sèze (ex-Suez), etc., et Michel Plessis-Bélair, vice-président du conseil, Power Corporation du Canada, ce dernier étant également, comme le « hasard » fait bien les choses, membre du conseil d'administration d'Hydro-Québec.

Et chez Power Corporation, le rôle de Marc Bibeau n'est pas celui d'une potiche ! Il est président du comité de vérification, un poste stratégique, en plus de siéger au conseil d'administration d'une filiale importante de la Corporation financière Power, la Société financière IGM inc, où il est membre des comités de direction, de vérification, et des stratégies de placement[108].

Il n'est donc pas exagéré de dire que Marc Bibeau occupe une place importante au sein du groupe Power, et qu'il doit sa place dans ce dispositif à des compétences exceptionnelles et/ou à des contacts de très haut niveau, susceptibles de contribuer de façon marquée à l'atteinte des objectifs du

---

107. Mathieu Turbide, « Khadir vise un ami de Charest », le *Journal de Montréal*, http://www.journaldemontreal.com/journaldemontreal/actualites/national/archives/2010/11/20101124-041702.html

108. Site de la Financière IGM, http://www.igmfinancial.com/francais/about/board_directors.asp

groupe. C'est en effet le critère de qualification utilisé pour inviter quelqu'un à siéger au conseil d'administration d'entreprises d'envergure comme le sont la Société Financière Power et la Société financière IGM.

Il ne faut pas non plus oublier que Power détient un placement important dans le cimentier Lafarge, et que Bibeau a de l'expertise tant dans le domaine du béton que dans celui de la construction. Utile, dans un contexte d'investissements majeurs dans les infrastructures. N'oublions pas non plus que dans une conjoncture de crise comme celle qui nous guette, la construction est perçue comme le moyen le plus rapide de remettre du monde au travail et de relancer l'activité économique.

Le fait que Marc Bibeau occupe cette place depuis un certain nombre d'années constitue à n'en pas douter une indication que le groupe Power reconnaît l'utilité de sa contribution.

Si Marc Bibeau n'était pas si proche de Jean Charest, et si l'on ne connaissait pas l'intérêt du groupe Power pour la Caisse de dépôt, les richesses naturelles et les grands travaux du Québec (le CHUM, par exemple), mon analyse s'arrêterait là. Rien de plus normal en effet, pour un groupe comme Power, de chercher à élargir la base de ses affaires en s'appuyant sur un solide réseau de contacts. Et s'il le fait dans les confins du secteur privé, ça reste une affaire privée.

Mais à partir du moment où Power utilise ses contacts pour s'infiltrer aux plus hauts niveaux des sphères décisionnelles de l'État, comme le fait Power par l'entremise de Marc Bibeau ou par la présence de Michel Plessis-Bélair au conseil d'administration d'Hydro-Québec, son comportement se met à soulever de sérieuses questions de transparence, d'influence et d'éthique pour lesquelles non seulement nous n'avons pas de réponses, mais surtout aucun moyen d'en demander ni d'en obtenir.

Le Québec s'est doté, il y a quelques années, d'un mécanisme pour assurer la transparence des démarches entreprises par les personnes ou les sociétés intéressées à faire des affaires avec l'État. Si vous consultez le registre[109], non seulement n'y trouverez-vous pas le nom de Marc Bibeau, mais vous constaterez également que le nom de Power Corporation n'y apparaît pas souvent. Faut-il en conclure pour autant que Power n'est pas intéressée aux affaires de l'État ? Bien sûr que « non ». Il ne se passe plus une semaine sans que nous en ayons de nouvelles indications, comme j'ai eu l'occasion de le démontrer récemment dans divers articles parus sur *Vigile*.

[*Note de l'auteur* : J'ai utilisé la suite de ce texte dans ma demande d'enquête au Commissaire au lobbyisme dont j'ai parlé plus haut. Comme elle est assez courte, je me permets de citer cet extrait de nouveau pour éviter au lecteur de perdre le fil du raisonnement.]

C'est donc la preuve que Power s'y prend autrement, et les faits exposés plus haut, ironiquement avec le concours bien involontaire de *La Presse*, j'en suis sûr, nous fournissent d'amples indications sur sa façon de procéder.

Au fil des années, l'appétit de Power est devenu de plus en plus vorace, comme je l'expliquais dans un article récent[110]. Son envahissement systématique de tous les champs d'activités où est présent le gouvernement du Québec et qui affichent un certain potentiel de développement et de croissance, est soit la marque d'une très grande confiance dans sa capacité de récupérer les droits du gouvernement (qui ne peut lui venir que de la certitude que les dés sont pipés en sa faveur), ou alors

---

109. L'accès public à ce registre se trouve à l'adresse suivante :
https://www.lobby.gouv.qc.ca/servicespublic/consultation/ConsultationCitoyen.aspx
110. Richard Le Hir, « L'appétit vorace de l'Oncle Paul », *Vigile*, 8 juillet 2011, http://www.vigile.net/L-appetit-vorace-de-l-oncle-Paul

d'une tentative désespérée et frénétique de recentrer ses activités à la veille d'une catastrophe imminente, comme pourrait en constituer la crise systémique de l'économie mondiale dont il est question ces jours-ci.

Je suis pour ma part convaincu que nous sommes en face d'une combinaison des deux.

Alors la question se pose : en vertu de quelle exception Power Corporation n'est-elle pas assujettie aux mêmes règles que toutes les autres entreprises lorsqu'elle veut faire des affaires avec l'État québécois ? Le « Seigneur de Sagard » serait-il devenu roi du Québec à notre insu ?

S'il l'est devenu, c'est avec la complicité de quelqu'un. Quelqu'un qui lui a ouvert toutes grandes les portes de notre caverne d'Ali-Baba nationale. Quelqu'un qui, sûrement en échange d'une considération quelconque (on se demande bien quelle autre raison il aurait eue de le faire, à moins d'être prêt à admettre que Paul Desmarais est le « gourou » d'une secte et que Jean Charest est tombé sous son emprise !), s'est littéralement mis au service des intérêts de Power en se souciant comme d'une guigne des Québécois et des intérêts supérieurs du Québec.

Dans un article récent, j'avais lancé la mise en garde suivante : « Attention ! Un scandale peut en cacher un autre[111] ». La situation que je viens de décrire est un scandale, au même titre que l'est l'infiltration du crime organisé dans l'industrie de la construction et les structures décisionnelles de l'État québécois.

Il ne faudrait surtout pas que le côté spectaculaire du second nous fasse perdre de vue le premier, et vous pouvez d'ores et déjà être assurés que tous les moyens seront mis en œuvre pour que ce soit le cas.

---

111.   « Anticosti : les relents nauséabonds du colonialisme français à la sauce Desmarais-Charest », *Vigile*, http://www.vigile.net/Anticosti-les-relents-nauseabonds

Jean Charest partage le même destin que Nicolas Sarkozy. Pas surprenant, me direz-vous, ils bénéficient tous deux du même soutien. Cela ne faisait que quelques mois que j'avais commencé à écrire sur *Vigile* lorsque les circonstances politiques du moment, tant au Québec qu'en France, m'ont amené à souligner « **La stupéfiante symétrie des destins de Charest et Sarkozy**[112] » dans un texte coiffé du surtitre suivant : « LES AMIS DE DESMARAIS » :

> À Québec, nous venons d'assister à l'un des plus désolants spectacles de fin de session de mémoire d'homme (et de femme, bien entendu !).
>
> Sans être un spécialiste de notre histoire parlementaire, j'imagine que les seuls autres exemples de scandales aussi retentissants que nous ayons connus dans le passé furent l'épisode où le frère du premier ministre libéral (déjà…) Louis-Alexandre Taschereau, Antoine, avait avoué avoir déposé sur son compte en banque personnel les intérêts de fonds appartenant au gouvernement, et l'épisode des « culottes à Vautrin », où le ministre libéral (encore…) de la Colonisation à la même époque, Irénée Vautrin, issu des milieux de la construction (rien n'a changé au PLQ), fut accusé d'avoir subtilisé des fonds à son ministère à des fins personnelles.
>
> Il avait, entre autres, avoué s'être acheté une paire de pantalons à même les fonds destinés à la colonisation, un geste qui avait frappé l'imaginaire collectif et alimenté en sarcasmes la campagne électorale suivante qui allait porter au pouvoir nul autre que Maurice Duplessis.
>
> Au stade où nous en sommes, rien, pas même la conclusion rapide et pacifique des conventions collectives du secteur public, ne pourra plus arrêter la descente aux enfers du PLQ et

---

112. *Vigile*, 27 juin 2010, http://www.vigile.net/La-stupefiante-symetrie-des

de son chef Jean Charest, et les sondages en font l'éloquente démonstration. [*Note de l'auteur*: En deux ans, Jean Charest n'est pas parvenu à remonter la côte, malgré tous ses efforts, et Nicolas Sarkozy non plus.]

Le plus curieux dans tout ça, c'est la stupéfiante symétrie dans les destins de Jean Charest et de Nicolas Sarkozy. Jamais les situations politiques du Québec et de la France ne se sont-elles autant ressemblées.

La politique a de bien cruelles ironies! Voici un président français, qui a choisi de rompre très spectaculairement avec la politique de ses prédécesseurs sur l'appui éventuel de la France à l'indépendance du Québec et de se rapprocher du Canada. Le voilà précipité lui aussi, pour des motifs similaires à ceux de Jean Charest, dans la même galère que ce dernier, à peu près au même niveau dans les sondages, et avec la même perspective de partir sous les huées.

Vous trouvez que j'exagère? Pour vous en convaincre, allez donc faire un tour sur le site TOUTSAUFSARKOZY.COM [113]. Vous y trouverez une attaque en règle contre les pratiques de « Sarko » qui vous en rappelleront d'autres, mais surtout un extrait vidéo d'une période de questions à l'Assemblée nationale française. Vous serez troublés par les ressemblances dans la forme, le fond et le ton avec ce que nous sommes en train de vivre au Québec.

Curieusement, ces deux hommes, Charest et Sarkozy, se réclament du parrainage du même homme, Paul Desmarais. Mais n'allez pas croire que celui-ci les a achetés. Il est beaucoup trop fin pour ça, et eux aussi. Il a tout simplement agité sous leur nez une fiole d'un parfum auquel il sait qu'ils ne peuvent pas résister : le parfum du pouvoir, celui qui les attend étant beaucoup plus important que celui

---

113. « Woerth et la Légion d'honneur. Dehors les pourris sarkozystes ! », TOUTSAUF-SARKOZY.COM, http://www.toutsaufsarkozy.com/cc/article02/EkZZuEyylElaMqruDt.shtml

qu'ils détiennent maintenant, à tout le moins le croient-ils. Diable d'homme !

Ce qui nous amène maintenant à Nicolas Sarkozy.

Nicolas Sarkozy

En France, le scandale qui a scellé le sort de Sarkozy aura été celui du financement occulte de son parti (quelle surprise !) par Liliane Bettencourt, l'héritière d'Eugène Schueller, fondateur (entre autres) de la Société française de teintures inoffensives pour cheveux, devenue depuis le gigantesque groupe de parfumerie et de soins de beauté L'Oréal[114]. Éric Woerth, un proche de Sarkozy et alors ministre du Budget, aurait été l'entremetteur.

C'est la journaliste du *Devoir* Alec Castonguay[115] qui nous apprendra quelques semaines plus tard que Paul Desmarais est mêlé à cette vilaine affaire par l'entremise de son gendre Éric de Sérigny, l'époux de sa fille Sophie :

> L'affaire Woerth-Bettencourt, cette controverse politico-financière qui ébranle le gouvernement français de Nicolas Sarkozy depuis juin, a des échos jusqu'au Québec, puisqu'un acteur de l'affaire a des liens étroits avec Power Corporation et son fondateur, Paul Desmarais.
>
> Le nom de Paul Desmarais a été abondamment cité dans les médias français en fin de semaine, après qu'une enquête de la radio France Inter eut révélé le rôle joué par Éric de Sérigny dans l'affaire Woerth-Bettencourt. Éric de Sérigny, un

---

114. Liliane Bettencourt, Wikipédia, http://fr.wikipedia.org/wiki/Liliane_Bettencourt
115. «Affaire Woerth-Bettencourt: des ramifications jusqu'au Québec», *Le Devoir*, 24 août 2010, http://www.ledevoir.com/politique/quebec/294898/affaire-woerth-bettencourt-des-ramifications-jusqu-au-quebec

banquier et homme d'affaires influent en France, était le gendre de Paul Desmarais, étant marié à sa fille Sophie. Il est aussi l'un des dirigeants de l'entreprise minière Imerys, détenue par une filiale de Power Corporation.

Ce proche de la famille Desmarais se tenait loin des projecteurs jusqu'à ce que les médias français découvrent qu'il a peut-être joué un rôle important dans la controverse qui tient la France en haleine depuis deux mois. Le rôle de conseiller informel d'Éric de Sérigny auprès du ministre du Travail, Éric Woerth, montre à quel point le gouvernement Sarkozy est près des milieux industriels et financiers.

L'histoire a démarré en juin dernier, lorsque le site Internet Mediapart.fr a révélé des enregistrements compromettants pour Liliane Bettencourt, 88 ans, héritière de l'empire des cosmétiques L'Oréal et deuxième fortune de France. Son avoir est évalué à 20 milliards d'euros, soit la 17e fortune du monde.

Dans cet enregistrement, on entend son gestionnaire de patrimoine, Patrice de Maistre, parler avec Mme Bettencourt d'une façon de contourner le fisc et de profiter ainsi d'évasions fiscales. On y évoque des comptes bancaires en Suisse et la propriété, tenue secrète, d'une île dans les Seychelles. Il est alors question de dizaines de millions d'euros cachés au fisc. Une enquête a d'ailleurs été ouverte depuis ces révélations. Liliane Bettencourt a aussi indiqué que les fonds seraient rapatriés en France.

La controverse prend de l'ampleur lorsque le monde de la finance rejoint celui de la politique. Le nom d'Éric Woerth, ex-ministre du Budget et maintenant ministre du Travail dans le gouvernement Sarkozy, est mentionné dans l'enregistrement. Le ministre, qui avait claironné sur tous les toits que la lutte contre l'évasion fiscale était sa priorité, aurait fait des pressions sur Patrice de Maistre et Liliane Bettencourt pour qu'ils embauchent sa femme, Florence Woerth, au sein de Clymène, la société qui gère la fortune de Mme Bettencourt. Ce qui fut fait en septembre 2007, alors qu'elle est devenue le bras droit de Patrice de Maistre.

Des allégations sur le fait que le ministre Éric Woerth aurait demandé à ses fonctionnaires de fermer les yeux sur les tactiques fiscales de Clymène et de Liliane Bettencourt ont circulé. Florence Woerth a finalement démissionné dans la foulée de la controverse. Le ministre a nié avoir fait des pressions.

De plus, Éric Woerth était chargé de la collecte de fonds de l'UMP, le parti de Nicolas Sarkozy, auprès des grandes fortunes industrielles. Depuis 2006, le couple Bettencourt a donné au moins 30 000 euros à l'UMP, mais probablement plus, d'après des documents obtenus par *Le Nouvel Observateur*. Le ministre a toujours nié avoir été en conflit d'intérêts.

Cette fin de semaine, les médias français ont mis au jour l'existence d'Éric de Sérigny. Cet homme discret est « conseiller bénévole » du ministre Éric Woerth, même s'il n'apparaît pas dans l'organigramme officiel du cabinet ministériel. Le bureau de M. Woerth a confirmé que le rôle d'Éric de Sérigny, un banquier et administrateur de sociétés, est de faire rencontrer au ministre des chefs d'entreprise et des barons de la finance.

Éric de Sérigny est un bon ami de Patrice de Maistre, qui gère la fortune de Liliane Bettencourt. Ils se connaissent depuis 40 ans. C'est d'ailleurs M. de Sérigny qui a soutenu la candidature de Patrice de Maistre pour le titre de la Légion d'honneur. Une haute distinction remise à Patrice de Maistre en 2007 par nul autre qu'Éric Woerth.

La filière Power Corporation

Éric de Sérigny était marié à la Québécoise Sophie Desmarais, la fille de Paul Desmarais, milliardaire et fondateur de l'empire Power Corporation. Il est aussi membre du conseil d'administration de la société minière Imerys, qui a un chiffre d'affaires de 2,7 milliards d'euros. Le principal actionnaire d'Imerys est la société Pargesa, détenue à 50 % par Power Corporation. L'autre tranche de 50 % de Pargesa appartient au baron des mines belge Albert Frère, un proche des Desmarais.

En février 2008, Paul Desmarais a été fait grand-croix de la Légion d'honneur par Nicolas Sarkozy, une haute distinction que moins de 100 personnes ont reçue. Le même jour, Albert Frère a lui aussi été fait membre de la Légion d'honneur des mains du président. « Si je suis aujourd'hui président, je le dois en partie aux conseils, à l'amitié et à la fidélité de Paul Desmarais », avait dit Nicolas Sarkozy dans son discours, rapporté par *La Presse*.

Les deux hommes se connaissent depuis 1995, quand Nicolas Sarkozy se voyait dans une impasse politique. « Un homme m'a invité au Québec dans sa famille. Nous marchions de longues heures en forêt, et il me disait : « Il faut que tu t'accroches, tu vas y arriver, il faut que nous bâtissions une stratégie pour toi » », a déclaré Nicolas Sarkozy à propos de Paul Desmarais.

Selon *L'Express*, Éric de Sérigny avait aussi une stratégie pour Éric Woerth, puisqu'il est fondateur d'un « club sélect » de gens d'affaires, le W19, créé pour « appuyer la carrière politique » de M. Woerth. Mais selon Éric de Sérigny, le W19 ne serait qu'un « simple rassemblement d'amis à hautes responsabilités dans leurs secteurs » qui participent à un « groupe de réflexion » sur les débats de l'heure avec le ministre, sans plus, selon ses propos rapportés par France Inter.

Éric de Sérigny affirme ne pas avoir fait de financement politique avec Éric Woerth, mais il confirme avoir aidé le président Sarkozy lors de la dernière campagne présidentielle.

Curieux quand même comme ce genre de club ressemble à celui qui se serait cotisé pour favoriser la venue de Jean Charest à la tête du Parti libéral du Québec et lui verser un supplément clandestin sur son salaire de premier ministre.

Quelques jours avant cet article du *Devoir*, j'avais pour ma part ajouté ma voix[116] au concert des détracteurs de Sarkozy au sujet d'une intervention dérogatoire qu'il avait faite contre les immigrants[117] et qui illustrait sa veine la plus « crassement » démagogique :

Le vrai visage de Sarkozy

La France découvre aujourd'hui le vrai visage de Sarkozy, et il n'est pas beau à voir. Pour sauver sa petite peau minable de rastaquouère véreux menacé par les sondages, le voilà qu'il lance une « ratonnade » contre les romanichels et les immigrants en misant sur l'extrême droite pour remonter sa cote, sans même se rendre compte que ce faisant, il marche sur les traces d'Hitler.

Voilà à quelles dérives mènent le manque de culture et la méconnaissance de l'histoire. « Ceux qui ignorent l'histoire se condamnent à la revivre », écrivait le philosophe américain d'origine espagnole George Santana. Et l'ironie n'en est que plus mordante quand on sait que Sarkozy est lui-même le fils d'un immigrant et qu'il a des origines juives.

La manœuvre ne trompe personne[118], sauf lui-même et sa suite, qui s'accroche honteusement à ses basques dans l'espoir d'éviter le naufrage. D'ailleurs, faut-il qu'elle soit aux abois, cette suite, pour que pas un seul de ses membres n'ait la dignité la plus élémentaire de se lever et dénoncer cette dérive inqualifiable ! Tout le monde sait que cette manœuvre en est avant tout une de diversion pour tenter de détourner l'attention de

---

116.   *Vigile*, http://www.vigile.net/Le-vrai-visage-de-Sarkozy .

117.   « Une fois de plus, Nicolas Sarkozy s'aligne sur les thèses du FN », *Le Monde*, 31 juillet 2010, http://www.lemonde.fr/politique/article/2010/07/31/une-fois-de-plus-nicolas-sarkozy-s-aligne-sur-les-theses-du-fn_1394353_823448.html .

118.   *Vigile*, « Aubry dénonce "la dérive antirépublicaine" de Sarkozy », *Le Monde*, 1er août 2010, http://www.lemonde.fr/politique/article/2010/08/01/aubry-denonce-la-derive-antirepublicaine-de-sarkozy_1394604_823448.html .

l'opinion publique de l'affaire Woerth-Bettencourt avec des manchettes qui puent la démagogie la plus ignoble.

Que l'immigration pose problème est une évidence que seuls les aveugles et les profiteurs du système se hasarderaient à nier. Le fait est que l'immigration, c'est d'abord une main-d'œuvre bon marché, et ensuite de nouveaux consommateurs qui font tourner l'économie d'un pays, sauf lorsqu'ils sont si mal préparés, si peu intégrables, qu'ils deviennent un fardeau, voire une menace pour leur société d'accueil.

Le modèle traditionnel de l'immigration a fait son temps, et les pays industrialisés commencent à s'en rendre compte. Même chez nous, les dernières statistiques indiquent que la corrélation historique entre immigration et développement économique est désormais brisée. En effet, il y a déjà un bon moment que nous accueillons des immigrants dont le profil culturel et social rend vain tout espoir d'intégration harmonieuse.

Et, comme le montre le cas de la France, pour peu que la conjoncture économique devienne défavorable et que le pays soit dirigé par des gens dénués de tout scrupule et de sens moral, soucieux uniquement de leur réélection, la tentation vient vite de nier toute responsabilité à l'endroit des derniers arrivés qu'on était, il y a peu, encore si heureux d'accueillir pour faire du chiffre, et de les renvoyer chez eux dare-dare, non sans leur faire subir toutes sortes de vexations qui sont indignes de la tradition du respect des droits de l'homme.

L'âme d'un pays, ça existe, et la France est en train de perdre la sienne. Merci M. Sarkozy.

Depuis ce moment, la situation n'a fait que se détériorer pour Sarkozy. Le rôle qu'il a joué dans l'intervention en Libye et le renversement de Kadhafi a mis en relief sa responsabilité dans la rupture de la continuité dans la politique étrangère de la France et le réalignement de celle-ci sur les intérêts des États-Unis et d'Israël.

Dans la conduite de ses politiques, y compris de la politique étrangère, Sarkozy ne perd jamais de vue les intérêts de son bon ami Paul Desmarais. Ainsi, à peine la victoire des forces de l'OTAN sur Kadhafi était-elle acquise que des équipes de Total, le placement pétrolier phare de Pargesa, se précipitaient sur le terrain pour ramasser tous les permis d'exploration et de production qu'elles pouvaient. Évidemment, le geste semble d'autant plus naturel que Total est une entreprise française et un géant mondial du pétrole.

Nous reviendrons dans un autre chapitre sur les intérêts dans le pétrole. Pour le moment, notre propos est d'examiner la portée de l'influence que Paul Desmarais est parvenue à acquérir à l'échelle planétaire grâce à sa stratégie de rapprochement avec les principaux dirigeants mondiaux, et notamment américains, au point d'être devenu pour eux un partenaire très utile.

Il suffit d'examiner certains faits récents à l'échelle internationale pour s'en convaincre, comme ceux que j'ai abordés dans le texte suivant que j'ai d'ailleurs eu la grande surprise de retrouver sur quelques sites français d'information parallèle sans que je n'y sois pour quelque chose[119] :

Le sale jeu des Américains et le fiasco de Sarko[120]

Depuis quelques semaines, nos médias ont commencé à nous informer à peu près correctement sur l'évolution de la crise qui secoue l'économie mondiale et qui menace désormais non

119. Pensée libre, http://www.penseelibre.fr/le-sale-jeu-des-americains-et-le-fiasco-de-sarko ; État critique, http://www.etat-critique-blog-politique.com/article-le-sale-jeu-des-americains-et-le-fiasco-de-sarko-92835238.html ; Les témoins du temps présent, http://lestemoinsdutemp.canalblog.com/archives/2011/12/16/22980268.html ; Comité pour une nouvelle résistance, http://www.cnr-resistance.fr/le-sale-jeu-des-americains-et-le-fiasco-de-sarko/ ; SOS Crise, http://sos-crise.over-blog.com/article-crise-tous-les-dessous-sale-jeu-us-fiasco-de-sarko-fin-de-partie-bientot-92839232.html

120. *Vigile*, 15 décembre 2011, http://www.vigile.net/Le-sale-jeu-des-Americains-et-le

seulement les acquis de plusieurs générations, mais même la paix dans le monde.

Ceux d'entre vous qui n'ont pas suivi régulièrement l'évolution de cette crise depuis 2008 ne sont malheureusement pas renseignés sur le sale jeu des Américains depuis qu'il est devenu évident qu'ils risquaient eux-mêmes de devenir des victimes de cette crise et que celle-ci menaçait également leur hégémonie dans le monde.

Le premier problème auquel ils font face, c'est l'énormité des moyens financiers qu'ils ont dû mettre en œuvre pour éviter que le système mondial ne s'effondre dès 2008. Au départ, il n'était question que d'une somme qui avoisinerait les 1 000 milliards $, mais au fur et à mesure que le temps passe, on découvre que la véritable ampleur de l'intervention de la FED dans les marchés aurait plutôt été de l'ordre de 29 000 milliards $[121].

Ce chiffre est si énorme qu'il dépasse, et de loin, la capacité de la plupart d'entre nous à le mettre en perspective. Mais disons rapidement que c'est le double du PIB des États-Unis en 2010[122], et pas tout à fait le double de la dette totale des États-Unis au moment où ces lignes sont écrites[123]. Ce qu'il faut surtout comprendre de ce chiffre, c'est qu'il s'agit d'une hypothèque gigantesque sur l'économie américaine qui va considérablement limiter sa marge de manœuvre dans les années à venir, quel que soit le plan envisagé, financier, économique, social, politique ou militaire.

Si le dollar américain n'était pas la monnaie de réserve, et si l'euro était en mesure de supplanter celui-ci, cette situation

---

121. The $29 Trillion Bail-Out : A Resolution and Conclusion, EconoMonitor, http://www.economonitor.com/lrwray/2011/12/14/the-29-trillion-bail-out-a-resolution-and-conclusion/

122. The Economy of the United States, Wikipedia http://en.wikipedia.org/wiki/Economy_of_the_United_States .

123. US Debt clock, http://www.usdebtclock.org/ .

serait à coup sûr suffisante pour envoyer l'économie américaine par le fond et peut-être même en faillite. Seulement
voilà : l'euro est fortement plombé, et ses chances de supplanter le dollar sont désormais nulles, s'il parvient même à
survivre, ce qui n'est désormais plus du tout assuré.

Les États-Unis jouissent donc d'un répit jusqu'à ce que le
monde se rende compte que leur situation est en train de
devenir désespérée. Et il faut dire que les milieux financiers
américains ont tout fait, avec la complicité de leurs comparses
du Royaume-Uni qui font face à la même situation, pour attirer d'abord l'attention du monde sur les problèmes de
l'Europe.

Notez bien que je parle des milieux financiers américains et
britanniques, et non des États eux-mêmes. Il faut en effet
comprendre que les milieux financiers dans ces deux pays sont
devenus de véritables États dans l'État tant ils pèsent lourds
dans l'économie de leur pays respectif.

Ce sont donc les milieux financiers américains et britanniques qui ont d'abord inventé l'épithète méprisante des
PIIGS pour illustrer la vulnérabilité de l'Europe et de l'euro
aux pays les plus faibles de sa sphère, et qui ont par la suite
alimenté la presse spécialisée dans un premier temps, puis la
presse grand public, en rumeurs, déclarations perfides, rapports et études de toutes sortes sur la mauvaise situation
européenne. Autrement dit, et je suis bien placé pour en
parler, on a fait à l'Europe le coup qui avait été fait au Québec
au moment du référendum de 1995.

L'intérêt de ces milieux est facile à comprendre. Wall
Street et la City de Londres contrôlent les marchés financiers
mondiaux à travers leurs grandes banques, leurs bourses, et
leurs agences de notation, pour ne s'en tenir qu'aux pièces les
plus importantes de leur dispositif. Toute concurrence
sérieuse est une menace à leur domination et aux profits
faramineux qu'ils en tirent.

Or, au début de cette année, la dégradation de la situation américaine avait amené Dominique Strauss-Kahn[124], alors encore directeur du FMI, à formuler un commentaire très critique envers les États-Unis dans une déclaration qui passera à l'histoire. Depuis plusieurs mois, une lutte souterraine était engagée entre les États-Unis et l'Europe sur la question de savoir lequel, du dollar ou de l'euro, s'imposerait comme monnaie de réserve.

À la clé, l'accès aux marchés financiers pour financer leur dette, et idéalement aux meilleures conditions possible. Déjà, dans son communiqué public n° 45 du 15 mai 2010, le *Laboratoire européen d'anticipation politique* (LEAP)[125], évoquait la stratégie des États-Unis, soit « être prêts à tout pour attirer toute l'épargne mondiale disponible ». Et, pour les États-Unis, la capacité de poursuivre leur politique hégémonique.

Strauss-Kahn, on ne sera pas surpris, favorisait l'Europe et volait au secours de l'euro en aidant la Grèce, l'Irlande, le Portugal, et pensait faire de même pour l'Espagne.

Mais surtout, suprême audace et suprême atteinte à la majesté américaine, il envisageait purement et simplement le remplacement du dollar comme monnaie de réserve par une autre qui se fonderait sur une combinaison d'or et de DTS (droits de tirage spéciaux[126]). Et il avait eu le culot sacrilège (aux yeux des Américains) de concocter ce plan avec la Chine (projet Zhou Xiaochuan) et avec la Libye de Kadhafi, dont la

---

124. « Strauss-Kahn (FMI) : vers la fin du dollar comme principale monnaie de réserve ? », leblogfinance, http://www.leblogfinance.com/2010/01/strauss-kahn-fmi-dollar-monnaie-reserve.html .

125. La lettre confidentielle de LEAP, http://www.leap2020.eu/Crise-systemique-globale-Du-coup-d-Etat-de-l-Eurozone-a-l-isolement-tragique-du-Royaume-Uni-la-dislocation-geopolitique_a4653.html

126. « IMF calls for dollar alternative », CNNMoney, http://money.cnn.com/2011/02/10/markets/dollar/index.htm

banque centrale devait être la première à utiliser cette monnaie en remplacement de son dinar.

Quelques semaines plus tard, le 19 mars, l'OTAN déclenchait une offensive contre la Libye. Le 8 mai, DSK était arrêté dans les circonstances que l'on connaît, et le 5 juillet, Christine Lagarde, ci-devant ministre des Finances de France, remplaçait DSK à la tête du FMI.

À la différence de DSK, ce n'est pas une économiste. Avocate d'affaires, elle a fait l'essentiel de sa carrière au sein d'un grand cabinet américain, Baker McKenzie, réputé pour ses liens avec le pouvoir, dont elle a exercé les commandes au siège de Chicago de 1999 à 2005. Avec elle au FMI, les États-Unis n'ont rien à craindre.

Certains ne verront dans cette séquence qu'une série d'événements isolés sans rapport les uns avec les autres. D'autres, plus au fait des jeux d'intérêts et de la férocité avec laquelle ils se disputent au niveau international, ont conclu qu'il fallait y voir la main des Américains.

C'est le cas entre autres de Mike Whitney, un journaliste américain dont un premier article sur l'affaire DSK d'abord paru en anglais a été rapidement traduit en français[127]. La traduction française étant approximative, je vous suggère le texte original si vous maîtrisez bien l'anglais[128]. Il est également l'auteur d'un autre article sur le même sujet[129]. (Je précise tout de suite que la clairvoyance dont a pu faire preuve DSK sur le plan économique ne justifie aucunement à mes yeux son comportement abject envers la gent féminine).

---

127. « Le patron du FMI, Strauss-Kahn, pris au piège », *Le Grand Soir*, http://www.legrandsoir.info/La-patron-du-FMI-Strauss-Khan-pris-au-piege.html ;
128. Mike Whitney, « IMF chief Strauss-Kahn caught in "Honey Trap" », World News Daily, *Information Clearinghouse*, http://www.informationclearinghouse.info/article28103.htm
129. Mike Whitney, « Was Dominique Strauss-Kahn Trying to Torpedo the Dollar ? », *Global Research*, http://globalresearch.ca/index.php?context=va&aid=24867

Ce que Whitney nous confirme, c'est combien les pouvoirs financiers américains avaient été choqués par les propos de DSK, combien ils voyaient en lui une menace à leurs intérêts, et à quel point il était nécessaire pour eux qu'il disparaisse dans le discrédit le plus total. Pour y parvenir, ils avaient besoin de complicités françaises, et il semble qu'ils les aient obtenues, au plus haut niveau.

Difficile, en effet, d'aller plus haut en France qu'à la présidence de la République, soit à Sarkozy lui-même, trop heureux dans les circonstances de se débarrasser d'un dangereux rival que tous les sondages plaçaient gagnant haut la main aux prochaines présidentielles françaises avant son arrestation. Dès le mois de juillet, les rumeurs à ce sujet allaient bon train.

Encore ces derniers jours, un professeur et journaliste américain réputé pour ses enquêtes politico-judiciaires, Edward Jay Epstein[130], publiait un article dans la prestigieuse revue *The New York Review of Books*[131], décrit en détail la chaîne des événements et nous en révèle toutes les bizarreries, notamment l'existence d'une vidéo[132] où l'on voit les agents de sécurité de l'établissement Sofitel (propriété du groupe français ACCOR proche de Sarkozy) se mettre à se congratuler et à danser à l'annonce de l'arrestation de DSK quelques minutes plus tôt.

De toute façon, la réponse à la simple question de savoir à qui profitait l'arrestation de DSK nous indique bien tout l'intérêt que le gouvernement américain, les milieux financiers américains et Nicolas Sarkozy pouvaient y avoir. Et j'invite

---

130. Edward Jay Epstein, Wikipedia, http://fr.wikipedia.org/wiki/Edward_Jay_Epstein
131. « What Really Happened to Strauss-Kahn ? », *The New York Review of Books*, http://www.nybooks.com/articles/archives/2011/dec/22/what-really-happened-dominique-strauss-kahn/?pagination=false
132. TAPE B — THE VICTORY DANCE IN SLOW MOTION http://www.youtube.com/watch?v=WxsuoY1HXe8 .

ceux qui s'imaginent que des gens de pouvoir ne commettraient jamais de tels forfaits à prendre connaissance des coups fourrés dont se sont rendus coupables les États-Unis et la France au cours des 25 dernières années. N'ayant reculé ni devant les assassinats ni la torture, on s'imagine à quel point le piège tendu à DSK ne pesait pas lourd sur leur conscience et pouvait même passer à leurs yeux pour une juste rétribution pour le comportement libertin de celui-ci.

Mais l'affaire ne s'arrête pas là, et l'irruption soudaine de Sarkozy dans le portrait nous permet de saisir à quel point ce président français tranche avec ses prédécesseurs et avec la tradition gaulliste d'indépendance à l'égard des Américains. Pour comprendre son comportement, il est essentiel de lire le texte « Opération Sarkozy : comment la CIA a placé un de ses agents à la présidence de la République française[133] », et au Québec, nous pourrions ajouter, « avec la collaboration de Paul Desmarais, proche ami de George Bush père, ancien directeur de la CIA avant d'accéder à la présidence des États-Unis ».

Nicolas Sarkozy roule donc pour les États-Unis, et les événements des derniers mois nous montrent à quel point. On peut évidemment évoquer le cas de la Libye, mais c'est dans le dossier financier que la preuve est la plus éloquente, tant Sarkozy s'est fait le relais des positions américaines auprès d'Angela Merkel.

En effet, Sarkozy s'est d'abord montré hostile à toute réduction de la dette de la Grèce en insistant sur la nécessité absolue pour celle-ci de rembourser l'intégralité de ses dettes aux détenteurs de ses obligations, se faisant en cela l'écho de Tim Geithner, le secrétaire au Trésor des États-Unis, qui connaît fort bien le degré élevé de l'exposition des institutions

---

133. Thierry Meyssan, Voltairenet.org, http://www.voltairenet.org/Operation-Sarkozy-comment-la-CIA-a .

financières américaines non seulement aux obligations européennes, mais aux fameux *credit default swaps* (CDS) contractés sur la dette européenne.

On se souviendra à cet égard que les plus grosses pertes lors de la crise de 2008 n'avaient pas été celles des banques, mais bien celle du conglomérat d'assurances AIG, qui avait garanti le paiement des créances titrisées en cas de défaut SANS avoir constitué les réserves nécessaires pour faire face à des défauts en série, comme ce fut le cas.

Ce champ d'activité n'ayant pas été réglementé à la suite des événements de 2008, les mêmes pratiques ont continué de plus belle en progressant presque de façon exponentielle, et aujourd'hui, une chaîne de défauts aurait des conséquences cataclysmiques.

Bien sûr, les banques françaises détiennent une importante quantité d'obligations des pays en difficulté (Grèce, Italie, Espagne), mais elles sont loin d'être exposées au même degré que les institutions financières américaines à ce que l'on appelle dans le jargon du métier les *risques de contrepartie.*

Mais pour les Américains, l'enjeu le plus important au cours des derniers mois était la possibilité de voir la zone euro monétiser sa dette en lâchant sur le marché des tonnes d'euros pour empêcher que les marchés ne gèlent par faute de liquidités suffisantes. En effet, tant les pays européens que les États-Unis vont devoir refinancer leur dette au cours des 18 prochains mois, et le besoin de liquidités sera énorme.

Or les États-Unis inondent les marchés de liquidités depuis 2008, et ils ne sont pas parvenus à repartir la machine. Ils ont tout essayé, même des choses qu'ils ne seront jamais prêts à admettre, mais rien n'y fait. L'économie progresse à une lenteur désespérante, et certains prétendent même qu'elle ne progresse pas du tout, tant les méthodes de calcul ont été trafiquées pour présenter un portrait plus favorable de la situation réelle[134].

Pour les Américains, le seul espoir résidait donc dans la possibilité que la Banque centrale européenne prenne le relais de la FED et se mette elle aussi à inonder les marchés de liquidités de façon à ce que les Américains ne se trouvent pas mal pris quand ils voudront refinancer leur dette, et Nicolas Sarkozy a plaidé cette cause tant et plus ces derniers mois jusqu'à ce qu'à la fin, la semaine dernière, Angela Merkel lui oppose un *Nein* sans équivoque.

Pour l'Allemagne, la monétisation est impensable, à la fois pour des raisons culturelles profondes qui remontent à Luther, et pour des raisons historiques, vu les expériences aussi cuisantes que désastreuses des années 1920 et 1930. Sarkozy le sait depuis le début, et en bon partenaire des Allemands (et tout simplement en bon stratège), il aurait dû éviter de les pousser dans leurs derniers retranchements sur cette question.

Cela dit, il ne faut pas exclure une autre tentative de convaincre l'Allemagne de céder[135] en intensifiant les pressions. Après tout, le diktat imposé par l'Allemagne s'accommode mal avec la notion qu'ont les Américains, les Britanniques et les Français d'avoir gagné la Seconde Guerre mondiale, et la volonté allemande est ressentie par plusieurs comme le monde à l'envers. De très vieilles chicanes sont en train de remonter à la surface qui augurent très mal de l'avenir.

C'est pourquoi il convient de conclure au fiasco devant les démarches de Sarkozy. Non seulement il a mal servi les intérêts

---

134. Chris Martenson, « Crash Course : Chapter 16 — Fuzzy Numbers », http://www.youtube.com/watch?v=zPkTItOXuN0&feature=player_embedded#!

135. Au moment d'aller sous presse, la communauté internationale s'y employait encore : « G20 : les Européens repartent avec des instructions claires », *La Presse.ca*, 27 février 2012, http://lapresseaffaires.cyberpresse.ca/dossiers/la-crise-europeenne/201202/27/01-4500083-g20-les-europeens-repartent-avec-des-instructions-claires.php .

de la France en ne s'en tenant pas uniquement à ceux-ci, mais, en acceptant de faire les petites commissions des Américains auprès d'Angela Merkel, s'est-il révélé pour les Allemands un partenaire indigne de confiance, ce qui augmente les risques d'effondrement — et de la zone euro, et de l'Union Européenne —, en plus de constituer une menace pour la sécurité du continent européen à moyen et long terme.

De façon plus immédiate, les pseudo gains de la semaine dernière sont déjà remis en question par certains dirigeants européens qui prennent conscience après coup de la difficulté qu'ils auront à vendre les ententes conclues à leurs partisans et aux électeurs.

L'adversaire de Sarkozy à qui l'on attribue les plus grandes intentions de vote dans les sondages, François Hollande, du PS, a annoncé qu'il n'aurait rien de plus pressé, s'il était élu, que de les dénoncer ; et les marchés financiers à travers le monde constatent, une fois de plus, que rien n'est vraiment réglé.

Alors, où s'en va-t-on ? Tout droit à la catastrophe.

Quelques semaines plus tôt, j'avais publié un autre article consacré à la situation internationale où il n'était pas question de Paul Desmarais ni de Sarkozy[136], mais essentiellement des risques d'une conflagration mondiale en raison de la détérioration de la situation au Moyen-Orient et des mises en garde de la Russie et de la Chine qui, dans ce dernier cas, avait servi un avertissement sérieux au Canada à l'occasion d'un bulletin de nouvelles télévisé en Chine[137] qui n'a jamais été rapporté par les médias canadiens. Censure oblige !

---

136. « Et si l'issue devait être la Troisième Guerre mondiale ? » http://globalresearch. ca/index.php?context=va&aid=24867 ; http://www.vigile.net/Et-si-l-issue-devait-etre-

137. « China Will Not Hesitate To Protect Iran Even With A Third World War », Zero-Hedge, http://www.zerohedge.com/news/china-will-not-hesitate-protect-iran-even-third-world-war . Prendre la peine de visionner l'extrait sous-titré du bulletin de nouvelles.

La lecture de ces deux textes allait convaincre un journaliste[138] du quotidien algérien *La Nouvelle République*[139] de me demander une entrevue pour commenter la situation mondiale, et notamment les perspectives d'invasion de la Syrie. Je me prêtai de bonne grâce à l'exercice, sans le moindrement me douter des remous qu'il allait susciter.

Ma première surprise fut de découvrir que mon entrevue faisait l'objet de la première page du journal[140] avec une manchette pétaradante :

Richard Le Hir à La *NR* :
« Sarkozy s'est mis au service des États-Unis et d'Israël »
p. 6-7

Bien évidemment, ce n'était pas tant ma personne qu'on trouvait intéressante que le message que j'avais livré, comme j'allais le découvrir en constatant que pas moins de 26 sites d'information[141] l'avaient relayé en Europe, au Moyen-Orient, au Canada et en Afrique francophone, et qu'il avait même été traduit en italien[142] par l'Osservatorio Internazionale per I DIRITTI (Observatoire international des droits de la personne).

Dans ce dernier cas, à en juger par l'extrait retenu et l'archivage du dossier que nous révèle l'adresse du document, l'élément qui les intéressait semble avoir été le lien entre Sarkozy, Desmarais

---

138.   Cherif Abdedaïm
139.   Voir http://www.lnr-dz.com/
140.   *La Nouvelle République*, 10 janvier 2012,
http://www.lnr-dz.com/pdf/journal/journal_du_2012-01-10/lnr.pdf
141.   Voir par exemple *Géostratégie*, http://www.geostrategie.com/4307/questions-a-richard-le-hir/ ; *La Voix de la Syrie*, http://lavoixdelasyrie.com/data/?p=305 ; *Mondialisation.ca*, http://www.mondialisation.ca/index.php?context=va&aid=28762. Pour consulter la liste complète, voir http://www.vigile.net/Le-probleme-au-Moyen-Orient-tient
142.   « Siria : un ex ministro canadese accusa Nicolas Sarkozy », Osservatorio Internazionale PER I DIRITTI, http://www.ossin.org/siria/sarkozy-petrolio-paul-desmarais-bhl-siria.html

et le pétrole. Voici d'ailleurs la version française de l'extrait qu'ils ont retenu pour leur site :

Cherif Abdedaïm : Quelle analyse faites-vous de la crise que traverse la Syrie ?

Richard Le Hir : Ce qui est particulièrement frappant, c'est le fossé entre ce que rapportent les médias officiels étrangers et les comptes rendus des sources d'information non alignées sur le terrain. Le fait que Bachar Al-Assad tienne encore solidement les rênes du pouvoir constitue pour moi une indication très claire que la menace vient davantage de l'extérieur que de l'intérieur et qu'elle est téléguidée tout comme l'était la tentative de renversement du régime iranien en 2009 lors de la pseudo Révolution verte.

Il ne faut donc pas se surprendre de retrouver dans le camp de la révolution syrienne l'intellectuel français et de moins en moins philosophe Bernard-Henri Lévy, qui n'avait pas hésité à jeter tout son poids médiatique derrière la révolution avortée en Iran, et qu'on a vu se démener avec toute la force de son impressionnant carnet de contacts en Libye récemment.

On sait maintenant, grâce à Bernard-Henri Lévy lui-même, que « c'est en tant que Juif » qu'il a « participé à l'aventure politique en Libye ». Lors de la première Convention nationale organisée par le Conseil représentation des organisations juives de France (CRIF), il a en effet précisé : « Je ne l'aurais pas fait si je n'étais pas juif. J'ai porté en étendard ma fidélité à mon nom et ma fidélité au sionisme et à Israël[143] ».

La question se pose maintenant de savoir si la fidélité de Lévy au sionisme et à Israël l'emporte sur la fidélité qu'il doit à la France en tant que citoyen français. C'est une question que

---

143. « BHL, philosophe officiel au service d'intérêts d'État », *L'Humanité*, 22 novembre 2011, http://www.humanite.fr/culture/bhl-philosophe-officiel-au-service-d%E2%80%99interets-d%E2%80%99etat-484155

les Français devraient se poser, et je suis surpris de voir qu'ils ne sont pas nombreux à le faire.

La facilité avec laquelle il est parvenu à entraîner la France dans le renversement de Kadhafi par la force est un témoignage éloquent du délitement de la diplomatie française sous Sarkozy et de sa mise au service des intérêts des États-Unis, d'Israël et, accessoirement, de certains oligarques du pétrole proches de Sarkozy, notamment le Canadien Paul Desmarais.

L'effondrement diplomatique de la France est une mauvaise nouvelle pour Bachar Al-Assad, qui ne peut plus compter désormais que sur le soutien de l'Iran, de la Russie et de la Chine.

Quant aux Syriens eux-mêmes, il ne fait pas de doute qu'une certaine faction aspire à un renversement du pouvoir en place, mais cette faction n'a ni l'importance numérique que lui attribuent les médias occidentaux, ni une large base de soutien populaire, ni le degré de radicalisme requis pour faire une révolution, et elle ne voit pas que ses espoirs sont alimentés par une force en déclin qui, le moment venu, ne serait pas capable de tenir ses promesses en raison de la précarité de sa situation économique et de ses propres problèmes.

Autrement dit, il y a en Syrie à l'heure actuelle des tas de gens qui sont manipulés et qui meurent pour rien d'autre que la promotion d'intérêts étrangers.

Comme le reste de l'entrevue est assez long et ne concerne ni Sarkozy ni Desmarais, je m'abstiendrai de la citer au complet pour ne pas m'écarter de mon propos. Les lecteurs intéressés n'auront qu'à consulter la référence que j'ai donnée plus haut.

En guise de conclusion, les exemples que j'ai développés dans ce chapitre se limitent à ceux qui sont plus proches de nous, au Québec. Les liens de Desmarais avec Bush père et le groupe Carlyle sont bien connus, comme avec le Groupe Bilderberg et la Commission trilatérale.

Ces dernières années sont apparues des preuves de plus en plus nombreuses et de mieux en mieux documentées de l'existence, sinon d'un complot, du moins d'un plan visant à établir « un nouvel ordre mondial » dans lequel les populations, jugées trop peu sûres par ces élites, se verraient privées de tout pouvoir décisionnel au profit d'une caste de hauts fonctionnaires qui en seraient en quelque sorte les « grands prêtres ».

Si vous voyez une ressemblance dans ces propos avec des personnages que vous voyez de plus en plus souvent s'agiter sur votre écran de télévision comme Lucas Papademos, le premier ministre non élu de Grèce, Mario Monti, dans la même situation en Italie, et tous leurs semblables dans l'appareil bureaucratique européen qui partagent tous la même particularité de vouloir faire accepter l'inacceptable à des populations de plus en plus désemparées, vous êtes dans le mille.

Paul Desmarais appartient à cette élite mondiale qui s'est mise en tête de remplacer la démocratie par un ordre nouveau au service de ses intérêts. Et à moins de réagir rapidement et fermement à cette usurpation souterraine clandestine et insidieuse de légitimité sans égale dans l'histoire de l'humanité, nous nous retrouverons rapidement asservis à cet ordre.

Le choix entre l'assujettissement — étymologiquement, le processus par lequel on devient le sujet de quelqu'un — et l'indépendance nous appartient encore. Mais pour combien de temps ?

Chapitre 3

Une réputation sulfureuse

Lorsqu'on entreprend une recherche systématique sur Paul Desmarais, on est surpris de découvrir toutes sortes d'éléments sulfureux qui cadrent difficilement avec l'image d'un homme d'affaires respectable. C'est ce constat qui m'a mené à écrire, à la fin de septembre 2010, l'article intitulé **Le cas Desmarais**[144].

> Pour avoir œuvré dans le domaine des communications et des affaires publiques pendant plus de 20 ans à des postes de haute direction au sein de grandes entreprises œuvrant dans divers domaines (pétrole et gaz, aliments et boissons, services financiers), j'ai appris une chose ou deux sur ce que les Américains appellent le *reputation management*, qui n'est en fait que la gestion de l'image de marque quand il s'agit d'un produit, et la gestion de l'image tout court quand il s'agit d'une entreprise ou de ses dirigeants.
>
> Pour ces derniers, cette image peut constituer soit un élément d'actif si elle est positive, soit un élément de passif si elle est négative. Elle contribue donc à la valeur de l'entreprise dans un sens ou dans l'autre, et peut même peser sur le cours de son titre si elle est cotée en Bourse.
>
> Ainsi, dans le cas de la pétrolière BP, la déflagration survenue dans le golfe du Mexique cet été a eu une incidence considérable sur la valeur du titre et de l'entreprise, non pas seulement en raison de sa responsabilité financière pour les

---

144. *Vigile*, 26 septembre 2010, http://www.vigile.net/Le-cas-Desmarais.

dommages causés, mais aussi en raison de l'atteinte à sa réputation.

Si une entreprise est présente sur le marché de la consommation, elle doit être très prudente de ne pas se placer dans une situation où ses magasins ou ses produits risqueraient d'être boycottés, ce qui pourrait se traduire par une très importante chute de ses ventes, de son chiffre d'affaires et de ses profits, et aurait une répercussion immédiate sur sa valeur.

C'est pourquoi les entreprises de ce type évitent de s'associer à toute démarche ou projet susceptible de générer de la controverse, et privilégient au contraire celles ou ceux qui vont leur permettre de se montrer sous un jour avantageux à leur clientèle.

La situation est très différente pour les entreprises qui n'ont pas d'interface directe avec le public. En effet, elles ne sont pas à risque de boycott[145] si elles s'engagent publiquement dans la controverse. C'est ce qui a pu permettre, par exemple, à un Laurent Baudouin de Bombardier ou un Guy St-Pierre de SNC-Lavalin de s'impliquer directement dans le débat référendaire en 1995. Pour eux, c'était risque zéro.

Leur engagement ne pouvait pas nuire à leurs affaires. Au contraire, comme une partie de leurs affaires dépendaient de commandes du gouvernement fédéral, ils pouvaient s'engager sans risques dans le sens de leurs intérêts et, accessoirement, de leurs convictions personnelles.

Aujourd'hui, ces principes continuent de s'appliquer, même si la mise sur pied ces dernières années de «fonds éthiques», qui cherchent à utiliser leur levier financier pour orienter le comportement des entreprises dans lesquelles ils investissent dans le sens de certaines valeurs de société, est

---

145. Il semble que je me sois aventuré un peu trop loin en faisant cette affirmation si j'en juge par l'apparition du site Boycott de Power Corporation Canada tout récemment: http://boycottpower.quebecdoc.com/. Je demeure toutefois sceptique quant à l'efficacité de cette initiative.

venue modifier quelque peu la donne. Cependant, leur influence demeure encore très limitée.

Reste ensuite les «cas à part», ceux dont le comportement échappe à toute logique d'affaires pour répondre plutôt à une stratégie de pouvoir. Les lecteurs l'auront deviné, c'est le cas Desmarais.

Pour ceux qui n'ont pas encore pris la pleine mesure de l'Empire Desmarais, je recommande fortement la lecture de l'ouvrage de Robin Philpot intitulé « Derrière l'État Desmarais : Power »[146]. Vous y trouverez toute l'information disponible sur les origines et la constitution de cet empire, et notamment sur le contrôle qu'il a choisi d'exercer sur les médias pour promouvoir sa stratégie impérialiste.

Notons tout d'abord que Power Corporation est une société de portefeuille qui détient des participations dans plusieurs secteurs d'activités, dont seuls deux d'entre eux l'exposent directement au public : les services financiers et la presse écrite. Or, si les services financiers sont un secteur peu vulnérable aux pressions publiques, il en va très différemment de la presse écrite.

En effet, un journal est en contact quotidien avec ses lecteurs. Il est donc en mesure d'influencer l'opinion publique, et cette capacité d'influencer l'opinion est justement celle qui va asseoir votre pouvoir auprès des dirigeants politiques. C'est un instrument privilégié pour quiconque a une telle stratégie. Ce modèle a déjà presque 125 ans d'âge, et il a surtout été développé par William Randolph Hearst (1863-1951), ce magnat de la presse qui parvint à exercer une influence considérable sur la politique américaine pendant près de 50 ans[147].

---

146. *Op. cit.*, voir note 2.

147. Le meilleur ouvrage que vous puissiez trouver à son sujet est très certainement celui de W.A. Swanberg intitulé *Citizen Hearst* (New York, Scribner 1961, nouvelle édition Galahad Books, 1996). Le parcours de Hearst allait également inspirer le célèbre metteur en scène et comédien américain Orson Well à produire une des œuvres les plus importantes de l'histoire du cinéma, *Citizen Kane* (d'où le titre de la biographie de Swanberg).

Toutefois, ce modèle n'a pas que des avantages, comme plusieurs expériences, y compris celle de Hearst, l'ont démontré. En premier lieu, votre capacité d'influencer dépend de l'importance de votre tirage. Si celui-ci marque une baisse, le risque existe qu'on la perçoive comme une baisse de votre influence. Et puis surtout, la propriété d'un journal s'accompagne d'une notoriété dont la plupart des gens d'affaires préfèrent se passer.

Lorsque, dans un cas comme celui de Paul Desmarais, vous vous positionnez politiquement en travers des ambitions d'une partie importante de la population, vous vous exposez nécessairement à des retombées négatives. Le moindre de vos gestes, la moindre de vos interventions seront vus au travers du prisme de cette opposition qui fera rapidement boule de neige, jusqu'à atteindre une masse critique telle qu'elle deviendra alors un obstacle à vos ambitions.

Vient un moment où les idées que vous cherchez à passer sont tellement en porte-à-faux avec celles de votre public lecteur que vous atteignez les limites de votre capacité à influencer l'opinion[148].

De surcroît, une stratégie qui vous associe trop étroitement au pouvoir vous expose également à subir le sort de celui-ci, pour peu qu'il tombe en défaveur ou se rende coupable d'exactions. C'est le phénomène de la culpabilité par association. Ainsi, il n'y a aucun doute possible que le pouvoir de l'Empire Desmarais se ressentira de sa trop étroite association avec les gouvernements de Jean Charest et de Nicolas Sarkozy.

Il y a aussi la question des convoitises de l'Empire Desmarais. Au Québec, nous connaissons son intérêt pour Hydro-Québec et pour au moins une partie des affaires de la

---

148. Voir à ce sujet Richard Le Hir, « *La Presse* a-t-elle atteint les limites de sa capacité à influencer l'opinion ? » *Vigile*, http://www.vigile.net/La-Presse-a-t-elle-atteint-les .

Caisse de dépôt. En France, l'Empire est présent jusque dans le bureau du président Sarkozy, où il est également compromis dans l'affaire Woerth-Bettencourt par ex-gendre interposé. Il y a aussi cette importante participation dans la pétrolière Total et l'exploitation des sables bitumineux en Alberta qui soulèvent la controverse et occasionnent des retombées négatives sur le plan de l'image.

Mais ça ne s'arrête pas là, et je suis pour ma part extrêmement surpris de la véhémence des sentiments, allant jusqu'à la haine, que ses activités suscitent. Mis à part certains cas extrêmes de politiciens du genre de George W. Bush ou autres du même acabit, je n'en connais pas beaucoup qui ont le don de provoquer des déferlements de passions négatives aussi exacerbées.

Mon attention a d'abord été attirée sur ce phénomène au printemps dernier par un collaborateur régulier de *Vigile*. Dans la foulée des réactions exprimées notamment dans *La Presse* sur la venue à Montréal de certains animateurs du mouvement en faveur de la réouverture d'une enquête sur les événements du 11 septembre, il avait écrit un article dans lequel il proposait aux lecteurs le visionnement d'une bande vidéo si troublante qu'elle m'avait amené à réagir de la façon suivante[149] :

> Effectivement, cette vidéo est très troublante, et elle vient rajouter des éléments de preuve qui rendent encore plus nécessaire la tenue d'une enquête publique sur les événements du 11 septembre. Il n'y a pas de doute que les autorités ont menti quant à la vraie nature des événements survenus et aux responsabilités en jeu.

---

149. « Et voilà pourquoi Gesca veut garder le silence sur le 11 septembre 2001 : Leur calvaire ne fait que commencer ! », Site *Persona non grata*, http://www.personanongrata.co/?action=get-publication&uid=104

Le lien avec Power Corporation est plus délicat à établir car l'information que vous citez ne précise pas la relation qui pourrait exister entre les événements du 11 septembre et cette entreprise que nous connaissons bien et toute une cohorte de protagonistes de chez nous dans des rôles secondaires, y compris la mafia italienne locale en la personne de Vito Rizutto.

Je suis aussi surpris d'entendre le narrateur du film prononcer Québec à la française et non « Kwibek » comme le font tous les Américains que je connais. L'apparition en cours de route du sigle de la francophonie est également assez étrange. Comme si l'on cherchait à établir un lien quelconque.

Il n'y a pas de doute que plusieurs éléments de cette histoire gagneraient à être éclaircis, mais il est encore beaucoup trop tôt pour tirer ne serait-ce qu'un début de conclusion sur la participation de Power Corporation ou des Desmarais à cette affaire. Il est toutefois très étrange que quelqu'un cherche à les y associer de façon aussi caractérisée. En soi, cela constitue une affaire qui mérite enquête.

Et si tout cela n'est pas vrai, dans quel cerveau tordu a bien pu germer un tel scénario malgré tout assez élaboré pour avoir à tout le moins des apparences de vraisemblance ? Les Desmarais ont-ils tant d'ennemis ? Pourquoi ?

En faisant des recherches pour le présent article, je suis tombé sur d'autres textes tout aussi incroyables : « *Desmarais lines of credit lead to Goose Bay bombing of Pentagon* »[150] où l'on prétend, force documents à l'appui, que Paul Desmarais a financé le lancement d'un engin téléguidé contre le Pentagone le 11 septembre dernier ; ou encore « *André Desmarais hired*

---

150. « Desmarais lines of credit lead to Goose Bay bombing of Pentagon », HawksCafe.com http://www.scoreboard-canada.com/cin-desmarais-goosebay.htm

KPMG and the Sidley Austin law firm to set up tax-sheltered patent frauds and help Bombardier, Degussa and Chinese PLA build weaponized-anthrax delivery systems for a Global Guardian war games on 9/11[151] », où l'on prétend, en s'appuyant sur une liste impressionnante de références à caractère officiel, qu'André Desmarais, l'un des fils de Paul père, aurait joué un rôle-clé dans le financement d'une arme biochimique destinée à être mise à l'épreuve dans le cadre d'un exercice annuel de vérification du degré de préparation des États-Unis à une attaque militaire qui avait justement lieu le 11 septembre 2001.

Je ne m'aventurerai certainement pas sur le terrain de la véracité ou non de ces allégations. Je constate seulement qu'elles existent, et ce fait est déjà grave en soi. Si elles sont partiellement ou entièrement vraies, on est devant une affaire d'État dont les faits doivent êtres présentés à la population, qui doit faire l'objet d'une enquête publique, et dont les conclusions doivent aussi être publiques.

Si elles ne sont pas vraies, la question se pose tout de même de savoir qui est capable d'élaborer un scénario aussi sophistiqué, et dans quel but. Un but qui dépasse nécessairement le cadre du simple canular. S'agit-il de revanche, de salissage, d'intimidation, d'extorsion… ou de quoi encore?

Comme je le disais dans mon commentaire plus haut: «Les Desmarais ont-ils tant d'ennemis? Pourquoi?». Qu'ont-ils donc fait pour qu'on leur en veuille autant? Une chose est certaine, ils n'ont pas su gérer leur image, ou bien ils ont tout simplement décidé de ne pas s'en soucier, convaincus qu'ils pouvaient parvenir à leurs fins malgré tout. C'est une recette qui peut donner des résultats à court terme. Mais ce n'est certainement pas une recette de survie à long terme.

---

151.   «Anthrax-André Desmarais in Sidley tax-sheltered patent frauds», HawksCafe.com http://www.scoreboard-canada.com/cin-desmaraisanthrax.htm.

Tôt ou tard, ils s'exposent à en payer le prix, et la véhémence des sentiments qu'ils soulèvent laisse craindre le pire. En attendant, leur image est salement amochée et constitue pour n'importe quel spécialiste des communications l'exemple parfait du résultat à éviter à tout prix.

Presque deux ans après avoir écrit ce texte, je n'en reviens toujours pas de la férocité de certaines charges contre les Desmarais. Celle où il est question de la participation d'André Desmarais au développement d'une arme biochimique à l'anthrax est particulièrement horrible. Les détails fournis sur les participants lui confèrent toutes les apparences de la véracité, et pourtant, toute personne le moindrement sensée se refuse à y croire tant la charge est énorme.

En cherchant à découvrir si d'autres personnalités connues du monde des affaires avaient fait l'objet de pareilles atteintes à leur réputation, je n'ai rien trouvé qui arrive même à la cheville de ce genre d'accusation.

Dans l'article que je viens de citer, je réfère à l'exemple de William Randolph Hearst. Je devais avoir 14 ou 15 ans lorsqu'un jour, dans une librairie anglophone de mon quartier, je suis tombé sur la biographie de William Swanberg en solde, citée en référence juste un peu plus haut. Bien qu'il se soit agi du plus gros livre (près de 900 pages) que j'avais lu jusqu'alors, je l'avais littéralement dévoré d'un couvert à l'autre en quelques jours, et il m'avait tellement fasciné que j'ai dû le relire trois ou quatre fois avant l'âge de 25 ans.

Il y a du Hearst dans Paul Desmarais, notamment cette tendance à la mégalomanie qui s'exprime dans la construction d'un palace à caractère quasi mythique. Celui de Hearst se trouve à San Simeon, en Californie, et, pour l'avoir visité il y a une vingtaine d'années à l'occasion d'un congrès, j'ai eu la déception de constater qu'il avait été converti en un mélange de musée et d'attraction foraine de fort mauvais goût[152], un genre dont seuls les Américains ont le secret.

---

152. Voir à ce sujet le site du Hearst Castle, http://www.hearstcastle.org/tours

Personnage fortement dominateur et extravagant, Hearst a terminé sa vie dans la solitude et l'acrimonie. Son château étant trop éloigné (comme Sagard) des centres de traitement que la maladie l'obligeait à fréquenter régulièrement, il a dû se résigner à l'abandonner en 1947, et il s'est éteint quatre ans plus tard à Berverley Hills, à l'âge de 88 ans.

Paul Desmarais et le domaine Laforest de Sagard à Charlevoix sont-ils condamnés à subir le même sort ?

Chapitre 4

L'OR NOIR

Il y avait autrefois une télésérie humoristique américaine qui s'intitulait *The Beverley Hillbillies* qui caricaturait à l'extrême l'aventure d'une famille de paysans vivant dans un trou perdu des États-Unis, enrichis du jour au lendemain par la découverte de pétrole sur leurs terres, qui quittent leur campagne pour aller s'installer à Beverley Hills, chez les riches.

Mon propos ici n'est pas de verser dans la caricature et d'établir un rapprochement entre Paul Desmarais et ces désopilants personnages, mais plutôt de mettre en relief cette fascination typiquement nord-américaine (et je nous inclus) pour les *success stories* et ce que nos voisins du sud appellent les *get-rich quick schemes*, alors que les Européens éprouvent surtout du respect pour ce qu'ils appellent « le vieil argent ».

Depuis les premières découvertes de pétrole en Pennsylvanie à la fin des années 1850, cette substance et ses dérivés constituent l'assise des plus grandes fortunes du monde, qu'on pense à John D. Rockefeller, à John Paul Getty, ou à un personnage beaucoup moins connu, mais très puissant dans les coulisses comme Armand Hammer[153], qui, à un stade déjà avancé de sa vie, après des revers de fortune spectaculaires, s'empara de

---

153. Armand Hammer, Wikipedia, http://fr.wikipedia.org/wiki/Armand_Hammer. Voir aussi *Encyclopedia of World Biography*, « Armand Hammer », http://www.bookrags.com/biography/armand-hammer/ . Voir aussi la biographie (la meilleure et la plus complète à mon avis) conjointement signée par Hammer lui-même et Neil Lyndon, Putnam, 1987. Voir enfin Jay Epstein, *The secret history of Armand Hammer*, http://www.theforbiddenknowledge.com/hardtruth/armand_hammer.htm

l'Occidental Petroleum pour en faire une force très importante de l'industrie.

Le secret de sa réussite ? Les liens qu'il cultivait avec les grands de ce monde, souvent les plus suspects ou détestés par son pays, les États-Unis. C'est ainsi qu'il devint l'ami de Lénine et de presque tous les dirigeants soviétiques jusqu'à sa mort en 1990, qui coïncida d'ailleurs avec la chute de l'Empire soviétique, un détail à ranger au chapitre des ironies de l'histoire.

Cela ne l'a pourtant pas empêché d'être un bon ami de Ronald Reagan, et fort probablement aussi de George Bush père qui, ne l'oublions jamais, fut un temps le directeur de la CIA, justement au temps de la guerre froide. Les Américains et les Russes se servaient d'Armand Hammer pour s'échanger directement des messages, délestés des lourdeurs empesées de la diplomatie officielle et des analyses tordues des analystes du renseignement.

Occidental Petroleum est l'une des rares entreprises à avoir pu en tout temps opérer en Libye sous le régime de Kadhafi, grâce aux liens de Hammer avec les Russes qui lui auraient facilité les choses avec le leader libyen.

Quand on examine le *modus operandi* de Paul Desmarais, on est frappé par ses ressemblances avec celui de Hammer, surtout au chapitre du développement de liens étroits avec les puissants de ce monde et de son goût pour les manœuvres souterraines.

La présence de Desmarais dans le pétrole remonte à son association avec le Belge Albert Frère et à la formation de Pargesa au début des années 1980, alors que le socialiste François Mitterand vient d'être élu à la présidence de la France grâce à l'appui du PCF[154]. Mitterand s'est engagé à nationaliser les banques.

Desmarais et Frère sont en rapport avec Pierre Moussa et Gérard Eskénazi, les deux principaux dirigeants de Paribas (anciennement Banque de Paris et des Pays-Bas), tous deux spécialistes des montages financiers complexes.

---

154. Parti communiste français.

À l'occasion de la déconfiture d'Eskénazi en 1995, le magazine hebdomadaire *L'Express* publie un article qui résume très bien comment Paul Desmarais s'est retrouvé associé au merveilleux monde de la finance européenne et à l'univers sulfureux du pétrole. En voici un extrait[155] :

Ce pourrait être l'histoire, banale, de la chute d'un financier hors de pair ; la fin d'un expert en montages complexes ; l'échec de l'une des figures du monde des affaires. Mais pas seulement. Si Gérard Eskénazi porte toutes ces casquettes, il est surtout, dans son genre, une sorte de récidiviste. Un Sisyphe de la finance qui, chaque fois qu'il semble au sommet de son ascension, retombe et retourne à la case départ. Condamné à repartir de zéro.

Le 22 juin 1995, le rideau est tombé sur sa dernière aventure. Depuis cette date, un conciliateur tâche de sauver son holding, la Comipar (Compagnie industrielle Pallas), incapable de rembourser une dette de 3,4 milliards de francs à sa filiale, la banque Pallas-Stern, placée elle-même sous administration provisoire par la Banque de France. Ces jours-ci — dans un mois au plus tard —, Gérard Eskénazi saura si un ultime compromis a pu être trouvé avec ses actionnaires. Autrement dit, si ses associés lui offrent encore une chance. Sinon, son groupe sera mis en liquidation judiciaire. Vendu aux enchères. Et c'en sera fini de son beau rêve. Pour la troisième fois !

En 1982, l'homme fut évincé, avec fracas, de la direction générale de Paribas. En 1990, désavoué par ses deux alliés dans le holding Pargesa, le Belge Albert Frère et le Québécois Paul Desmarais. Et le voilà aujourd'hui, sauf surprise de dernière heure, lâché par ses actionnaires, à deux doigts du dépôt de

---

155. « Chute d'un héros de la finance », *L'Express*, 28 septembre 1995, http://www.lexpress.fr/informations/chute-d-un-heros-de-la-finance_609892.html

bilan. Nouvelle disgrâce et rude fin de carrière. À près de 64 ans.

La pièce avait pourtant bien débuté à Paribas. Et la fin de l'acte premier aurait pu être flamboyante, s'il n'y avait eu cette fichue nationalisation. 1981 : rue d'Antin, Eskénazi est au top niveau. Depuis trois ans, il seconde le président Pierre Moussa et fait figure de dauphin. Réfléchi, d'allure timide, un rien coincé, c'est un analyste introverti, un homme d'état-major.

Une intelligence redoutée aussi. Paribas, c'est sa maison : il tient l'appareil, il y est à l'aise et reconnu. Entré en 1957 comme attaché de direction classe 2, ce [diplômé des] HEC a gravi tous les échelons avant d'être appelé, à 47 ans, à la direction générale. Aussi ne supporte-t-il pas la perspective d'un Paribas nationalisé.

Pendant l'été 1981 va naître le plan Arche de Noé, dont il est le principal artisan au côté de Pierre Moussa. « Notre idée, expliquera-t-il plus tard, était de bâtir une sorte d'empire d'Orient qui, après une période transitoire, se serait rapproché de l'empire d'Occident, momentanément nationalisé. »

Avec les capitalistes richissimes Albert Frère et Paul Desmarais, puissants patrons du groupe Bruxelles-Lambert et de Power Corp., le tandem réveille une société sise à Genève, Pargesa, et tente d'organiser la sécession des filiales étrangères de Paribas.

La manœuvre, pour l'essentiel, échoue : seule la filiale suisse passe — un temps — sous le contrôle de Pargesa. Mais l'affaire fait grand bruit : la gauche la dénonce comme le symbole de la trahison du « grand capital ». Le 17 février 1982, à Saint-Cloud, dans sa maison premier Empire qu'il a restaurée — celle-là même où Ravel composa le *Boléro* — Eskénazi réunit quelque 120 cadres de Paribas pour célébrer son départ. Quatre mois après celui de Pierre Moussa, l'autre « conspirateur » débarqué par le gouvernement Mauroy.

L'ancien haut cadre entame alors une deuxième vie qui, commencée dans la polémique, s'achèvera cette fois dans le soupçon. Il rejoint ses deux compères, Frère et Desmarais, qui lui confient, à Genève, la direction de Pargesa. Pour leur plus grand bonheur. Car Eskénazi, le financier de haute volée, n'a pas son pareil pour faire fructifier leur argent. Quelque 8 ans plus tard, quand il partira, Pargesa contrôlera environ 30 milliards de francs d'intérêts, de Petrofina aux Wagons-Lits...

L'alliance entre les trois hommes a pourtant tout du mariage de la carpe et des deux lapins! Frère et Desmarais sont d'authentiques «self-made-mans» (sic). Le premier, Albert, a quitté l'école à l'âge de 17 ans pour aider sa mère à la tête d'un atelier de chaînes et de clous. Le second, Paul, a commencé comme patron d'une entreprise de transport, dans l'Ontario.

Ils n'ont aucun complexe à étaler leur réussite: Frère, le Wallon râblé, au teint fleuri de bon vivant, arrive sur ses lieux de chasse en hélicoptère. Desmarais, lui, adore convier ses amis à de magnifiques parties de pêche. Tous deux aiment l'avant-scène, les premiers rôles. Rien à voir avec Gérard, le catholique fervent, dont la plus grande satisfaction est de se retrouver en famille et de partir plusieurs jours à cheval avec une carte d'état-major et une boussole.

Cet attelage étonnant a tenu tant que Gérard Eskénazi s'est contenté d'être le salarié — de luxe — des deux autres. Mais, dès la fin des années 80, des tensions apparaissent. Gérard prend décidément trop d'indépendance. L'ancien n° 2 de Paribas, non content d'avoir développé une nouvelle institution financière, a surtout une obsession: remettre la main sur son ancienne maison.

En janvier 1990, il croit tenir l'occasion de son retour: le groupe de la rue d'Antin est fragilisé; il n'en finit pas de subir les contrecoups de son OPA ratée sur la Compagnie de navigation mixte. Mais il commet une double erreur d'appréciation.

À Paris, d'abord, le financier continue à inspirer le doute. Ne dit-on pas, à l'Élysée, qu'il y a un troisième « ni » : ni nationalisation, ni privatisation, ni Eskénazi ? Ensuite, si cette opération doit lui donner plus de pouvoir, elle ne signifie pas, pour ses actionnaires, plus d'argent. Cette reconquête en catimini va donc capoter.

Frère et Desmarais vont remettre sèchement Eskénazi à sa place, celle de gestionnaire, avant de l'écarter définitivement. Sans esclandre. À Genève, le 1ᵉʳ juin 1990, lors de l'assemblée de Pargesa, l'ambiance est surréaliste. Sur l'estrade, Eskénazi, le sourire crispé, insiste sur la clairvoyance de ses deux principaux actionnaires, assis côte à côte tout au fond de la salle… Quelques jours plus tôt, à Paris, ces deux-là avaient négocié le montant de ses indemnités. »

Au passage, vous aurez remarqué le nom de Petrofina, la pétrolière belge qui sera acquise par la française Total en 1999, et Total fusionnera avec Elf Aquitaine, une autre pétrolière française, en 2000. Au moment de cette fusion, Loïk Le Floch-Prigent (retenez bien ce nom) est président d'Elf Aquitaine au conseil d'administration de laquelle siège Paul Desmarais.

Dans les jours qui suivent la nomination de Lucien Bouchard à la tête de l'Association pétrolière et gazière du Québec, je réagis à sa nomination en publiant sur *Vigile* un article déjà cité plus haut. Puis, quelques jours plus tard, je reviens sur le sujet avec un texte intitulé :

Main basse sur le Québec[156]

Il y a de ces coïncidences qui sont tellement suspectes qu'on en vient vite à conclure qu'il s'agit de tout sauf d'une coïncidence.

---

156. *Vigile*, 31 janvier 2011, http://www.vigile.net/Main-basse-sur-le-Quebec .

Ainsi aujourd'hui[157], Alain Laforêt, de l'agence de presse QMI-Québecor, ressort une étude vieille de deux ans de l'Institut économique de Montréal, l'officine de propagande de Power Corporation, qui concluait qu'Hydro-Québec était mal gérée, que le nombre d'employés avait presque doublé en 40 ans, atteignant les 23 000 en 2009, et sous-entend implicitement que l'entreprise serait mieux gérée si elle était privatisée.

Pourtant, il n'y a rien de surprenant à ce que le nombre d'employés ait doublé au cours d'une si longue période. Le nombre de barrages a plus que doublé, passant de 270 à 571, et la sécurité, qui ne constituait pas une préoccupation majeure en 1970, représente un fardeau infiniment plus lourd aujourd'hui, pour ne s'en tenir qu'à ces deux facteurs.

Alors pourquoi ressortir aujourd'hui cette étude vieille de deux ans ? Tout simplement parce qu'elle contribue à alimenter un climat de méfiance à l'endroit de l'État et de ses appareils, de même que l'idée que l'État québécois est virtuellement en faillite et devrait se départir de ce dinosaure qu'est devenue Hydro-Québec.

Vous noterez que cet article sort dans la foulée de la nomination de Lucien Bouchard, grand Lucide devant l'éternel, à la tête de l'Association pétrolière et gazière du Québec, qui s'apprête à faire la démonstration aux Québécois que le seul moyen de financer les missions de l'État est de concéder nos richesses naturelles pour une bouchée de pain.

Ironie des ironies, quelques jours avant la sortie de cet article, *The Gazette* annonçait l'attribution à Hydro-Québec du prix américain « Utility of the Year », décerné à l'entreprise de services publics qui se distingue pour son degré de responsabilité dans sa gestion de

---

157. « Hydro-Québec a doublé son effectif en 40 ans », *Argent*, 31 janvier 2011, http://argent.canoe.ca/lca/affaires/quebec/archives/2011/01/20110131-081756.html.

l'environnement, la satisfaction de sa clientèle, la modernité de ses technologies de transmission, ses tarifs bas, et sa profitabilité[158]. Mais revenons à nos moutons :

> Pensez-y bien : l'industrie des gaz de schiste a négocié avec le gouvernement du Québec des droits d'exploration à 0,10 $ l'hectare. En Colombie-Britannique, les mêmes droits ont été négociés à une moyenne de 4 000 $ l'hectare, soit 40 000 fois plus. Dans toute autre province que le Québec, une telle situation serait jugée scandaleuse, et une enquête policière serait immédiatement déclenchée pour déterminer si des commissions secrètes n'auraient pas été versées par l'industrie à des élus, à leur personnel ou à des fonctionnaires pour qu'on lui consente un régime aussi avantageux.
>
> Au Québec, on nomme un Lucien Bouchard pour venir couvrir tout ça du grand manteau de son prestige. Car il ne faudrait tout de même pas s'imaginer que, découvrant le pot-aux-roses, il va se retourner contre ceux qui le paient et leur dire : « Hé, les p'tits amis, vous êtes en train de f..... les Québécois ! » Non, Lucien Bouchard est là pour couvrir ce qui est foncièrement une saloperie, et s'assurer que les Québécois trouvent ça bon et disent merci. Et vive Lucien Bouchard !...
>
> Ce qui nous ramène au cas d'Hydro-Québec. En effet, on sait que ce fleuron de nos sociétés d'État, le navire amiral de l'économie québécoise, comme on la surnommait du temps de la Révolution tranquille, excite bien des convoitises, et notamment celle du groupe de Paul Desmarais. Ces

---

158. « Hydro-Québec named 2010 Utility of the Year », *The Gazette*, 14 janvier 2011. Pour des raisons mystérieuses, *The Gazette* a retiré cet article de ses archives. Heureusement, je l'avais envoyé à *Vigile*, qui s'est empressé de le mettre en ligne sur son site et l'a conservé soigneusement dans ses archives : *Vigile* http://www.vigile.net/Hydro-Quebec-named-2010-Utility-of . De toute façon, on peut aussi le trouver sur le site d'Hydro-Québec, http://media.hydroquebec.com/en/communiques/communique/top-industry-mag-names-hydro-qubec-utility-of-the-year-electric-light-power.

convoitises n'ont de sens que si les coûts d'acquisition d'Hydro-Québec demeurent à sa portée. Pour que cela soit le cas, il ne faut surtout pas que l'eau soit tarifée. En effet, à l'heure actuelle, le gouvernement du Québec n'a pas développé de façon significative le régime de redevances pour l'utilisation et le rejet de l'eau qui devait être mis en place à partir de 2003 selon les termes de la Politique nationale de l'eau annoncée en 2002[159].

En effet, s'il fallait que toutes les utilisations industrielles de l'eau soient tarifées, le turbinage le serait aussi, ce qui n'est pas le cas à l'heure actuelle. Pour que la privatisation d'Hydro-Québec demeure rentable pour les acquéreurs, il faut que la profitabilité soit très élevée, ce qui ne serait possible que si l'utilisation de l'eau à des fins de turbinage demeurait non tarifée.

Notons en passant que l'introduction d'une redevance sur l'eau constituerait probablement le seul motif pour lequel les Québécois accepteraient de payer leur électricité plus chère, surtout si cette redevance devait s'étendre à toutes les autres applications industrielles. Les Québécois sont tous conscients, à un degré ou à un autre, de la valeur de cette ressource extraordinaire qu'est l'eau.

Il y a, dans le régime d'exploitation de nos richesses naturelles à l'heure actuelle, d'importants gisements de revenus sur lesquels le secteur privé cherche à faire main basse. Le beurre ne lui suffit pas ; il veut aussi l'argent du beurre.

On comprend la convoitise et l'empressement des entreprises, mais on comprend beaucoup moins bien pourquoi le gouvernement du Québec ne définit pas dans les meilleurs délais une politique des richesses naturelles qui profiterait d'abord à la collectivité québécoise tout entière

---

159. Politique nationale de l'eau, gouvernement du Québec, 2002, Axe 4, Engagement 9, http://www.mddep.gouv.qc.ca/eau/politique/

avant de profiter à des intérêts privés. Il ne s'agit pas d'exclure les seconds. Il s'agit seulement de s'assurer qu'ils ne dépossèdent pas les premiers, et il existe des modèles dont le Québec pourrait s'inspirer. Je pense notamment au cas de la Norvège, qui a su très habilement utiliser les revenus de son pétrole de la mer du Nord pour développer son profil industriel et assurer la prospérité de sa population.

Dans un article intitulé « **Un carcan et des œillères qui nous empêchent de voir clair** », j'écrivais ceci en mars dernier[160] :

> Il est évident que le message de certains «Lucides» de notre connaissance perdrait de sa pertinence — si tant est qu'il en eût jamais — si les Québécois savaient à quel point le Québec regorge de richesses.
>
> Duplessis l'avait compris; Daniel Johnson père l'avait compris; Lesage et Lévesque l'avaient compris; Bourassa l'avait compris, et il faut lui rendre hommage, il en tirait une grande fierté. Curieusement, c'est une notion qui s'est perdue dans les 20 dernières années.
>
> Bouchard s'est présenté chez Standard & Poor's en mendiant. Pas étonnant qu'il se soit senti humilié. Quant à Charest, pas un jour ne passe sans qu'il ne ratatine le Québec et les Québécois. Pour les ramener à sa hauteur, peut-être ? C'est le plus provincial des premiers ministres que le Québec ait jamais eus. Dans tous les sens du terme.
>
> Lors du prochain référendum, les Québécois n'auront pas à choisir entre la richesse d'un côté (le fédéralisme) et la misère de l'autre (l'indépendance). Ils auront à choisir entre se faire manger la laine sur le dos par le fédéral et les exploiteurs qui le tiennent en vie au mépris

---

160. *Vigile*, 17 mars 2010, http://www.vigile.net/Un-carcan-et-des-oeilleres-qui .

de leur langue, de leur culture, de leur identité, de leurs valeurs et de leurs intérêts, ou exploiter pour eux-mêmes leur immense richesse, en mettant en valeur leur langue et leur culture, dans le respect de leur identité et de leurs valeurs.

Le choix ne saurait être plus simple et la réponse plus évidente.

Un an plus tard ou presque, ce propos n'a rien perdu de son actualité, bien au contraire. Et c'est là qu'on comprend l'empressement de certains à vouloir s'emparer de cette richesse afin de s'assurer à jamais la soumission des Québécois, et surtout empêcher qu'ils aient les moyens d'affirmer pleinement leur identité distincte.

Voilà ce que cache la course pour faire main basse sur nos richesses naturelles, et voilà pourquoi nous devons nous mobiliser comme jamais pour empêcher qu'on nous dépossède de « notre butin ». Car non seulement veut-on nous le voler ; on veut aussi nous voler notre identité par la même occasion.

Lorsqu'à la mi-février 2011 on apprend que les libéraux de Jean Charest sont intervenus dans le processus décisionnel d'Hydro-Québec et ont mis fin à un programme d'exploration pétrolière à Anticosti avant de tout céder au privé[161], j'effectue quelques recherches et je publie le même jour sur *Vigile* le texte suivant :

Anticosti : les traces de Power Corp sont partout[162]

C'est tout de même curieux, vous ne trouvez pas ? Chaque fois qu'un nouveau dossier d'exploitation de nos richesses naturelles

---

161. Alexandre Shields, « Hydro voulait continuer à explorer », *Le Devoir*, 15 février 2011.
162. *Vigile*, 15 février 2011, http://www.vigile.net/Anticosti-les-traces-de-Power-Corp

se met à dégager des odeurs de traitement préférentiel, on retrouve les traces de Power Corporation.

Ainsi hier, *Le Devoir* annonçait que la pétrolière junior québécoise Petrolia avait mis la main sur les énormes réserves de pétrole de schiste de l'Île d'Anticosti pour une bouchée de pain.

Cette entreprise n'étant tout de même pas aussi connue qu'Esso, Shell ou Ultramar, j'ai voulu en savoir plus.

Comme il s'agit d'une société au capital ouvert cotée en Bourse, je me suis mis à la recherche d'informations qu'on trouve généralement dans les rapports qui doivent être régulièrement fournis aux investisseurs et aux autorités de surveillance.

À cet égard, le site Web de Petrolia constitue une véritable mine d'informations pour peu qu'on se donne la peine de le consulter. On y apprend ainsi que l'entreprise ambitionne de produire à elle seule, d'ici 4 ans, 5 % de tout le pétrole consommé au Québec, ce qui représente le chiffre assez impressionnant de 8 millions de barils de pétrole par an. Sachant que le baril de pétrole se transige au cours d'aujourd'hui à 85 $ aux États-Unis et à 103 $ en Europe, vous comprenez que cette entreprise est promise à un avenir brillant si elle parvient à atteindre son objectif.

On y découvre également la liste des actionnaires du « Groupe de contrôle », constitué du président de l'entreprise, André Proulx, d'une entreprise européenne mystérieuse du nom de Pilatus Energy, de certains fonds institutionnels non identifiés, et d'un partenaire désigné tout simplement par le nom « Luxembourg ».

Pour y voir un peu plus clair, il faut consulter la liste des administrateurs de l'entreprise. On y apprend ainsi qu'Alain Ferland, ancien dirigeant d'Ultramar au Québec et ancien directeur de sa raffinerie de Saint-Romuald, est « administrateur en chef ». On n'est donc pas surpris d'apprendre que la

petite production actuelle de Petrolia est acheminée quotidiennement par camion à la raffinerie de Saint-Romuald pour
être transformée en essence, qui vous est ensuite vendue à la
pompe.

Mais ce sont les autres noms qui sont les plus révélateurs.
Des noms pas du tout connus au Québec. Ni au Canada,
d'ailleurs. Des noms européens, Me Albert Wildgen et Vincent
Causse, et un nom qui, de prime abord, paraît provenir du
Moyen-Orient, Saeed Yousef, mais qui est lui aussi européen
selon les informations qui sont fournies sur le site.

Pour ce qui est de Me Albert Wildgen, en fouillant un peu
sur Google, on découvre qu'il s'agit d'un avocat d'affaires
originaire du Grand-Duché de Luxembourg. En fait, c'est un
prête-nom professionnel, comme le révèlent les registres des
sociétés du Grand-Duché, qui profite de la législation très
libérale de son petit mais très riche pays européen en matière
de constitution de sociétés pour vendre ses services
d'intermédiaire.

Comme la législation panaméenne, la législation luxem-
bourgeoise permet aux sociétés d'émettre des actions « au
porteur », ce qui est évidemment bien commode pour ceux
qui cherchent à se cacher tout en étant très actifs. Tout ça pour
dire que la présence de Me Albert Wildgen révèle la présence
d'intérêts inconnus, mais vraisemblablement européens,
surtout lorsqu'on réalise qui sont les autres.

Les autres, c'est Pilatus Energy AG, une société suisse
représentée au conseil d'administration de Petrolia par
Vincent Causse, un citoyen français, et par Saaed Youssef, le
président de la filiale canadienne de Pilatus. Ce qui nous
amène à nous pencher d'un peu plus près sur le cas de cette
entreprise.

En fait, Pilatus est une entreprise qui a été formée par Loïk
Le Floch-Prigent, l'ancien président de la pétrolière Elf
Aquitaine (fusionnée avec Total en 1999) en délicatesse avec la

justice française à la suite de pots-de-vin et de coups fourrés politiques en Afrique, notamment en Angola, dans lesquels l'État français était impliqué et dont ce dernier est parvenu à se disculper en accablant Le Floch-Prigent. Voir à ce sujet l'extrait d'une procédure intentée aux États-Unis contre Pilatus sur le site Wikinvest qui décrit parfaitement la situation[163].

Il est aussi intéressant de savoir que Paul Desmarais siégeait au conseil d'administration d'Elf Aquitaine avant sa fusion avec Total[164], et qu'il connaît donc très bien Le Floch-Prigent, qui en était le PDG. Il ne faut jamais perdre de vue que la France est une ancienne puissance coloniale qui a conservé des intérêts très importants en Afrique, en particulier dans le pétrole.

Depuis une dizaine d'années, c'est Total qui est le porte-étendard des intérêts français dans l'industrie pétrolière. L'actuel président de cette entreprise, Christophe de Margerie (connu dans l'industrie sous le nom de « Big Moustache[165] », dans un double clin d'œil à ses impressionnantes bacchantes et à la comédie culte du cinéma français, *La grande vadrouille*), a d'ailleurs assumé pendant plusieurs années la direction des opérations de Total en Afrique.

L'industrie française du pétrole est un très petit monde, et tout le monde se connaît. Le Floch-Prigent et Christophe de Margerie ne sont donc pas des inconnus l'un pour l'autre. Ils se sont déjà rendu des services dans le passé, et il est tout à fait possible qu'ils s'en rendent encore.

163. « The Highly Secretive Pilatus Energy and the Convicted Criminal Who Runs It », Wikinvest, http://www.wikinvest.com/stock/VAALCO_ENERGY_(EGY)/Highly_Secretive_Pilatus_Energy_Convicted_Criminal_Runs
164. Voir le dernier rapport annuel d'Elf Aquitaine avant sa fusion avec Total.
165. « TOTAL—"Big moustache" ce matin à l'Élysée », Enviro 2B, http://www.enviro2b.com/2010/02/23/total-%E2%80%93-%C2%AB-big-moustache-%C2%BB-ce-matin-a-l%E2%80%99elysee/.

Or le pétrole découvert à Anticosti est du pétrole de schiste, ce que l'on appelle dans l'industrie du « pétrole non conventionnel ». Et l'entreprise pétrolière la plus intéressée au pétrole non conventionnel dans le monde est justement Total. Elle a d'ailleurs pris une participation importante (50 %) dans la pétrolière American Oil Shale, active au Colorado.

Total, c'est une entreprise dans laquelle Power Corporation détient des intérêts importants par l'entremise de Pargesa[166], sa société de portefeuille. On notera que Pargesa détient aussi des intérêts dans GDF Suez, elle aussi active dans le domaine de l'énergie et présente dans l'exploration des gaz de schiste au Québec. On se souviendra que GDF Suez était associée au projet Rabaska, et qu'elle était également intéressée au dossier Énergie NB l'an dernier.

Pargesa est également présente dans le capital du Groupe Bruxelles Lambert à parts égales avec le financier belge Albert Frère. Et Albert Frère n'est pas un enfant de chœur, comme le démontrent de nombreuses références trouvées sur Google. L'une d'entre elles ne manque pas d'intérêt pour nous, Québécois[167]. Il y est en effet question de la vente d'une entreprise de Frère à une filiale de la Caisse des Dépôts et Consignations (CDC), l'équivalent de notre Caisse de dépôt ici (quelle coïncidence!), à un prix beaucoup trop élevé.

Pargesa et le Groupe Bruxelles Lambert sont justement le genre de sociétés susceptibles de faire régulièrement appel aux services d'un prête-nom professionnel comme Me Albert Wildgen. Ainsi, on retrouve la trace de Pargesa Luxembourg, Société Anonyme, dans le *Mémorial*, le journal officiel du

---

166. Voir le site de Pargesa, http://www.pargesa.ch/
167. « Un procureur belge s'intéresse à Albert Frère, l'ami patron de Sarkozy : La justice soupçonne des arrangements comptables en faveur du milliardaire lors de la vente de Quick à l'État français. », Panier de crabes, http://panier-de-crabes.over-blog.com/article-un-procureur-belge-s-interesse-a-albert-frere-l-ami-patron-de-sarkozy-42270785.html .

Grand-Duché de Luxembourg[168]. Me Wildgen est pour sa part un habitué des pages du *Mémorial*, comme le révèle une consultation rapide de Google.

Mais revenons à Petrolia. Celle-ci annonçait l'été dernier son association avec Investcan Energy, une filiale de SCDM Énergie, elle-même filiale du grand groupe français Bouygues. Celui-ci est dirigé par le patriarche de la dynastie, Martin Bouygues, qui, comme par hasard, se trouvait à être invité à la petite cérémonie « intime » à l'Élysée au cours de laquelle Nicolas Sarkozy a remis à Paul Desmarais sa grand-croix de la Légion d'honneur[169].

Les blogues français sont d'ailleurs particulièrement féroces à l'endroit de Paul Desmarais et de ses relations avec les élites politique et financière françaises. J'ai relevé au passage la phrase suivante, particulièrement savoureuse :

> Le Monde est incroyablement petit et le Hasard, dans ce même Monde, fait si bien de si belles choses ! En effet, quand on commence à comprendre l'alliance entre Politiques et Gens de fortune, on est toujours effaré de voir jusqu'à quel point va cette concorde, cette concordance, la puissance et la solidité de ces réseaux dont le couillon de Citoyen n'a même pas idée[170].

---

168. *Mémorial*, Grand-Duché de Luxembourg, C — n° 92, 7 février 2001, p. 4 378.

169. Selon *L'Express* du 23 juillet 2010, Martin Bouygues était également présent à la fameuse soirée du Fouquet's dont Desmarais aurait, selon la rumeur, réglé la note, et à la remise de la Légion d'honneur de Jacqueline Desmarais, *La Presse*, 8 novembre 2011, http://www.cyberpresse.ca/actualites/201111/08/01-4465640-jacqueline-desmarais-recoit-la-legion-dhonneur.php . Enfin, Martin Bouygues et PAI Partners, un fonds européen d'équité lié au Groupe Bruxelles Lambert, filiale de Power, font des affaires ensemble depuis au moins 2004 alors qu'ils ont convenu de faire tous deux l'acquisition de Saur, une entreprise spécialisée dans les services aux communautés locales, http://www.paipartners.com/Media-Centre.htmx .

170. « Paul Desmarais, l'ami fidèle de Sarkozy. », Paperblog, 9 juillet 2010, http://www.paperblog.fr/3414253/paul-desmarais-l-ami-fidele-de-sarkozy/ .

Donc, Bouygues a conclu une association avec Petrolia via SCDM Énergie et Foxtrot International[171]. Quand on cherche qui sont les partenaires de Foxtrot, on découvre ENERCI, une filiale ivoirienne[172] de... GDF Suez!

Bien sûr, tous ces éléments ne constituent pas une preuve hors de tout doute raisonnable de l'implication de Power dans Petrolia. Mais ce n'est pas non plus le bon critère à appliquer. Personne ne prétend ici qu'un crime a été commis au sens du Code criminel. Cependant, les éléments d'information qui se trouvent ici réunis donneraient à toute personne raisonnable des motifs très sérieux de croire que Power Corporation joue un rôle actif dans le dossier Petrolia.

La question est alors: «Pourquoi Power Corporation se cache-t-elle?» Et la réponse se trouve peut-être dans le fait qu'elle est représentée au conseil d'administration d'Hydro-Québec, la société de l'État qui a cédé ses droits à Petrolia pour une bouchée de pain, en la personne de Michel Plessis-Bélair, vice-président du conseil de Power Corporation. Quand on veut être délicat, on appelle ça une apparence de conflit d'intérêts.

La présence de Michel Plessis-Bélair soulève également la question de la personne qui l'y a nommé. Mais là, on connaît la réponse. C'est tout de même curieux que se retrouvent ainsi croisés dans ce dossier les destins de Paul Desmarais, Jean Charest et Nicolas Sarkozy.

Quelques jours plus tard, je reviens sur le sujet dans:

---

171. Voir la présentation de Petrolia en conférence de presse, http://www.petroliagaz. com/imports/_uploaded/2010-07-22-Presentation-PetroliasassocieaInvestcan.pdf .
172. Voir le site de Foxtrot International, http://www.foxtrotinternational.com/ ?IdRubrique=2&lang=fr

Les grandes manœuvres de Total et GDF Suez[173]...

Les preuves de l'implication de Power Corporation dans le développement des activités du gaz et du pétrole de schiste au Québec s'accumulent. Et comme Power a l'habitude de le faire, elle avance masquée. En effet, Power n'œuvre pas qu'au Québec et au Canada. Elle est très active en Europe par l'entremise de sa filiale Pargesa Holding, comme on le découvre sur son site.

Les méthodes utilisées par Paul Desmarais et son ami et associé belge Albert Frère soulèvent certaines questions sur le plan de l'éthique, comme on peut le découvrir sur un site anonyme[174] qui fournit des précisions très pointues sur la transaction qui leur a permis d'acquérir leur participation dans GDF Suez, un acteur important de l'industrie pétrolière et gazière tout comme Total.

En relisant ce texte un an plus tard, je me rends compte qu'il y est question « d'opérations troublantes » avec l'État français, opérations qui nécessitent d'évidents soutiens politiques et qui verront la CDC [Caisse des Dépôts et Consignations, l'équivalent français de notre Caisse de dépôt (!)] débourser 1,25 milliard d'euros au profit du groupe Desmarais/Frère.

Ce document de sept pages, manifestement rédigé par une personne ayant une formation juridique et financière poussée, comporte une section intitulée « Toutes les règles de transparence et d'indépendance sont allègrement bafouées » et dans laquelle il est question d'ordres qui auraient été donnés à la CDC par les pouvoirs politiques pour avantager le groupe Desmarais/Frère.

---

173. Richard Le Hir, Les grandes manœuvres de Total et GDF Suez, *Vigile*, 28 février 2011, http://www.vigile.net/Les-grandes-manoeuvres-de-Total-et

174. Voir « GDF Suez, la face cachée », http://reg.reseau-ipam.org/IMG/pdf/doc_suez_gdf_la_face_cachee_et_chronologie.pdf

Dans le contexte des événements qui se sont produits chez nous à la Caisse de dépôt, cette information revêt un intérêt qui m'avait échappé de prime abord. Mais revenons au texte de mon article du 28 février 2011 :

Paul Desmarais fils et Albert Frère siègent au conseil d'administration de GDF Suez[175].

GDF Suez est née de la privatisation de la société Gaz de France et de la fusion de ses activités avec celles du groupe de services publics Suez en 2008 sous l'impulsion du gouvernement français. Ce dernier conserve d'ailleurs 35 % des actions de l'entreprise.

On notera la présence de Loïk Le Floch-Prigent parmi les anciens dirigeants de GDF (également ancien PDG de la pétrolière française Elf Aquitaine avant sa fusion avec Total, en 1999), le même Le Floch-Prigent qui est impliqué dans Pilatus Energy, un partenaire de Petrolia, l'entreprise québécoise qui détient des permis sur l'Île d'Anticosti.

Il faut savoir qu'avant d'être présent dans le capital de la pétrolière française Total, le groupe Power était présent dans celui d'Elf Aquitaine. C'est donc à la faveur de la fusion de Total et d'Elf Aquitaine que le groupe Power s'est retrouvé avec une participation dans la première, avec d'ailleurs le groupe Frère qui, pour sa part, avait apporté dans la corbeille de la fusion sa participation dans la pétrolière belge Fina.

Il faut être très conscients que l'enjeu du développement de nos richesses naturelles n'est pas qu'un enjeu local et qu'il intéresse certains des plus gros joueurs sur la scène mondiale. Ces joueurs avancent cachés pour le moment, parce qu'ils ne savent que trop bien que leur implication déclencherait de

---

175. Voir le site de GDF Suez, http://www.gdfsuez.com/fr/groupe/gouvernance/conseil-d-administration/biographies/biographies/ .

fortes réactions qui compliqueraient singulièrement leur tâche.

Mais, malgré leurs précautions, ces joueurs n'avaient pas du tout anticipé la virulence de l'opposition au développement aux gaz de schiste pour des motifs de sécurité et d'environnement, et encore moins qu'ils auraient également à se battre sur le front des circonstances et des conditions dans lesquelles ils ont acquis leurs droits.

Pour comprendre ce qui est en train de se passer au Québec, il faut examiner le contexte mondial, et c'est justement ce contexte qui a amené une entreprise comme Total à conclure il y a déjà quelques années que l'avenir de l'industrie se trouvait dans le pétrole non conventionnel.

Elle a donc pris d'importantes positions dans les sables bitumineux en Alberta, et dans les gaz et le pétrole de schiste en Argentine et aux États-Unis, notamment dans la pétrolière American Oil Shale (50 %), active au Colorado. Sa stratégie est exposée dans un rapport d'activités destiné aux investisseurs institutionnels et disponible sur son site[176].

Encore ces jours derniers, dans le cadre de son communiqué sur les résultats de 2010, Total confirmait qu'elle avait plusieurs projets au Canada sans fournir plus de précisions[177].

Total deviendra donc, à moyen terme et long terme, un important producteur de pétrole en Amérique du Nord. En accédant à ce statut, la dynamique la poussera à opérer sur une base intégrée, c'est-à-dire en jouxtant des opérations en aval, dans le raffinage et la distribution, à ses opérations en amont dans l'exploration et la production, pour à la fois s'assurer de

---

176. Voir le site de Total, Rapport d'activités 2009, http://www.total.com/MEDIAS/ MEDIAS_INFOS/3315/FR/Total-2009-regards-vf.pdf http://www.vigile.net/Les-grandes-manoeuvres-de-Total-et .

177. Total, Résultats du quatrième trimestre et de l'année 2010, p. 14, http://www.total. com/MEDIAS/MEDIAS_INFOS/4034/FR/Total-2010-resultats-persp-110211-cp-v1.pdf

débouchés pour sa production et maximiser les bénéfices de ses activités en amont.

Ce genre de développement coûte très cher s'il faut partir à zéro. Or ce n'est pas tout à fait le cas pour Total, qui a déjà des activités dans le domaine des lubrifiants et de la pétrochimie aux États-Unis et qui exploite une raffinerie à Port Arthur, au Texas, qu'elle vient justement de mettre à niveau.

Mais ce sera largement insuffisant pour répondre à ses besoins. Total devra donc envisager de conclure un partenariat stratégique avec une entreprise active en aval en Amérique du Nord, ou encore la racheter carrément.

Or il n'y a qu'une seule entreprise disposant d'une masse critique suffisante en aval en Amérique du Nord, et c'est Valero[178], la société mère d'Ultramar, avec laquelle Total entretient d'ailleurs déjà des liens depuis plusieurs années. Au Québec, Ultramar fait la mise en marché des lubrifiants Total depuis 2009[179].

Curieusement, un des membres du conseil d'administration de Petrolia est un ancien dirigeant d'Ultramar, et Petrolia a une entente de raffinage avec la raffinerie d'Ultramar à Lévis.

Ça fait beaucoup de coïncidences, et elles pointent toutes dans la même direction. Suivez mon regard…

Le 2 mars 2011, saisi par la multiplication soudaine des annonces et des interventions dans les dossiers publics comme l'historique entrevue télévisée de Lucien Bouchard, le discours du trône et cette annonce fumeuse de l'immersion anglaise en sixième année, l'annonce du CHUM, le retrait des procédures dans le dossier Bellemare-Charest, et maintenant l'irruption soudaine de Gérard Bouchard dans le dossier de l'interculturalisme, j'exprime mon étonnement dans un article intitulé :

---

178. Valero, Wikipedia, http://en.wikipedia.org/wiki/Valero_Energy_Corporation
179. «Acquisition par Total des activités lubrifiants d'Ultramar», *Le guide de l'auto*, 7 décembre 2009, http://www.guideautoweb.com/articles/6320/

Le Québec et les Québécois sont en train de se faire manger tout rond[180] **!**

En langage militaire, on appelle ça une contre-offensive tous azimuts. Il s'agit de confondre l'adversaire et de le détourner de son objectif principal.

En politique, on appelle ça « tourner la page », « passer à autre chose »…

Tout pour sortir du bourbier de la corruption dans lequel Charest et son gouvernement sont enferrés depuis maintenant plus d'un an. Et ils n'ont pas lésiné sur les grands moyens. Les répercussions de la grève des procureurs et l'entrée en activité de la nouvelle brigade anticorruption dans un an seulement donnent au moins une année de répit aux malfrats pour nettoyer leurs écuries.

Si c'est une stratégie qui peut réussir lorsque le degré de méfiance de la population envers un gouvernement n'est pas encore durablement enraciné, c'est surtout la dernière carte qui reste à Jean Charest pour s'extirper du bourbier, et il faut s'attendre à ce qu'il la joue avec l'énergie du désespoir. On connaît l'ardeur au combat du personnage, et il ne faut d'aucune façon lui laisser la moindre possibilité de s'esquiver.

Poussé dans ses derniers retranchements comme il l'est, il n'a pas le choix de prendre des risques. Certains peuvent se révéler néfastes.

Tout a déjà été dit sur l'arrivée « inopinée » de Lucien Bouchard dans le dossier des gaz de schiste et le peu de crédibilité qui lui reste après qu'on ait découvert qu'il roule [officiellement, mais…] pour Talisman Energy. À cet égard, la caricature du *Devoir* de lundi dernier résumait toute la situation. Et l'irruption de l'autre frère Bouchard sur la scène est presque risible tant elle sent la manœuvre.

---

180.   Richard Le Hir, « Le Québec et les Québécois sont en train de se faire manger tout rond ! », *Vigile*, 2 mars 2011, http://www.vigile.net/Le-Quebec-et-les-Quebecois-sont-en .

Pour couronner le tout, le dossier du CHUM, qui trouve soudain son aboutissement après avoir traîné pendant des années, est éminemment suspect. Un seul soumissionnaire en bout de course pour un PPP juteux attribué à un consortium étranger. À croire qu'aucune entreprise québécoise n'avait les compétences ou n'était mieux placée qu'une entreprise étrangère pour sinon diriger, au moins participer à un tel projet.

Curieusement, toutes les entreprises du consortium victorieux sont européennes. Deux britanniques, Innisfree et Laing O'Rourke, spécialisées dans le financement et la gestion des PPP ; une espagnole, spécialisée elle aussi dans le même domaine ; et une entreprise française, Dalkia Canada, filiale de Veolia Environnement, associée à EDF. Autrement dit, le tandem EDF-Veolia est le miroir ou le pendant du tandem GDF Suez-Suez Environnement. Tiens, tiens…[181]

En partant, on aimerait connaître la part de Dalkia Canada dans le consortium. Ensuite, autant GDF Suez qu'EDF Veolia s'intéressent à la gestion d'infrastructures. GDF Suez a déjà un pied dans la place au Québec dans ce domaine depuis qu'elle a acquis une participation de 50 % dans une filiale de la SITQ (elle-même filiale de notre Caisse de dépôt), Axima.

Alors, la question qui tue : EDF Veolia est-elle dans l'opération pour son propre compte, ou joue-t-elle le rôle de prête-nom ou de cheval de Troie pour GDF Suez (l'État français est présent dans le capital des deux, et Power Corporation est présent dans le capital de GDF Suez via Pargesa)? Autrement dit, sommes-nous en face d'une autre manifestation de l'axe Sarkozy-Charest-Desmarais?

Il existe une autre possibilité, celle que l'attribution du PPP du CHUM à un consortium européen soit un prix de consolation pour la perte par une entreprise européenne (espagnole,

---

181. Je ne découvrirai que plus tard les liens qui existent entre les deux entreprises, mais j'ai déjà, à ce moment-là, un doute sur l'intégrité du processus de sélection.

comme par hasard) du contrat de construction des wagons du métro de Montréal. Ne sommes-nous pas engagés dans des négociations pour la conclusion d'un accord de libre-échange avec l'Europe ?

En fait, lorsqu'on analyse toute cette affaire de plus près, l'hypothèse la moins vraisemblable, c'est celle à laquelle Jean Charest essaie de nous faire croire.

Alors, nous revoilà en plein cœur du dossier de la corruption et de la braderie de nos ressources. Non seulement Jean Charest a-t-il cédé les droits d'exploration pour les gaz de schiste à un prix 10 000 à 100 000 fois inférieur à leur valeur réelle, mais voilà qu'avec le CHUM, il est en train d'hypothéquer notre avenir pour le bénéfice de ses petits copains. Ce n'est plus de la dépossession tranquille ; c'est un braquage de haut vol ! (Sans vouloir faire de jeu de mots).

Je trouve l'opposition bien silencieuse sur ce sujet. De l'eau dans le gaz ?

Le 10 mars 2011, Radio-Canada annonce que, selon le Bureau des audiences publiques sur l'environnement (le BAPE), le Québec aurait profité de revenus de 5 milliards de dollars s'il avait imposé les mêmes règles que l'Alberta pour l'octroi de permis d'exploration du gaz de schiste[182].

Je rédige pour *Vigile* un commentaire intitulé :

Un cadeau de 5 milliards $[183] !…

Voilà, le chat est sorti du sac, et cette fois-ci, il ne s'agit pas des conclusions de « ces radicaux de *Vigile* qui s'en prennent

182. « Les critiques du BAPE sur les redevances, une "fabulation" selon Charest », Bulletin de nouvelles, Radio-Canada, 10 mars 2011, http://www.radio-canada.ca/nouvelles/Economie/2011/03/10/002-bape-exploration-droits.shtml

183. Richard Le Hir, « Un cadeau de 5 milliards $!… », *Vigile*, 10 mars 2011, http://www.vigile.net/un-cadeau-de-5-milliards .

systématiquement et vicieusement à Jean Charest et à son gouvernement », pour reprendre certains échos parvenus à mes oreilles.

Je ne vous cacherai pas que je suis soulagé de voir le dossier des gaz de schiste se réorienter dans cette direction. Depuis la publication du rapport du BAPE en début de semaine, je trouvais les réactions des opposants assez consternantes.

Tout à leur joie de voir l'échéance repoussée, ils semblaient perdre de vue qu'outre les questions de sécurité et de choix de société que pose l'exploitation des gaz de schiste, il y avait aussi la dimension fort importante de la propriété de nos ressources, et la décision prise en catimini par le gouvernement Charest, sans aucun mandat populaire, de les céder au secteur privé pour une bouchée de pain.

Dans un article précédent, j'écrivais ceci :

Pensez-y bien : l'industrie des gaz de schiste a négocié avec le gouvernement du Québec des droits d'exploration à 0,10 $ l'hectare. En Colombie-Britannique, les mêmes droits ont été négociés à une moyenne de 4 000 $ l'hectare, soit 40 000 fois plus.

Dans toute autre province que le Québec, une telle situation serait jugée scandaleuse, et une enquête policière serait immédiatement déclenchée pour déterminer si des commissions secrètes n'auraient pas été versées par l'industrie à des élus, à leur personnel ou à des fonctionnaires pour qu'on lui consente un régime aussi avantageux.

Le BAPE a choisi de se référer plutôt à l'exemple de l'Alberta, où ces droits d'exploration se négocient à 500 $ l'hectare. Et en possession des données sur le nombre d'hectares concédés, il a abouti à la somme de 5 milliards $, un chiffre qui donne le vertige, mais qu'il faut s'empresser de mettre en perspective pour en saisir la portée.

En fait, 5 milliards, c'est 5 fois le coût du stade olympique en 1976 ; c'est 4 mégahôpitaux de la taille du CHUM ; c'est 2 milliards de plus que le déficit du Québec en 2010-2011. Une somme de 5 milliards, ça réglerait pour longtemps nos problèmes d'engorgement des urgences dans les hôpitaux, des listes d'attente pour des interventions chirurgicales majeures, etc.

Quelle espèce de république de bananes le Québec est-il devenu pour que le gouvernement qui le dirige se sente autorisé à faire un tel cadeau à des intérêts privés ?

Dans l'état actuel des choses, les Québécois ne peuvent se contenter de moins qu'un moratoire sur l'exploitation des gaz de schiste, car seul un moratoire donnerait au gouvernement du Québec un moyen juridique de revenir sur le cadeau consenti à l'industrie en assujettissant sa levée éventuelle à une renégociation des droits d'exploration. Jean Charest le sait très bien, et c'est pourquoi il a exclu dès le départ toute possibilité de moratoire.

Entre les intérêts privés et le bien commun, Jean Charest a tranché, et il a choisi... les intérêts privés. Mesdames et messieurs, VOTRE premier ministre...

Et avec le temps, les coïncidences ne cessent de se multiplier. Nous apprenions l'an dernier que Lucien Bouchard avait pris la tête de l'Association pétrolière et gazière du Québec ; n'est-il pas intéressant de découvrir aujourd'hui qu'il siège avec Jean Gaulin[184], l'ancien président d'Ultramar[185] (et par la suite de

---

184. La raffinerie d'Ultramar à Lévis en face de Québec porte d'ailleurs le nom de Raffinerie Jean-Gaulin. Voir la page de la raffinerie sur le site d'Ultramar, http://www.ultramar.ca/fr/notre-entreprise/raffinerie/
185. Ultramar, Wikipedia, http://en.wikipedia.org/wiki/Ultramar

Diamond Shamrock, sa compagnie mère américaine dont il a éventuellement négocié la vente à Valero), au conseil d'administration de Saputo Inc.[186]?

À partir de quand cesse-t-on de parler de coïncidences et commence-t-on à parler de plan savamment organisé?

Je n'ai pas eu l'occasion de revenir sur le dossier du pétrole avant la fin de septembre 2011 avec le texte suivant:

Anticosti: les relents nauséabonds du colonialisme français à la sauce Desmarais-Charest[187]

En observant la concentration de l'attention médiatique sur les liens entre le crime organisé et l'industrie de la construction, je me suis demandé si cette opération n'avait pas pour but de détourner notre attention d'autres questions également importantes. C'est alors que m'est revenu en mémoire le texte sur les panneaux d'avertissement que l'on retrouve aux abords des passages à niveau sur les routes secondaires de France: «Un train peut en cacher un autre».

C'est en effet l'image qui m'est venue tout de suite à l'esprit en observant Jean Charest se dépatouiller avec l'épisode Duchesneau de la saga du crime organisé et de l'industrie de la construction, et en prenant connaissance de l'excellent article d'Alexandre Shields dans *Le Devoir* d'aujourd'hui[188].

Il faut aussi dire que j'ai eu l'occasion de visionner ces derniers jours un documentaire très instructif, intitulé «L'argent-roi» et diffusé récemment sur la chaîne de

---

186. Voir le site de Saputo Inc., Rapport annuel 2010, http://www.saputo.com/investors-and-medias/company-profile/administration.aspx?id=188&langtype=3084

187. Richard Le Hir, «Anticosti: les relents nauséabonds du colonialisme français à la sauce Desmarais-Charest», *Vigile*, 29 septembre 2011, http://www.vigile.net/Anticosti-les-relents-nauseabonds

188. «40 milliards de barils de pétrole à Anticosti», *Le Devoir*, 29 septembre 2011, http://www.ledevoir.com/economie/actualites-economiques/332472/40-milliards-de-barils-de-petrole-a-anticosti?utm_source=infolettre-2011-09-29&utm_medium=email&utm_campaign=infolettre-quotidienne

télévision française Antenne 2[189], grâce à un correspondant à Paris qui m'en a transmis le lien que j'ai immédiatement relayé à Bernard Frappier pour en faire bénéficier tous les lecteurs de *Vigile*.

Ce reportage raconte le rôle joué par le pétrole dans la politique africaine de la France et la corruption institution-nalisée à laquelle il a donné lieu. Pour le Québec, ce documentaire est surtout édifiant pour ce qu'il nous apprend du fonctionnement de l'entreprise pétrolière Elf Aquitaine, qui allait par la suite devenir Elf, puis Elf-Total, et enfin Total, le nom sous lequel nous la connaissons aujourd'hui.

Peu après son élection à la présidence de la France en 1981, François Mitterrand confie les rênes d'Elf, une entre-prise contrôlée par l'État français, à un certain Loïk Le Floch-Prigent, qui va rapidement se trouver au cœur des magouilles financières les plus sombres du gouvernement français en Afrique, pour s'assurer d'un approvisionnement régulier en pétrole.

Mais, me direz-vous, quel lien peut-il bien exister entre les magouilles françaises en Afrique et le Québec? Ce lien, c'est le financier Paul Desmarais, à la tête de la société de portefeuille Power Corporation, qui détient depuis les années 1980 une participation importante dans Pargesa, une coentreprise avec le financier belge Albert Frère[190]. Or l'un des plus gros placements de Pargesa à cette époque était celui qu'elle détenait dans la pétrolière Elf, et Paul Desmarais sié-geait au conseil d'administration d'Elf.

---

189. Au moment d'aller sous presse, ce lien n'était plus actif. Les lecteurs intéressés peuvent trouver ce documentaire en segments en faisant quelques recherches simples et rapides sur Google.

190. Voir l'organigramme des participations de Power Corporation sur son site, http://www.powercorporation.com/fr/a-propos/organigramme/

En cette qualité, et en tant qu'actionnaire stratégique, Paul Desmarais allait donc être appelé à entretenir des rapports soutenus avec Le Floch-Prigent et à développer des liens avec l'univers financier et politique français. Comme je l'écrivais dans un article précédent paru en juillet dernier, l'actionnaire stratégique est celui qui met à la disposition des entreprises dans lesquelles il a investi tout son savoir-faire et son réseau de relations et d'influence pour faciliter l'atteinte de leurs objectifs, étant entendu qu'il en sera l'un des principaux bénéficiaires.

Le documentaire contient plusieurs segments d'entrevue avec Le Floch-Prigent qui nous permettent d'apprécier le genre d'homme qu'il est, sa connaissance de l'industrie pétrolière et de son milieu, et son *modus operandi*. Je vous en laisse juges.

Mais à tant jouer avec le feu, Le Floch-Prigent en vint à se brûler et fut même incarcéré un temps dans le cadre de l'une de ces sagas politico-judiciaires dont la France a le secret et qu'elle nomme pudiquement « les affaires » (ex. : l'affaire Clearstream, dans laquelle était jusqu'à tout récemment impliqué l'ancien premier ministre Dominique de Villepin).

Quelque temps après, Elf était fusionnée avec Total, elle-même issue de la Compagnie française des Pétroles, dont le gouvernement français avait été longtemps un actionnaire important, et Paul Desmarais se trouvait sur le conseil d'administration de Total.

Ces détails nous permettent de comprendre la proximité toujours très étroite entre les milieux financiers et la politique en France, ainsi que le rôle que les premiers sont en mesure de jouer dans le financement de la seconde, comme l'illustre si bien le documentaire d'Antenne 2 et d'autres événements présentement en cours dans ce pays.

Mais revenons chez nous. L'hiver dernier, on apprenait que les libéraux avaient mis fin à un programme d'exploration pétrolière de 300 millions $ dans le golfe du Saint-Laurent, et notamment à l'Île d'Anticosti, avant de tout céder au privé dans des circonstances qui soulevaient de sérieuses questions sur l'intégrité de l'opération, vu le refus d'Hydro-Québec de fournir toute information sur la contrepartie reçue.

L'entreprise bénéficiaire de cette cession, Petrolia, qualifiée de « junior » dans le jargon du monde pétrolier, fut aussitôt plongée en pleine tourmente médiatique. Ayant œuvré dans le secteur pétrolier pendant plusieurs années tant au sein de grandes multinationales (Esso, Texaco) que de SOQUIP au Québec, j'étais très intéressé par ce développement, et les quelques recherches que je fis me convainquirent assez rapidement de la présence de Power Corporation dans ce dossier. On retrouvait ses traces partout.

Parmi ces traces, la présence de Loïc Le Floch-Prigent à la tête de la société Pilatus Energy AG, actionnaire de Petrolia. Et celle de Michel Plessis-Bélair, vice-président du conseil de Power Corp. au conseil d'administration d'Hydro-Québec.

[...]

Aujourd'hui, *Le Devoir* nous apprend que le potentiel de réserves de pétrole à l'Île d'Anticosti se chiffre désormais à 40 milliards de barils, soit environ un peu plus qu'un cinquième des réserves reconnues du Canada selon l'Agence internationale de l'énergie, qui les fixe à 178 milliards de barils.

Quant à la valeur de ces réserves, à l'heure d'écrire ces lignes [le 29 septembre 2011], le pétrole se transige à 82,03 $ le baril, ce qui nous donne donc **une valeur aujourd'hui de 3 281,2 milliards $**. Et comme, de toute façon, ce pétrole ne pourrait pas être mis en production avant quelques années, la valeur éventuelle n'en serait que plus élevée.

Il ne s'agit donc pas de clopinettes, et la question de la contrepartie reçue par le Québec ne se pose qu'avec plus d'acuité, même en sachant qu'il ne faut pas confondre droits d'exploration et redevances d'exploitation, et que nous n'en sommes encore qu'au stade de l'exploration.

Dans ce dossier, autant Hydro-Québec que le gouvernement Charest se refusent à faire preuve de la transparence nécessaire, de la même façon que le gouvernement Charest se refuse à faire preuve de la transparence nécessaire dans le dossier de la présence du crime organisé dans l'industrie de la construction.

Ce refus de mettre toutes les cartes sur la table justifie les pires hypothèses. Ainsi, on peut se demander si le scandale dans l'industrie de la construction n'est pas utilisé à dessein par le gouvernement Charest pour faire diversion et détourner l'attention de l'opinion publique du scandale encore plus grave de la braderie de nos richesses naturelles. On peut même se demander si le gouvernement Charest ne fait pas monter les enchères auprès des acteurs de ce scandale en les menaçant de jeter les moins offrants en pâture à l'opinion…

En fait, Jean Charest est le responsable de la plus grande perte de confiance dans l'intégrité de ses institutions que le Québec ait jamais connue de son histoire. À côté de lui, les premiers ministres Taschereau et Duplessis, pourtant deux figures emblématiques en matière de scandales, font figure d'enfants de chœur.

Devant une situation aussi abusive, il faut réagir, et c'est exactement ce que je ferai en soumettant au commissaire au lobbyisme, le 7 février 2012, le dossier que j'ai monté depuis 2 ans pour qu'il détermine si les faits que j'ai relevés sont de sa compétence et s'ils sont suffisants pour justifier l'ouverture d'une enquête.

À quelques jours de la remise de mon manuscrit à l'éditeur, je recevrai une lettre de Jean Dussault, le secrétaire général du commissariat, me confirmant que :

« [ma] demande ainsi que les documents qui y sont joints ont été transmis à la Direction de la vérification et des enquêtes qui les traitera avec célérité et toute l'attention nécessaire. »

Curieusement, sa lettre porte la mention «Confidentiel», ce que je m'explique mal dans le cadre d'un processus judiciaire ou quasi judiciaire comme celui que le commissaire au lobbyisme a charge d'administrer, même en admettant que l'enquête elle-même doit être confidentielle, tant selon la loi que selon l'usage en pareille matière. En effet, dans notre système de droit, la justice est publique et elle doit s'afficher en toute transparence.

Cette obligation de transparence devrait être d'autant plus forte pour un organisme dont le mandat est justement « d'assurer, par des interventions de surveillance et de contrôle, la transparence et la saine pratique des activités de lobbyisme exercées auprès des titulaires de charges publiques des institutions parlementaires, gouvernementales et municipales, ainsi que de faire respecter la Loi sur la transparence et l'éthique en matière de lobbyisme et le Code de déontologie des lobbyistes[191] ».

À Ottawa, le vis-à-vis de notre commissaire au lobbyisme ne semble pas avoir les mêmes réserves quant à l'opportunité d'annoncer qu'il fait enquête, comme en témoigne l'annonce récente du déclenchement d'une telle enquête à propos d'une présumée affaire de conflits d'intérêts touchant le ministre de l'Industrie, Christian Paradis[192].

Quoi qu'il en soit de ces différences d'approche, le fait qu'il puisse exister un espoir de mettre fin à une situation aussi abusive ne nous explique pas pour autant pourquoi, après avoir boudé le Québec aussi longtemps, Power et les Desmarais ont soudainement les deux mains dans l'assiette à beurre.

---

191. Site du commissaire au lobbyisme, http://commissairelobby.qc.ca/commissaire/mission

192. Huguette Young, «Enquête sur l'éthique: Le ministre Paradis lance une mise en demeure», Agence QMI, 29 février 2010, http://fr.canoe.ca/infos/quebeccanada/politiquefederale/archives/2012/02/20120229-213104.html; voir aussi «La commissaire à l'éthique enquêtera sur le déménagement d'un centre d'emploi», Nouvelles, Radio-Canada, http://www.radio-canada.ca/regions/est-quebec/2012/03/01/001-bas-saint-laurent-ethique-conservateur.shtml .

Chapitre 5

LES JEUX POLITIQUES

Pour Paul Desmarais et Power Corporation, la politique est un moyen de parvenir à leurs fins, et ils n'hésitent pas à mettre le paquet. J'ai moi-même eu l'occasion de goûter à leur médecine en 1995, et je peux vous dire qu'elle est brutale. Je suis cependant bien conscient que ma démonstration perdrait toute sa force si je commettais l'erreur de la personnaliser. Je m'en tiendrai donc à vous exposer des cas devant lesquels je peux faire preuve du plus grand détachement.

Et puis, mon propos ici n'est-il pas de vous faire part des observations que j'ai consignées sur *Vigile* depuis deux ans?

Tout le monde se souvient de l'impact qu'avait eu dans l'opinion publique le lancement, à la fin de 2005, du manifeste «Pour un Québec lucide[193]», qui se situait dans le courant néolibéral alors au sommet de son influence. Parmi les promoteurs les plus connus de ce manifeste, on retrouvait l'ancien premier ministre Lucien Bouchard, dont nous avons amplement eu l'occasion de discuter jusqu'ici, et André Pratte, le rédacteur en chef de *La Presse*.

Ses fonctions de rédacteur en chef l'amènent à appliquer, à faire respecter et à défendre la ligne éditoriale du journal définie par son propriétaire, filiale médias de Power. Cela en fait donc par la force des choses «La voix de son maître», l'Empire Desmarais, et il faut reconnaître qu'il joue bien son rôle, même si l'on souhaiterait parfois qu'il en joue un autre.

---

193.   Pour un Québec lucide, Wikipedia,
http://fr.wikipedia.org/wiki/Pour_un_Qu%C3%A9bec_lucide

Or André Pratte a joué un rôle important dans la préparation et le lancement de ce manifeste. Il faut donc en déduire qu'il agissait sur commande de ses patrons qui cherchaient à orienter le contenu de ce manifeste en fonction de leurs intérêts, de la même façon que les travaux de l'Institut économique de Montréal, qu'ils contrôlent de façon tout aussi discrète qu'efficace.

Il n'y a pas à s'en formaliser ; c'est le contraire qui serait surprenant, compte tenu de leur soutien qui s'exprime bien davantage par leur capacité d'aller chercher du financement que par les sommes qu'ils contribuent eux-mêmes. En affaires, il y a des appels auxquels il faut savoir ne pas refuser.

Pour en revenir aux Lucides, leur agenda comportait neuf points, dont nous retiendrons pour les fins présentes le premier et le dernier en ordre inverse : une plus grande ouverture au secteur privé et l'allègement du fardeau de la dette publique. Pourquoi ? Parce que ce sont les deux points qui livrent la clé de la stratégie de l'Empire.

En effet, pour que l'Empire puisse mettre la main sur les fruits les plus juteux du secteur public et le faire à bon prix, il doit convaincre les Québécois que l'état de leurs finances publiques est désastreux et qu'ils doivent céder au privé les richesses dont ils disposent pour rembourser leurs dettes et investir dans l'avenir.

Ce raisonnement n'est pas entièrement faux. S'il l'est en partie, c'est que notre endettement public ne se mesure pas seulement dans l'absolu, mais relativement à celui des autres. Et lorsqu'on voit que la note du Québec s'est maintenue à AA- depuis le début de la crise financière en 2007, alors que celle d'autres pays, et non les moindres, est en chute libre, on se dit que notre situation n'est pas si mauvaise que ça. On se dit même qu'on ne l'échangerait pas avec celle de la plupart des autres pays.

La stratégie de l'Empire et des agents de la nouvelle droite qu'il a lancés sur le terrain n'a donc pas eu l'efficacité qu'elle aurait pu avoir en raison de ce qu'on appelle chez nous en politique « un mauvais *timing* », ce qui ne l'a pas empêchée de faire le plus de kilométrage possible avec son investissement.

Ayant pris conscience de la situation au début du printemps 2010, j'avais rédigé l'article suivant pour les lecteurs de *Vigile* :

Les « Lucides » démasqués[194]

Le 8 avril 2010 passera à l'histoire. La parution quasi simultanée d'une statistique ahurissante sur la participation des Américains à l'effort fiscal[195] et le lancement d'une pétition en France demandant la suppression des niches fiscales pour redonner à l'État les moyens de financer ses politiques sociales sont venus asséner un coup fatal à la thèse des « Lucides », telle qu'exposée dans leur manifeste « Pour un Québec lucide », lancé le 19 octobre 2005.

En effet, ce manifeste proposait une lecture exagérément pessimiste de la situation économique du Québec en invoquant un contexte nouveau issu de l'évolution de la démographie et de la mondialisation, d'une prétendue perte de vitesse de notre économie et d'un refus du changement, pour lancer ce qu'ils souhaitaient être un appel à la lucidité, à la responsabilité, et à la liberté, afin de favoriser l'adoption d'une série de solutions fortement teintées de l'idéologie néolibérale dont l'adoption aurait signifié en pratique la fin du « modèle québécois », le tout sur un ton qui évoquait étrangement celui des évêques d'autrefois appelant leurs ouailles à la repentance pour mieux les manipuler.

---

194. *Vigile*, 9 avril 2010
195. « Nearly Half of US Households Escape Fed Income Tax », AP, 8 avril 2010, http://www.cnbc.com/id/36241249 ; voir aussi Richard Le Hir, « Jamais la conjoncture ne sera meilleure », *Vigile*, 8 avril 2010, http://www.vigile.net/A-gauche-toute ; et « Exigeons de Nicolas Sarkozy qu'il mette fin aux privilèges indécents que représentent les niches fiscales », *L'Esprit Républicain*, 8 avril 2010, http://action-republicaine.over-blog.com/article-exigeons-de-nicolas-sarkozy-qu-il-mette-fin-aux-privileges-indecents-que-representent-les-niches-fiscales-48212115.html

Dans ce registre, Lucien Bouchard n'a pas son pareil, comme je le signalais déjà dans un article publié par *Le Devoir* en juillet 1999, et intitulé justement « À propos d'un certain modèle ».

Pour avoir moi-même porté des jugements assez durs dans le passé sur ledit « modèle », je ne rejette pas d'emblée tous les éléments d'analyse et de solution mis de l'avant par les Lucides.

Ce qui était cependant inacceptable sur le plan méthodologique, c'était de ne pas suffisamment tenir compte du contexte externe et des défis auxquels les économies de nos partenaires, y compris le pays le plus puissant du monde, les États-Unis [jusqu'alors], étaient eux-mêmes confrontés. Cette erreur de base faussait toute leur analyse et discréditait leurs solutions.

Comme avait coutume de le dire le regretté Daniel Johnson père : « Quand je me regarde, je me désole, et quand je me compare, je me console. » En effet, on aurait tort de croire que la crise financière de 2008 nous est tombée dessus sans crier gare. Cela faisait plusieurs années qu'elle bouillonnait dans les marmites des institutions financières internationales, et les signes de surchauffe étaient déjà apparents en 2005. De la part des Lucides, continuer à tenir le même discours après l'effondrement de 2008 et même jusqu'aux semaines qui précédèrent le dépôt du budget Bachand-Charest constituait soit le comble de l'aveuglement, soit celui de la mauvaise foi.

À cet égard, il faut revenir sur la manipulation à laquelle s'est livré le ministère des Finances au cours des derniers mois (dette brute/dette nette), avec la caution intellectuelle des Lucides, pour brosser un portrait délibérément sombre de la situation des finances publiques québécoises afin de conditionner l'opinion aux rigueurs du budget que le gouvernement préparait.

Conscient de la manœuvre qui se tramait, j'ai pour ma part dénoncé ce stratagème plus d'un mois avant le dépôt du budget dans un article intitulé « Ces chiffres qui vous mentent en pleine face : L'autre grosse arnaque[196] ».

Le ministère des Finances est l'un des leviers les plus importants du gouvernement du Québec, et sa crédibilité doit en tout temps demeurer inattaquable. Pour se couvrir en vue du budget, le gouvernement Charest n'a pourtant pas hésité un seul instant à le compromettre en lui faisant faire une basse besogne de propagande, ce qui nous fournit encore un indice de plus, s'il en était besoin, sur son sens de l'éthique.

Mais revenons-en aux Lucides. Si l'erreur d'analyse pourrait à la rigueur être pardonnée, il est beaucoup plus difficile d'en faire autant pour la façon dont ils ont entretenu aussi longtemps chez les Québécois un sentiment d'incapacité, l'impression d'être des *losers* chroniques, en somme de renforcer chez eux le complexe déjà bien ancré d'être « nés pour un p'tit pain ».

Pour les fins de la démonstration, je reviens sur ce passage que j'ai déjà cité plus haut :

La vérité, c'est que les Québécois ne sont ni meilleurs ni pires que les autres, et que leurs chances de se tirer de la mauvaise posture dans laquelle cette crise nous a mis sont peut être même meilleures que celles de nos voisins américains et onta-riens, pour ne s'en tenir qu'à ceux-là, en raison même du modèle que les Lucides et le gouvernement Charest s'achar-nent à vouloir détruire. Le moment est donc venu de remettre les pendules à l'heure.

Sans doute à cause de ma formation juridique, j'hésite toujours à mettre en doute la bonne foi des gens. J'ai la même réserve face aux Lucides. Il s'en trouve toutefois parmi eux un certain nombre à qui leur formation et leur expérience devraient pourtant avoir enseigné la prudence.

---

196. *Vigile*, 2 mars 2010, http://www.vigile.net/L-autre-grosse-arnaque

On ne balance pas un pavé tel que le Manifeste pour un Québec lucide dans l'opinion publique en mettant en arrière tout le poids de sa réputation et de son influence sans savoir qu'il risque de produire certains effets. Si on le fait, c'est qu'on recherche justement ces effets. On peut aussi comprendre que certaines personnes agissent par idéologie. Mais si la motivation n'est pas idéologique, les pires soupçons deviennent permis. Au profit de quoi ou de qui ces personnes ont-elles agi?

Quelques semaines plus tard, André Pratte profite d'une intervention des syndicats qui accusent le gouvernement Charest de gonfler le problème de la dette pour «terroriser la population» et faire accepter les compressions budgétaires qu'il juge nécessaires, pour faire la promotion du message maison dans son éditorial du dimanche[197] et jouer sans vergogne au Bonhomme Sept Heures. Lisez attentivement son dernier paragraphe, ça vaut le détour!

C'est pourquoi le gouvernement fait bien d'agir maintenant pour éviter l'emballement déficitaire et veiller à réduire la dette à long terme, de façon à ce que ce fardeau devienne graduellement comparable à celui des autres provinces. **Le Québec d'aujourd'hui n'est pas la Grèce. Mais si nous suivons les recommandations syndicales, cela pourrait arriver plus vite qu'on pense.** [Mes caractères gras]

La Grèce!… Et il ose accuser les syndicats de terrorisme?

Mal lui en prend, car le lendemain matin, le *New York Times* publie une analyse percutante de Paul Krugman, son chroniqueur-vedette et récipiendaire du prix Nobel d'économie, qui argumente

---

197. André Pratte, «La dette comme arme terroriste», *La Presse*, 20 juin 2010, http://www.cyberpresse.ca/debats/editorialistes/andre-pratte/201006/18/01-4291516-la-dette-comme-arme-terroriste.php

exactement le contraire de Pratte. Trouvant l'occasion trop belle, je ne peux m'empêcher d'écrire sur *Vigile* :

Entre son opinion et celle d'un Nobel d'économie[198]…

Pas de chance pour André Pratte, le lendemain du jour où il se fend d'un éditorial pour faire des remontrances aux syndicats pour avoir osé défier la doxa des Lucides en accusant le gouvernement Charest de gonfler le problème de la dette pour terroriser la population, le *New York Times* publie un billet de Paul Krugman (professeur d'économie à Princeton et Nobel d'économie en 2008) qui condamne les législateurs américains pour leur manque de vision et leur incompréhension du péril qu'ils font courir à l'économie mondiale en cherchant à réduire leur dette prématurément[199] :

> *Spend now, while the economy remains depressed; save later, once it has recovered. How hard is that to understand?*

Certains diront que la situation économique est meilleure au Canada qu'aux États-Unis. Il est vrai que nous n'avons pas été touchés aussi sévèrement que les États-Unis par la crise financière. Mais y a-t-il une seule personne assez naïve pour croire que l'économie canadienne s'est soudainement découplée de l'économie américaine et évolue désormais de façon totalement indépendante ?

L'économie canadienne a le même rapport avec l'économie américaine que celui qui existe entre un chien et sa queue. Dans la vraie vie, c'est le chien qui agite la queue, et pas le contraire. Si les Américains éprouvent des difficultés, soyez

---

198. Richard Le Hir, « Entre son opinion et celle d'un prix Nobel d'économie… », *Vigile*, 21 juin 2010, http://www.vigile.net/Entre-son-opinion-et-celle-d-un
199. Paul Krugman, « Now and Later », *New York Times*, 21 juin 2010, http://www.nytimes.com/2010/06/21/opinion/21krugman.html?th&emc=th

assurés que nous éprouverons les mêmes « en plus pire » dans le temps de le dire.

L'Ontario, dont l'économie est plus fortement intégrée à celle des États-Unis que la nôtre, a parfaitement compris cela et n'a pas hésité, cette année, à adopter un budget prévoyant un déficit de 19,7 milliards $ pour l'année en cours (celui du Québec s'élève à 4,7 milliards $), et l'accumulation d'environ 100 milliards $ de déficit dans les cinq prochaines années, ce qui la placera dans une position encore pire que le Québec.

Voici comment la CBC rapportait la nouvelle[200] :

Premier Dalton McGuinty recognizes that the deficit needs to be tackled, but says the Liberal government « will not do it so quickly as to compromise the quality of the public services that Ontarians want protected — nor will we do it so quickly as to dampen the economic recovery which has just begun. »

Last year's budget laid out a plan to balance the books by 2015 — but with added economic pressures the deficit has nearly doubled in the past 12 months. This year it is forecast to hit $24.7 billion. McGuinty now says the target date will be hard to meet.

« Ontario families are telling us, "Don't move so quickly that you make cuts to our schools and our health care." On the other side, we've got the responsibility we owe to our kids. They're not going to welcome a plan which takes forever to eliminate a deficit that we incurred on our watch, » the premier said.

There are reports the government will forecast another seven years of red ink before moving back into the black.

200. « Ontario budget to tackle $25B deficit », *CBCNews*, 24 mars 2010, http://www.cbc.ca/news/canada/toronto/story/2010/03/24/ont-budget.html#ixzz0rVWS8CGV

Vous avez remarqué ce souci de ne pas compromettre la qualité des services publics et la vigueur de la reprise économique? Ma parole, si je vivais en Ontario, je voterais libéral! Voilà un gouvernement qui respecte sa population. Tout le contraire du gouvernement de Jean Charest.

Quant à André Pratte, avec ses évocations du péril grec, il prend vraiment les Québécois pour des cons. À moins que… le con…

Quelques jours plus tard, après un autre éditorial[201] d'André Pratte dans lequel celui-ci, confondu par la sortie tonitruante de Krugman, cherchait à faire machine arrière sans perdre trop de crédibilité, je revenais à la charge avec le texte suivant:

La « lucidité » ravalée[202]

Confronté à l'évidence, André Pratte a fini par admettre indirectement hier dans *La Presse* que la thèse des Lucides avait du plomb dans l'aile. Il faut dire qu'il n'avait plus beaucoup le choix.

La mise en garde lancée au début de la semaine dernière par Paul Krugman, le Nobel de l'économie également chroniqueur au *New York Times*, contre le risque imminent d'une nouvelle grande dépression si les gouvernements des pays touchés par la crise financière ne poursuivaient pas des politiques actives de stimulation de leur économie quitte à s'endetter davantage, rendait sa thèse intenable en plus de l'exposer au ridicule.

Mais André Pratte, mercenaire du verbe à la solde de Power, et donc contractuellement réduit à faire preuve de mauvaise

---

201. André Pratte, « Vers une dépression », *La Presse*, 2 juillet 2010. Ce texte a « mystérieusement » disparu du site de *La Presse*. Heureusement, *Vigile* en a conservé une copie dans ses archives: http://www.vigile.net/Vers-une-depression .

202. « La "lucidité" ravalée », *Vigile*, 3 juillet 2010, http://www.vigile.net/La-lucidite-ravalee

foi intellectuelle, ne pouvait évidemment pas accepter de perdre complètement la face sans risquer de perdre toute crédibilité et autorité pour pontifier du haut de sa tribune éditoriale.

Il s'est donc accroché à la branche que lui tendait la Banque des Règlements Internationaux (BRI), la banque centrale des banques centrales (ne cherchez pas de guichets au coin de la rue) qui répétait cette semaine le credo de toutes les banques centrales de la planète, à savoir que les déficits doivent être réduits.

Il faut lire attentivement son texte pour découvrir toute la suavité jésuitique de son argumentation. Il reproche de façon paternaliste à Krugman (ça prend-tu un front d'boeuf!) de s'être surtout concentré sur le cas des États-Unis, qui n'ont pour le moment aucun problème à financer leur dette, alors que d'autres pays, et notamment les pays européens, éprouvent de plus en plus de difficulté à le faire, ce qui ne leur laisse guère d'autre choix que de réduire leur déficit.

Et c'est tout à fait vrai, même si se poser en arbitre des choix qu'ont à faire les États-Unis et les pays européens constitue, de la part de Pratte, le comble de la prétention. Qui est-il pour ce faire? Mais le vrai vice de son procédé, c'est qu'en agissant de la sorte, il évite d'aborder le cas du Québec, qui se trouve dans l'orbite de l'économie américaine et donc visé par la mise en garde de Krugman.

C'est un vieux truc de jésuite. Quand vous êtes coincé par un argument de votre interlocuteur, vous discourez autour du sujet en cédant un peu de terrain au nom de «l'objectivité», et vous vous gardez bien de mettre en relief la faille de votre argumentation.

Il ne serait guère réaliste de s'attendre à ce qu'André Pratte se flagelle en public lorsqu'il est pris en flagrant délit d'erreur, et *a fortiori* quand il est payé pour donner à l'erreur des accents de vérité.

Le fait qu'il « ajuste » aussi rapidement son discours constitue cependant une preuve de la force avec laquelle il s'est senti interpellé, et des dommages qu'infligeait Krugman à la *doxa* des Lucides.

Espérons tout de même que sa mise en contradiction avec l'un des économistes les plus réputés de notre époque l'aura rendu un peu plus circonspect dans le recours aux affirmations à l'emporte-pièce.

En effet, quand on examine les dernières données statistiques sur la performance de notre économie, on constate que la reprise tant annoncée n'est pas au rendez-vous et qu'il n'y aura bientôt plus d'autre choix que de sortir la planche à billets ou alors se condamner à vivre une autre grande dépression, en toute « lucidité »...

Et peu de temps après, la FED américaine sortait justement sa planche à billets, maquillée pour la circonstance en « assouplissement quantitatif » !

Mais *La Presse* n'est pas impliquée que dans des débats d'idées ; il lui arrive aussi de se lancer à l'attaque de certains politiciens. Jean Charest lui-même en a fait les frais lorsque les travaux de la Commission Bastarache ont pris une mauvaise tournure pour lui.

Ceux qui suivent assidûment la politique se souviendront certainement de cet épisode où Daniel Johnson fils, alors chef de l'opposition officielle et pourtant lui-même un ancien dirigeant de Power Corporation, avait subi les assauts répétés de *La Presse* en éditorial, et même les coups de griffe du caricaturiste Serge Chapleau pour lui faire comprendre que l'heure était venue de passer la main à Jean Charest.

C'est pourquoi il fallait comprendre tout le sens du message que ce dernier se faisait servir en pleine Commission Bastarache lorsque *La Presse* allait lancer contre lui son équipe de choc le 20 septembre 2010 avec la manchette suivante « Charles Rondeau : 20 visites en 6 mois au bureau du PM[203] ».

Cet incident allait m'inspirer ce texte que *Vigile* allait mettre en ligne le jour-même :

Desmarais lâche ses pit-bulls contre Charest[204]

Il y a de ces signes qui ne trompent pas. La manchette de *La Presse* ce matin n'est pas un effet du hasard. Elle est au contraire calculée pour infliger un maximum de dommages à Jean Charest et hâter son départ.

Qu'on y songe un instant. C'est la semaine où doit justement comparaître Jean Charest devant la Commission Bastarache ! Et *La Presse* a mis sur le coup son artillerie lourde en confiant le dossier à son trio d'enquêteurs de choc : André Noël, Francis Vailles et le dernier arrivé, un transfuge du *Journal de Montréal* et de *Rue Frontenac*, Fabrice de Pierrebourg. Ces trois journalistes sont sans doute les enquêteurs les plus coriaces de la profession à l'heure actuelle, et voici l'information qu'ils sont parvenus à dénicher et qu'ils nous livrent aujourd'hui :

> Charles Rondeau, important argentier du Parti libéral du Québec, s'est rendu 20 fois aux bureaux du premier ministre Jean Charest en 6 mois, de la fin du mois d'août 2003 à la mi-février 2004, particulièrement pour rencontrer la personne responsable de la coordination de la nomination des juges, selon des documents que *La Presse* a obtenus.

Avec la corroboration ce matin du témoignage de Marc Bellemare par l'ancien sous-ministre adjoint Georges

---

203. André Noël, Francis Vailles et Fabrice de Pierrebourg, *La Presse*, 19 septembre 2010, http://www.cyberpresse.ca/actualites/dossiers/commission-bastarache/201009/19/01-4317118-charles-rondeau-20-visites-en-six-mois-au-bureau-du-pm.php.
204. Richard Le Hir, « Desmarais lâche ses pit-bulls contre Charest », *Vigile*, 20 septembre 2010, http://www.vigile.net/Desmarais-lache-ses-pit-bulls

Lalande à l'effet que le collecteur de fonds Franco Fava avait effectivement fait des pressions pour faire nommer juges certaines personnes, Charest n'a désormais plus aucun espace pour nier l'existence de ces pressions. Pire, la Commission Bastarache n'a désormais plus le choix : elle doit se retourner contre celui-là même qui l'a nommée.

Desmarais a donc décidé de laisser tomber Charest pour essentiellement deux raisons.

Premièrement, il ne livre pas, ou ne livre plus, la marchandise. Le premier signe de son incapacité à le faire est apparu dans le dossier du CHUM où la famille Desmarais s'était rangée très ostensiblement dans le camp des partisans de l'érection du nouveau centre hospitalier à Outremont, sur le site de l'actuelle cour de triage du CP.

Puis il y a eu le dossier du rachat d'Énergie NB par Hydro-Québec, qui aurait ouvert la voie à la mainmise du fédéral sur Hydro-Québec et à la privatisation subséquente de celle-ci au bénéfice de Power Corp. À cela, il faut ajouter des visées certaines sur la Caisse de dépôt ou, à tout le moins, sur une partie de ses activités, sans que l'on soit en mesure de les définir précisément. « Adieu veaux, vaches, cochons, couvées[205]... »

Mais sans doute plus grave maintenant, c'est la conclusion à laquelle Desmarais en est arrivé que les gaffes de Charest sont en train de lui nuire, en raison du principe de la culpabilité par association. Il est donc essentiel pour lui de s'en séparer rapidement pour ne pas être associé à la débâcle et au scandale aux proportions historiques désormais inévitables.

Ironie du sort, Desmarais se trouve confronté au même problème en France avec Sarkozy, son autre poulain devenu infréquentable depuis l'affaire des Roms et celle du financement occulte de son parti, l'UMP.

---

205. Jean de La Fontaine, *Perrette et le pot au lait*, fable.

L'ex-gendre de Desmarais est compromis avec Patrick de Maistre, le chambellan de Liliane Bettencourt, qui aurait intrigué auprès du ministre Eric Woerth pour obtenir un traitement fiscal favorable pour sa patronne et la Légion d'honneur pour lui-même, en échange d'un emploi bien rémunéré pour la femme du ministre et du financement en dessous de table pour l'UMP.

Paul Desmarais est en train de découvrir qu'il a misé sur les mauvais chevaux et qu'il doit rapidement s'en distancer pour ne pas être éclaboussé lui aussi. Maudite politique! Mais quelle bonne leçon!

Devant les difficultés de plus en plus grandes de Jean Charest, l'Empire estime urgent de se trouver un nouveau cheval à enfourcher. Au début d'octobre 2010, André Pratte se met à tendre des lignes dans une démarche qui prend des accents désespérés. Je le souligne sur *Vigile*:

L'aveu d'André Pratte[206]

Quand on y pense, l'éditorial d'André Pratte dans *La Presse* d'hier[207] avait quelque chose de pathétique. Pour toutes sortes de raisons, avouables et inavouables, son journal ne peut plus soutenir ni Jean Charest ni le PLQ. Il lui faut donc rapidement se trouver un nouvel homme (ou une nouvelle femme) et un nouveau parti sur lesquels il pourra jeter son dévolu.

D'où son plaidoyer miteux en faveur de la création d'un « véritable parti national » au nom de l'intérêt public, « pour affronter ensemble les problèmes graves qui menacent [notre] avenir ». Quelle noblesse d'âme! Plus « désintéressé » que ça, tu meurs!

---

206. Richard Le Hir, « L'aveu d'André Pratte », *Vigile*, 9 octobre 2010, http://www.vigile.net/L-aveu-d-Andre-Pratte
207. André Pratte, « Un véritable parti national », 8 octobre 2010, http://www.cyberpresse.ca/debats/editorialistes/andre-pratte/201010/07/01-4330562-un-veritable-parti-national.php

Hélas, pour souhaitable qu'elle soit à ses yeux, l'affaire n'est pas dans le sac et André Pratte en est tout de même conscient. Il évoque la difficulté que semble éprouver François Legault à recruter chez les fédéralistes pour former sa coalition de Lucides. C'est pourtant là le moindre des défis.

Ce qu'André Pratte ne semble pas comprendre, ou feint d'ignorer, c'est que le pouvoir d'attraction des Legault et Facal de ce monde est nul chez les indépendantistes à partir du moment où ils renoncent à l'indépendance ou qu'ils décident de la mettre temporairement de côté. Pourtant, il n'aurait qu'à regarder Pauline Marois pour comprendre.

En effet, le manque d'enthousiasme devant son leadership au sein de ses propres troupes est attribuable en grande partie aux doutes qu'elles entretiennent sur sa détermination à faire l'indépendance. Elles ne vont donc certainement pas se laisser débaucher par des Legault et des Facal qui, de plus, ne sont pas les personnalités les plus charismatiques du monde.

Si les indépendantistes sont divisés entre eux, le risque de fractionnement de leur vote est nul à partir du moment où l'objectif de l'indépendance apparaît à leur portée. Québec solidaire n'existe que parce que le PQ a cru se gagner les faveurs de l'électorat en virant à droite.

Le jour où le PQ comprendra que la conjoncture économique et le pur pragmatisme exigent maintenant qu'il se recentre plus à gauche, Québec solidaire cessera d'avoir sa raison d'être et s'intégrera au PQ ou sera condamné à disparaître.

Quant à Legault et à Facal, ils vont rapidement comprendre que, dans la conjoncture actuelle, leur initiative est condamnée à l'échec et qu'elle les a complètement isolés, aux côtés de Lucien Bouchard. Force Québec ne verra jamais le jour. Leur crédibilité va aussi s'en trouver singulièrement écorchée. S'il leur restait des ambitions politiques, ils peuvent en faire leur deuil.

Évidemment, pour André Pratte et les intérêts qu'il défend, les perspectives actuelles sont assez inquiétantes.

Ils ont beau prétendre qu'à 35 %, jamais le soutien à l'indépendance n'a jamais été aussi bas, ils savent fort bien que tant que ce noyau dur demeure, une portion importante de l'électorat peut facilement basculer dans son camp si l'option fédéraliste se trouve discréditée par une contre-performance de ses champions.

Or c'est justement ce qui est en train de se produire, et l'impossibilité pour Jean Charest de remonter la côte dans l'opinion publique après sa prestation devant la Commission Bastarache doit d'autant plus inquiéter *La Presse* qu'elle sait fort bien, par l'entremise de ses journalistes d'enquête, que le PLQ est assis sur une bombe qui peut éclater à tout moment, et que la cause fédéraliste va s'en trouver singulièrement éclaboussée.

La Presse sait aussi que la dégradation de la conjoncture économique dans les prochaines années risque d'affaiblir la capacité du gouvernement fédéral à maintenir l'image du fédéralisme rentable. Qui plus est, sur la scène fédérale, il n'y a aucune figure politique de la trempe d'un Pierre Elliott Trudeau pour tenir le pays à bout de bras pendant ce qui s'annonce être une période difficile pour le fédéralisme.

André Pratte peut bien appeler de tous ses vœux l'avènement d'un nouveau parti qui, à défaut de ne pas être entièrement fédéraliste, n'aurait pas des convictions indépendantistes trop fortes pour vouloir faire rapidement l'indépendance ; c'est le seul espoir qui lui reste !

Mais pour les indépendantistes, quel aveu ! Si ce n'est pas un signe que la balle roule désormais dans notre camp, je ne sais pas ce que ça prend. J'espère que tout le monde prend des notes… Vous aussi, Mme Marois…

Le moins qu'on puisse dire, c'est que le Québec ne semble pas partager le même enthousiasme que l'Empire Desmarais pour la création d'un nouveau parti. J'en fait le constat dans :

Cette «fumeuse» troisième voie[208]…

Il est tout de même amusant de voir la vitesse à laquelle retombent certains ballons d'essai. J'ignore tout de la stratégie de François Legault, Joseph Facal et consorts, mais ils doivent être les premiers à reconnaître que l'annonce de leur projet n'a pas soulevé que des applaudissements. Et tous les deux se sont empressés de calmer le jeu, l'un en insistant que son initiative n'en était encore qu'aux tout premiers stades, et l'autre en se murant dans le silence le plus total.

Pour avoir vécu de près la tentative de définir une troisième voie pour le Québec au début des années 1990, je ne suis pas du tout surpris par le tour des événements. On se souviendra qu'alors, Jean Allaire et Mario Dumont avaient tenté de réunir autour d'eux quelques acteurs de la scène politique et économique pour étudier les choix politiques qui s'offraient aux Québécois dans le contexte de l'après-Meech et de l'après-Charlottetown.

À titre de président de l'Association des manufacturiers du Québec et en raison des nombreuses interventions que j'avais faites au sujet du dossier constitutionnel au cours de cette période, j'avais été invité à participer à la réflexion de cette équipe aux côtés de Claude Castonguay et de Claude Béland, entre autres.

Comme il était assez rapidement devenu évident que l'ambition d'Allaire et de Dumont était de former un nouveau parti politique, je m'étais retiré du groupe parce que mes fonctions à la tête des manufacturiers ne me permettaient pas d'avoir des activités partisanes, et que j'estimais de toute façon que, dans la conjoncture de l'époque, les options politiques des Québécois étaient trop cristallisées entre souverainistes et fédéralistes pour qu'une troisième

---

208. Richard Le Hir, «Cette "fumeuse" troisième voie…», *Vigile*, 15 octobre 2010, http://www.vigile.net/Cette-fumeuse-troisieme-voie .

force puisse s'imposer suffisamment pour devenir un parti de gouvernement.

De plus, je mesurais pleinement le défi organisationnel que constituait la mise sur pied d'un nouveau parti politique. J'avais d'ailleurs rendu publiques les raisons de mon retrait, ce qui m'avait valu les commentaires appréciatifs de Gilles Lesage dans une de ses chroniques du *Devoir*.

On connaît la suite des événements. Sur la foi de sondages encourageants (comme l'histoire se répète[209] !), Allaire et Dumont avaient fondé l'Action démocratique du Québec et s'étaient lancés dans la bataille électorale en 1994 pour connaître une campagne très difficile et ne parvenir à faire élire qu'un seul député (Mario Dumont).

Depuis lors, l'ADQ, qui s'était clairement située dans l'espace droite centre-droite, a connu des fortunes diverses, parvenant même à un certain moment à ravir au PQ son titre d'opposition officielle, mais n'est jamais arrivée à recruter une équipe convenablement solide pour avoir suffisamment de crédibilité et se voir confier les destinées du gouvernement par la population. Mario Dumont a fini par comprendre qu'il s'agissait d'une mission impossible et a quitté la politique.

Les Québécois à l'heure actuelle souhaitent bien plus du changement que du conservatisme fiscal et seraient prêts à jeter leur dévolu sur quiconque leur apporterait un espoir de changement. C'est pourquoi Pauline Marois fait aussi mauvaise figure que Jean Charest dans les sondages.

De surcroît, tous les signaux économiques pointent désormais vers le rouge, et les Québécois vont très rapidement comprendre que l'adoption de l'agenda économique prôné par les adeptes du conservatisme fiscal les jetterait littéralement à la rue en leur arrachant toutes les protections sociales et autres qu'ils ont gagnées depuis le début des années 1960.

---

209. Jean de La Fontaine, *Perrette et le pot au lait*, fable.

Le conservatisme fiscal, c'est toujours une bonne idée quand il s'agit de piquer dans l'assiette des autres. Mais quand elle vient vous arracher ce qu'il y a dans votre assiette, la bonne idée se mue en hold-up cynique.

C'est ce que vont comprendre les Québécois au cours des prochains mois, et je fais pour ma part la gageure qu'ils vont rapidement se rabattre à gauche, non pas tant par conviction idéologique que par une juste compréhension d'où se trouve leur intérêt.

Par ailleurs, quelles que soient l'ampleur du vacuum actuel et la faiblesse du PLQ ou du PQ, je continue de croire que tant que la question nationale ne sera pas réglée une fois pour toutes au Québec, le clivage politique continuera à se définir dans l'opposition fédéraliste/nationaliste plutôt que dans l'opposition gauche/droite, même si certains intérêts que l'on connaît bien voudraient qu'il en soit autrement et mettent tout leur poids et leurs moyens pour que ce soit le cas.

On voudrait maintenant nous faire croire à la possibilité d'une coalition fédéraliste nationaliste de droite. Pensez-y deux secondes. Un tel animal serait-il un mouton revêtu d'une peau de loup, ou un loup revêtu d'une peau de mouton? C'en est risible. Mais ce qui est tragique, c'est qu'ils prennent les Québécois pour des imbéciles en pensant un seul instant qu'ils se laisseront avoir par une telle fumisterie.

C'est une période dure pour l'Empire, et *La Presse* ne semble plus jouer avec la même efficacité son rôle dans le formatage de l'opinion publique. J'expose mes perceptions sur *Vigile* dans un texte intitulé:

L'étrange comportement de *La Presse*[210]

La semaine dernière, il s'est passé quelque chose de franchement bizarre qui ne peut pas faire autrement que de nous

---

210.   Richard Le Hir, « L'étrange comportement de *La Presse* », *Vigile*, 11 octobre 2010, http://www.vigile.net/L-etrange-comportement-de-La

amener à nous interroger sur ce qui est en train de se passer à *La Presse*.

En effet, la parution le même jour d'un éditorial d'André Pratte et d'une chronique d'Alain Dubuc sur le même sujet — la création éventuelle d'un nouveau parti politique à l'initiative de François Legault et de Joseph Facal[211] — avait, comme je l'ai d'ailleurs souligné dans mon article précédent, un certain côté pathétique qui tranche singulièrement avec la morgue à laquelle *La Presse*, et en particulier MM. Pratte et Dubuc, nous ont habitués depuis une quinzaine d'années.

Mais au-delà du caractère de l'aveu que Pratte et Dubuc se trouvaient implicitement à faire en reconnaissant qu'ils s'accommoderaient très bien d'une formation nationaliste et même souverainiste, pourvu qu'elle reporte son ambition principale dans l'avenir pour promouvoir dans l'immédiat un agenda fiscal conservateur, et donc, implicitement, que le fédéralisme soit désormais discrédité au Québec, on constate que leur initiative avait également un côté désespéré, tellement même que les principaux intéressés (Legault, Facal et Bouchard) se sont sentis obligés de prendre rapidement leurs distances en précisant, pour au moins le principal intéressé, que le projet pourrait même ne jamais aboutir !

Avouez que, pour un instrument de pouvoir comme *La Presse*, le résultat est plutôt désastreux !

L'année dernière encore, *La Presse* tenait le haut du pavé. Puis ont commencé à émerger certaines critiques à l'endroit du gouvernement Charest, puis *La Presse* s'est jointe aux autres médias qui réclamaient une enquête sur l'industrie de la construction, puis les critiques se sont faites encore plus fortes, à un point qui m'a même amené à affirmer qu'elle lâchait ses pit-bulls contre Charest.

---

211. Jean de La Fontaine, *Perrette et le pot au lait*, fable.

Et aujourd'hui, non seulement *La Presse* tourne-t-elle le dos à Jean Charest, mais elle en arrive également à la conclusion qu'elle doit revenir sur son soutien historique au PLQ pour favoriser désormais l'émergence d'un nouveau parti.

Un de mes anciens collaborateurs du temps où j'étais en politique appelait ça « se r'virer l'cul à' crèche », une expression qui m'a toujours séduit par son caractère imagé et très expressif.

Alors, qu'est-ce donc qui peut pousser un instrument de pouvoir comme *La Presse* à adopter un comportement si étrange qu'il le place en rupture radicale avec sa vocation et son passé ? Sans doute une combinaison de facteurs dont seul le passage du temps pourra nous dire quelle a été leur influence relative dans ce résultat pour le moins stupéfiant.

Mais pour l'heure, rien ne nous empêche de dresser une liste de ce que pourraient être ces facteurs.

Pour toute entreprise, l'argent est le nerf de la guerre. Or non seulement *La Presse* peine-t-elle à se redéfinir commercialement dans le contexte d'Internet et des nouveaux médias, ce qui a entraîné une chute de son tirage et de ses revenus publicitaires, mais en plus doit-elle composer avec les effets d'un ralentissement économique bien réel.

Les nouvelles orientations politiques pourraient donc être une tentative de se rapprocher, pour des raisons de survie économique, des opinions de son marché, qui n'ont jamais figuré au premier rang de ses préoccupations depuis que Paul Desmarais en est le propriétaire, et c'est peu dire.

Évidemment, à une chute du tirage correspond également, tôt ou tard, une perte d'influence qui peut être d'autant plus forte que les opinions exprimées par *La Presse* se trouvent à plusieurs égards en porte-à-faux avec celles de la population qui constitue son marché. C'est l'hypothèse que j'exprimais il y a quelques mois dans un article intitulé « *La Presse* a-t-elle atteint les limites de son influence[212] ? »

Une autre possibilité serait que l'empire Desmarais se soit rendu compte que la propriété de *La Presse* ne l'assurait pas pour autant, et ce, malgré tous les efforts qu'il mettait à se concilier les faveurs du pouvoir politique en le soutenant, d'obtenir le retour d'ascenseur escompté. Ainsi, les nouvelles orientations politiques pourraient être le résultat d'espoirs trahis. Pensons au CHUM, à Hydro-Québec, à la Caisse de dépôt, au projet Rabaska. Rien à perdre, donc, à lâcher le PLQ et à brûler tous ses vaisseaux.

Par ailleurs, l'agenda de l'Empire a du mal à passer dans l'opinion. On ne peut pas dire que l'épisode des Lucides auquel André Pratte était clairement identifié se soit soldé par un franc succès, ni même qu'il ait permis de promouvoir de façon efficace l'agenda du conservatisme fiscal qui permettrait à l'Empire de mettre la main sur les plus beaux fleurons économiques du Québec. Dans cette hypothèse, les manœuvres des derniers jours seraient une dernière tentative, désespérée, de faire débloquer la situation à son bénéfice.

Enfin, il est aussi possible que l'Empire Desmarais se soit rendu compte que *La Presse* était devenue un boulet sur le plan de l'image (une image bien amochée ces dernières années) en raison de l'animosité qu'elle génère chez un nombre important de Québécois, et que les avantages qu'il est en mesure de tirer de sa propriété ne l'emportent plus sur les inconvénients. On serait donc en train de jouer les dernières cartes dans l'espoir de ramasser quelques levées de toute façon bien hypothétiques, comme on le fait quand on termine une partie déjà perdue.

---

212. Article non retenu pour les fins du présent ouvrage, *Vigile*, 26 mai 2010, http://www.vigile.net/La-Presse-a-t-elle-atteint-les.

Le plus triste dans tous ces cas de figure, comme on dit à Paris, c'est que nulle part l'intérêt et l'avenir de la grande institution qu'est *La Presse* ne semblent prendre la place qui leur revient.

S'abat alors une pluie de sondages dont *La Presse* se sert pour tenter à tout prix de faire monter sa mayonnaise. Le procédé est grossier et je publie le commentaire suivant :

Ça sent la manipulation à plein nez[213] !

Il y a de quelque chose de suspect dans tous ces sondages qui se multiplient. Il y a certainement de la volatilité dans l'air, la désaffection à l'endroit des libéraux est en train d'atteindre des proportions inédites, c'est évident ; mais de là à conclure que François Legault prendrait le pouvoir lors d'une prochaine élection à la tête d'un nouveau parti, il y a une marge que le souci de demeurer crédible sur le plan professionnel ne devrait pas permettre à une maison comme CROP de franchir.

En effet, il y a trop de contradictions internes dans les données fournies, et aucune explication n'est offerte sur les grandes différences dans les réponses d'un sondage à l'autre sur des périodes pourtant très courtes.

Ce qui est évident, c'est que « *La Presse* » est « pressée » que ça aboutisse, et qu'elle met le paquet pour que la situation évolue dans le sens qu'elle souhaite. On atteint ici le stade de la grossière indécence.

Si elle le pouvait, *La Presse* prendrait Legault par le bras et le planterait devant un micro aujourd'hui même pour qu'il annonce derechef la formation de son parti et sa candidature à la chefferie. Et vous pouvez être assurés que dès la semaine prochaine, elle publierait une série de nouvelles dévastatrices

---

213. « Ça sent la manipulation à plein nez ! », *Vigile*, 22 octobre 2010, http://www.vigile.net/Ca-sent-la-manipulation-a-plein

pour forcer la démission de Jean Charest et la tenue d'un scrutin rapide.

La manœuvre est tellement grosse qu'elle mérite d'être dénoncée sur toutes les tribunes.

Mais que se cache-t-il donc derrière cette précipitation à vouloir forcer le jeu? Y a-t-il quelque chose que l'Empire Desmarais sait et que nous, nous ne savons pas? La réponse à cette question est évidente. Oui, il y a beaucoup de choses que l'Empire Desmarais sait et que nous ne savons pas.

Et il semble que l'imminence des développements qu'il anticipe pousse l'Empire à vouloir compter sur la présence au Québec d'un gouvernement qui sera favorable à ses intérêts.

Un gouvernement qui repoussera toute perspective d'indépendance aux calendes grecques et qui adoptera un agenda conservateur sur le plan budgétaire, comme celui qui vient d'être déposé en Angleterre, pour permettre à l'Empire de mettre la main sur les richesses du Québec.

Pour justifier que l'Empire se mette à nu comme il le fait, ce doit être gros, très gros. Tellement gros que je ne serais pas surpris qu'il s'agisse d'une crise économique encore plus grave que celle que nous venons de connaître, ou alors une guerre.

On me dira encore que je joue les Cassandre, mais je ne vois vraiment pas d'autre explication. Quant aux belligérants potentiels, on les connaît. Comme on le dit dans tous les bons polars américains, *the usual suspects.*

Vigile a plus que jamais sa raison d'être pour permettre la circulation de l'information qu'on nous cache dans les médias traditionnels.

C'est le moment que choisit Québecor pour lancer sa première grosse salve contre l'Empire Desmarais. Le contentieux qui mijotait en arrière-plan depuis déjà un bon moment éclate au grand jour. Je livre mes observations aux lecteurs de *Vigile* dans un texte intitulé:

C'est la guerre[214] !

Cette fois-ci, il n'y a pas à s'y tromper. Québecor vient de partir en guerre contre Power Corporation. Pour preuve, le dossier de 2 pages que le *Journal de Montréal* consacre aujourd'hui à l'Empire Desmarais : 4 articles[215] en pages 10 et 11, dont un seul est disponible dans l'édition Web, auquel il faut ajouter une chronique plutôt cinglante de Richard Martineau intitulée « Le jupon dépasse[216] ».

À lire Richard Martineau, on comprend que la goutte qui aurait fait déborder le vase serait le sans-gêne avec lequel les journalistes de *La Presse* commentent les problèmes de relations de travail du *Journal de Montréal* tant dans leur journal que sur les ondes de Radio-Canada, cette dernière se faisant complice de *La Presse* pour dénigrer son concurrent.

Dans tous ses articles qui visent Power, le vocabulaire est choisi pour blesser. Martineau va même jusqu'à prétendre que *La Presse* et Radio-Canada sont de mèche en raison de l'idéologie politique qui les lie : « Pourquoi une institution PUBLIQUE comme Radio-Canada (qui est censée représenter TOUS les Canadiens) permet à une ENTREPRISE PRIVÉE (*La Presse*) de pourfendre son compétiteur direct (le *Journal de Montréal*) sur SES ondes ? Y aurait-il une entente commerciale entre ces deux joueurs ? À moins que ce soit leur idéologie politique qui les lie… ».

Ou alors cette phrase de Mathieu Turbide : « Au cours des dernières années, les investissements de Power Corporation

214.   Richard Le Hir, « C'est la guerre », *Vigile*, 23 octobre 2010, http://www.vigile.net/C-est-la-guerre

215.   Mathieu Turbide, « Les contacts politiques de Power Corp., Power de retour dans l'énergie », 23 octobre 2010, *Le Journal de Montréal*, http://www.journaldemontreal.com/journaldemontreal/actualites/national/archives/2010/10/20101023-084200.html, « Des tentacules de Power autour du monde », « L'Omertà Power ».

216.   Richard Martineau, « Le jupon dépasse », 23 octobre 2010, *Journal de Montréal*, http://www.journaldemontreal.com/journaldemontreal/chroniques/richardmartineau/archives/2010/10/20101023-081500.html

dans Total ont été pointés du doigt par plusieurs groupes des droits de l'homme et organismes environnementaux. On reproche notamment à la pétrolière de faire des affaires en Birmanie, où sévit une dictature militaire.» Et un peu plus loin, Turbide cite un universitaire qui condamne ce genre de pratique.

Comment être plus blessant qu'en jouxtant le mot «Omertà» à Power dans un titre d'article? L'«omertà», c'est la loi du silence de la mafia. En associant «omertà» à Power, le journaliste suggère que Power est une mafia, ce qui à tout le moins n'est pas très flatteur pour Power. Décidément, la mafia est partout ces temps-ci.

En lançant une telle attaque contre l'Empire Desmarais, Québecor joue gros. Il est vrai que l'image de Power est amochée, comme je le soulignais d'ailleurs récemment dans un article intitulé «Le cas Desmarais», mais il n'y a pas de doute que celle de Québecor souffre aussi de la prolongation du conflit au *Journal de Montréal*.

Il y a cependant une grosse différence entre les deux. La diversification géographique de Power lui permet de gagner l'opinion publique québécoise, et même de financer *La Presse* à fonds perdus à même les profits qu'elle réalise dans d'autres activités. En jargon financier, on appelle ça de l'interfinancement, une pratique courante dans les grandes multinationales, et notamment chez les pétrolières.

Québecor, dont le gros des activités est désormais concentré au Québec depuis la faillite de Québecor World, dépend largement pour ses succès financiers de la sympathie des Québécois à son endroit, et essentiellement des Québécois francophones. C'est sans doute pour cette raison qu'elle se sent particulièrement touchée par les attaques de Power, qui se trouve à miner son soutien chez les francophones.

Tout ceci laisse présager un règlement prochain du conflit au *Journal de Montréal*. Comme son père avant lui, Pierre-Karl

Péladeau va devoir comprendre qu'il y a parfois des profits auxquels il est préférable de renoncer, et des pertes qu'il faut savoir assumer.

Ce n'est pas un hasard si la convention collective des journalistes du *Journal de Montréal* était la meilleure de l'industrie. Pierre Péladeau ne s'y était certainement pas résigné par altruisme. S'il avait fini par y consentir, c'était par stratégie. Plus familièrement, il avait compris de quel côté son pain était beurré.

De plus, il faut s'attendre également à d'autres réalignements stratégiques d'importance chez Québecor. Je prends peut-être mes désirs pour des réalités, mais quelque chose me dit que la dernière phrase de Martineau, « À moins que ce soit leur idéologie politique qui les lie… », laisse présager des développements intéressants.

Je ne croyais pas si bien dire. Si Québecor a tenu tête mordicus aux syndicats lors de la très longue grève du *Journal de Montréal*, c'est sans doute qu'elle n'avait guère d'autre choix sans mettre dangereusement en péril ses équilibres financiers.

Mais pour le reste, on a assisté au cours des derniers mois — et tout particulièrement des dernières semaines qui ont précédé l'envoi de mon manuscrit à l'éditeur — à une très spectaculaire escalade du conflit entre le moyen Empire (Québecor) et le grand Empire (Power). Les interpellations se multiplient et les invectives fusent.

Et surtout, Québecor renoue avec ses racines et sa base. Ainsi, dans un univers où les petits détails en disent long, Québecor annonçait récemment qu'elle allait ajouter l'accent aigu dans son nom [tout au long du présent ouvrage, j'ai pris les devants sur son conseil d'administration qui doit ratifier cette décision lors de la prochaine assemblée générale de l'entreprise], et, lors d'un épisode récent de l'émission-vedette *Star Académie* consacrée à Gilles Vigneault et diffusée le 22 janvier 2012, l'animatrice Julie Snyder, la conjointe de Pierre-Karl Péladeau, allait entraîner en chœur tout son plateau pour entonner l'hymne culte des Québécois, *Gens du pays*.

Ce déferlement d'émotions propres à réveiller les sentiments nationalistes des Québécois n'est pas passé inaperçu chez nos amis anglophones. Dans un billet[217] où il exprime à la fois sa stupéfaction et son indignation, et où l'on sent percer un soupçon d'inquiétude derrière le sarcasme, le vénérable chroniqueur de *The Gazette* Don MacPherson monte aux barricades. Voici d'ailleurs un extrait de son texte :

> *Pierre Karl Péladeau's Québecor media empire is spreading its minority-baiting for profit, from the pages of the yellow rags that five years ago gave Quebec the religious-accommodations issue, to prime-time television.*
>
> *If Quebecers won't turn out for nationalist demonstrations, then Péladeau's wife, Julie Snyder, and his TVA network will deliver the pro-sovereignty and anti-English messages to them as entertainment.*
>
> *The equivalent of one out of every three men, women and children in French Quebec watched last Sunday's 2½-hour fifth-season premiere of TVA's* Star Académie *talent contest.*
>
> *What they expected was escapist entertainment, an Idol-style competition of songs and sob stories from young unknowns, with added guest stars.*
>
> *What they got, in addition to the pop and pathos, resembled a* Fête nationale *holiday concert. There was a medley of the old pure-laine, tuque-and-ceinture-fléchée songs composed by nationalist icon Gilles Vigneault, performed by the contestants*

---

217. Don MacPherson, «Anglo-bashing goes prime time», *The Gazette*, 30 janvier 2012, http://www.montrealgazette.com/Anglo+bashing+goes+prime+time/6063240/story.html#ixzz1nxjVjZet

and the guest stars, including Céline Dion and some others who are no longer used to performing before large audiences except on June 24.

The medley was introduced by Snyder, the show's host, as well as its producer, who pointedly called Vigneault's Gens du pays "the national anthem of a country still to be made" and its composer "a beacon that illuminates Quebec and shows it the way."

Then the 83-year-old Lighthouse of the Nation himself took the stage to plug his forthcoming tour, a recording by other singers of lullabies he had composed, his foundation to preserve his family's homes, and his website.

When Vigneault was done shilling, he explained the meaning of his new composition, Vivre debout ("live standing up"), which is that Quebecers must "always be worried, and ready to defend the French language."

But be worried, Quebecers, because the French language apparently needs to be defended against Star Académie itself. Several of its contestants performed solos in English, although all the contestants were French-speakers from Quebec, New Brunswick or Ontario. (The Quebec contestants who weren't native-born made sure, like polite guests in somebody else's home, to thank Quebec for accepting them.)

Unlike the organizers of the Fête nationale concert in Montreal, Star Académie allows its performers to sing in English. But René Angélil, Dion's manager-husband and the godfather of Quebec showbiz, advised the contestants on behalf of the judges that they would do better if they sang in French.

This was just before Snyder announced future guest-star appearances on the show by American Lionel Richie and English-Canadian groups Hedley and These Kids Wear Crowns.

"Strongly suggesting," as Angélil did, that the contestants sing in the language of the show and its audience is one thing. Snyder's outright anglo bashing, however, is another.

Congratulating one Ontario-born contestant on the live show for speaking French well, showbiz veteran Snyder added, with mock incredulity:

"How can that be? Us, we have anglophones in Montreal who don't speak a word of French, and they were raised in Quebec! They were born here!"

In fact, most English-speaking Montrealers now are bilingual. And as long as private citizens who still don't speak French aren't forcing Snyder to speak English, what concern is it of hers?

When Don Cherry brings up a negative stereotype about Quebecers, he's condemned by commentators in English Canada as well as French Quebec.

But a disparaging remark about Montreal anglophones by a prominent personality in Quebec society, made on a television show watched by 2.3 million viewers and covered by several journalists, somehow went all but unnoticed. I found only one brief reference to it, in a column in La Presse.

Comme tous les minoritaires, Don MacPherson est attentif au moindre bruissement des feuilles qui pourrait constituer le signe avant-coureur d'une menace. À en juger par son texte, cette menace, il la voit grosse.

Pour intéressante et signifiante qu'elle soit, cette digression sur les manœuvres de Québecor ne doit pas nous faire perdre de vue celles de l'Empire Desmarais et de sa « grosse *Presse* ».

À l'automne 2010, même si le contexte économique général montre des signes évidents de détérioration, alors que celui du Québec demeure très bon si l'on en juge alors par les statistiques sur le chômage, *La Presse* revient à la charge en tentant de nouveau de susciter des inquiétudes sur le niveau de notre endettement public pour favoriser l'adoption de l'agenda de l'Empire.

S'appuyant sur les résultats d'une étude alarmiste[218] du Conference Board, dont le communiqué à ce sujet a été exceptionnellement traduit en français pour l'occasion, André Pratte revient à la charge sur la pseudo-crise de nos finances publiques[219].

Ne connaissant que trop bien le fonctionnement du Conference Board par mes anciennes activités de conseil en relations gouvernementales pour les grandes entreprises, puis de président de l'Association des manufacturiers, et de ministre chargé des études dans le cabinet Parizeau, j'écris pour *Vigile* le billet suivant :

« L'étude » du Conference Board sur la situation financière du Québec[220]

Le Conference Board publiait la semaine dernière une « étude » sur la situation financière du Québec sous une manchette alarmiste : « Le Conference Board du Canada prévoit un déficit de 45 milliards de dollars ou une taxe de vente provinciale de 19,5 % en 2030 ».

Commençons d'abord par régler rapidement le sort de cette étude qui, dans le contexte actuel, est d'un ridicule achevé. Alors que la planète financière est en feu, que le système capitaliste est en train de se désintégrer sous nos yeux, que le dollar ne règne plus en maître sur le monde, que le système monétaire international menace de s'effondrer d'une semaine à l'autre, produire une étude sur un horizon de 20 ans

218. « La situation financière du Québec impose des choix difficiles », *Conference Board of Canada News Release*, http://www.conferenceboard.ca/press/newsrelease/10-11-18/La_situation_financi%C3%A8re_du_Qu%C3%A9bec_impose_des_choix_difficiles.aspx

219. André Pratte, « L'autre crise », *La Presse*, 20 novembre 2010, http://www.cyberpresse.ca/debats/editorialistes/andre-pratte/201011/19/01-4344526-lautre-crise.php?utm_categorieinterne=trafficdrivers&utm_contenuinterne=cyberpresse_BO40_editoriaux_199_accueil_POS1 .

220. « L'étude du Conference Board sur la situation financière du Québec », Vigile, 22 novembre 2010, http://www.vigile.net/L-etude-du-Conference-Board-sur-la

constitue un exercice qu'aucune institution sérieuse soucieuse de sa crédibilité ne voudrait cautionner.

Dès le mois de mars dernier, réagissant à la campagne de matraquage dont le Québec était victime pour imposer l'agenda des Lucides, j'avais écrit pour *Vigile* un texte intitulé « L'autre grosse arnaque[221] », dans lequel j'exposais les rouages de la méthode utilisée pour maintenir les Québécois dans la soumission par la peur. Et je faisais le lien avec la situation que j'avais vécue pendant la campagne référendaire de 1995 à titre de ministre chargé de produire les fameuses études.

Comme je le disais alors :

> Comprenons-nous bien. La situation financière du Québec n'est pas rose, et un coup de barre s'impose incontesta-blement. Mais ce coup de barre, il s'impose à tous les pays qui ont été ébranlés par cette crise financière que nous n'avons d'ailleurs pas fini de traverser, au premier rang desquels figurent les États-Unis, et relativement parlant, la situation du Québec se situe dans la bonne moyenne.
>
> Il n'y a donc pas de quoi s'alarmer, sauf pour comprendre qu'une fois de plus des efforts concertés sont à l'œuvre pour faire croire aux Québécois qu'ils n'échapperont aux foudres de Wall Street et de ses agences de crédit qu'en restant bien sagement à l'intérieur du Canada. »

Aujourd'hui, l'étude émane du Conference Board. Aucun des journalistes qui ont fait écho à son communiqué ne se sont donnés la peine de vérifier qui est le Conference Board[222] et qui le dirige[223]. S'ils l'avaient fait, ils auraient eu la surprise de

221. *Vigile*, 2 mars 2010, http://www.vigile.net/L-autre-grosse-arnaque
222. Site du Conference Board, « About The Conference Board of Canada », http://www.conferenceboard.ca/about-cboc/default.aspx
223. Site du Conference Board, Board of Directors, http://www.conferenceboard.ca/about-cboc/bod.aspx

découvrir que cet organisme se dit indépendant, objectif et non partisan, et prétend en outre ne faire aucun lobby auprès de qui que ce soit. Mon œil!

Le Conference Board n'est pas indépendant. Il est financé par les cotisations de très grosses entreprises qui, au Québec, comprennent Power Corporation, Hydro-Québec et le Mouvement Desjardins, pour ne nommer que celles-là. Pour ce qui est de l'objectivité, de la non-partisanerie et de ne pas faire de lobby, l'affirmation est totalement grossière. La devise du Conference Board pourrait tout aussi bien être: «On veut votre bien. On va l'avoir!»

Mais le meilleur, c'est que cette officine de propagande fédéraliste et affairiste *cheap* est dirigée par un conseil d'administration dont le président actuel se trouve à être… nul autre que l'ineffable Thierry Vandal, le PDG d'Hydro-Québec, rémunéré par Hydro-Québec, donc par vous et moi, pour faire la sale job de nos «maîtres».

Or, nous l'avons vu, Hydro-Québec a elle aussi un conseil d'administration parmi les membres duquel on retrouve Michel Plessis-Bélair, vice-président du conseil de Power Corporation du Canada (qui siège aux comités suivants de HQ: comité exécutif, comité des finances, comité de gestion financière du régime de retraite, comité de gouvernance et d'éthique (!!!).

Et samedi paraissait dans *La Presse*, sous la signature d'André Pratte, un éditorial qui louangeait la sagesse de l'étude du Conference Board. Ben voyons!…

Voilà un bel exemple de ce que Pierre-Karl Péladeau appelle «la convergence», mais à une échelle politique et non commerciale, comme le souligne justement aujourd'hui Richard Martineau dans le *Journal de Montréal* en citant Pierre Falardeau:

La convergence qui relie *La Presse*, Radio-Canada et le Parti libéral est plus dangereuse et plus perfide que celle qui est pratiquée au sein du groupe Québecor, car elle est de nature politique au lieu d'être de nature commerciale[224].

Mais pour en revenir au Conference Board, moi, ce que je trouve curieux, c'est qu'il ne se soit pas donné la peine de se pencher sur le cas des finances de l'Ontario, qui affiche un déficit de 19,7 milliards $ cette année, alors que celui du Québec se situe autour de 5 milliards $. Pour vous aider à relativiser ces chiffres, sachez que le déficit du Québec en 1993 ou 1994 atteignait déjà les 5 milliards $, avec un PIB d'environ la moitié de ce qu'il est aujourd'hui, alors que l'Ontario à la même époque enregistrait de gros surplus.

La dégradation des finances de l'Ontario est infiniment plus inquiétante que celle du Québec, et pourtant, c'est du Québec dont on parle! Cherchez l'erreur…

P.-S.: Un bon nombre d'entre vous faites affaires avec le Mouvement Desjardins. Si c'était mon cas, ça me dérangerait beaucoup de savoir que Monique F. Leroux, présidente et chef de la direction du Mouvement des caisses Desjardins, siège au conseil d'administration du Conference Board. Ça ne vous tente pas de le lui dire[225]?

Mais *La Presse* n'en démord pas, et tire le jeudi suivant ce qu'elle croit être une salve décisive[226]. Mal lui en prend; c'est un film dans lequel j'ai déjà joué. Je reconnais tout de suite la supercherie, que je dénonce dans l'article que vous trouverez plus bas. Je vous invite

---

224. Richard Martineau, « Le bal des hypocrites », *Journal de Montréal*, 22 novembre 2010, http://www.journaldemontreal.com/journaldemontreal/chroniques/richardmartineau/archives/2010/11/20101122-062503.html.

225. Comme j'aurai l'occasion de le démontrer dans un texte subséquent intitulé « Les visées du fédéral et de "l'Empire" sur le Mouvement Desjardins », Monique Leroux est très proche des Desmarais et de Power Corporation, qui n'attendent que de voir Desjardins obtenir son statut de banque à charte fédérale pour lui mettre le grappin dessus.

226. Trineesh Biswas, « Un cadeau de Grec », *La Presse*, 25 novembre 2010, http://www.vigile.net/Un-cadeau-de-Grec

toutefois à examiner d'abord les quatre premiers paragraphes de l'article de l'expert recruté par l'Empire pour vendre ses salades :

> Gilles Duceppe vient de terminer son séjour en Europe, où il est parti prêcher la bonne parole de la souveraineté du Québec. Le chef du Bloc québécois s'est rendu à Paris, Barcelone, Édimbourg et Londres. Il aurait mieux fait d'aller à Athènes.
>
> La crise de la dette grecque et sa contagion dans toute la zone euro ont démoli une des thèses fondamentales du camp souverainiste : l'idée qu'il serait facile pour les Québécois de rompre les liens politiques avec le Canada tout en conservant des liens économiques étroits, y compris leur dollar familier.
>
> Quand Jacques Parizeau a dit récemment que le Parti québécois devait s'exprimer sur quelle monnaie utiliserait un Québec indépendant, il abordait une question sérieuse pour le PQ. Un dilemme que le camp souverainiste a jusqu'ici fait semblant d'ignorer.
>
> Au référendum de 1995, le huard figurait au cœur des affiches des partisans du Oui, tant ils étaient convaincus que le Québec, même devenu indépendant, garderait le dollar canadien. C'était plus de 14 ans avant que la zone euro ne soit secouée par les malheurs budgétaires de la Grèce. […]

L'auteur, un certain Trineesh Biswas qui vit à Genève, nous parle de la situation politique du Québec et du Québec comme s'il en était très familier. Déjà, l'affaire est suspecte. Mais lisez mon commentaire :

À soir, on fait peur au monde[227] !

Pour la deuxième fois en une semaine, *La Presse* publiait hier une étude à caractère « référendaire » intitulée : « Un cadeau de

---

227.   Richard Le Hir, « À soir, on fait peur au monde ! », *Vigile*, 26 novembre 2010, http://www.vigile.net/A-soir-on-fait-peur-au-monde,32911

Grec» en page Opinions. *La Presse* semble être consciente de ses insuffisances car elle ne l'a pas mise en ligne…

Selon *La Presse*, l'auteur de ce torchon serait un éminent analyste du International Centre for Trade and Sustainable Development qui s'exprimerait «à titre personnel».

Lorsqu'on présente un chercheur de cette façon, c'est pour tenter d'impressionner le lecteur avec le prestige et la crédibilité de l'institution à laquelle il est rattaché. Qu'il s'exprime «à titre personnel» signifie que son opinion n'est aucunement cautionnée par son employeur. Exit le prestige et la crédibilité.

Heureusement, car je doute fort que ses employeurs apprécieraient, et c'est peut-être une autre raison pour laquelle l'étude n'a pas été mise en ligne. En effet, il s'agit d'une vulgaire «job de bras», une commande pour laquelle il a agi en mercenaire et s'est fait grassement payer.

Ce ne serait pas la première fois que la chose se produit. En 1980, pendant la campagne référendaire, le Conseil du patronat avait publié une étude produite par un spécialiste des marchés obligataires attaché à une grosse firme de New York, un certain Mahesh Koteka.

Cette étude avait été très dommageable pour le camp du Oui. En 1995, lorsque j'étais le ministre chargé des fameuses études, je redoutais qu'on nous serve de nouveau la même médecine, et j'avais mis à profit certains de mes contacts à New York pour essayer de voir de quelle façon on pourrait neutraliser une telle intervention pendant la campagne référendaire.

La réponse qu'on m'avait donnée m'avait stupéfié. Très simple, m'avait-on dit. Il suffit de retrouver ce Mahesh Koteka, et de lui demander de mettre à jour son étude et d'aboutir à une conclusion favorable pour votre camp.

Peu familier des usages de ce monde, je croyais qu'on était en train de se moquer de moi, et j'en fis part à mes interlocuteurs, qui se mirent à rire. « *No, no, no* », me répondirent-ils, « *This is the way we do business down here.* »

Et effectivement, mes contacts avaient retracé le fameux Mahesh Koteka, il avait refait son étude, et, comme prévu, elle aboutissait à de toutes autres conclusions que la première. Le Québec n'aurait aucune difficulté à se financer sur les marchés obligataires.

Le communiqué avait été émis de New York par une grande maison spécialisée dans la mise en marché des titres à revenu fixe, et le camp du Non s'était trouvé bouche bée. Ce qui lui faisait particulièrement mal était qu'on ait utilisé son propre spécialiste. Il ne pouvait le dénoncer sans s'accuser lui-même.

Maintenant que nous avons établi l'absence totale de crédibilité de ce genre d'étude, examinons-en maintenant la substance.

L'auteur n'y va pas de main morte en comparant le cas du Québec à celui de la Grèce. Pourquoi la Grèce ? Pour faire peur. Il n'existe en effet aucune autre possibilité tant les situations de la Grèce et du Québec sont différentes.

En effet, non seulement le PIB par habitant du Québec est-il supérieur à celui de la Grèce, mais il n'a pas été affecté aussi durement par la crise financière que celui de la Grèce et il continue de croître, tandis que celui de la Grèce a fortement régressé au cours des deux dernières années.

Pour ce qui est de la dette actuelle du Québec, incluant sa part de la dette fédérale, l'auteur la situe à 94 % en reprenant les chiffres du ministère des Finances du Québec établis dans le cadre du dernier budget.

Or on se souviendra du débat du printemps dernier à propos des hypothèses du gouvernement Charest pour faire ce calcul et du sombre tableau qu'il avait voulu peindre pour justifier ses choix budgétaires.

La vérité est que la situation du Québec au chapitre de l'endettement est infiniment meilleure que celle de la Grèce, et la meilleure preuve en est que si elle était la même, nous subirions en ce moment le même sort que la Grèce et que les titres du Québec se verraient décotés sur les marchés. Or le Québec affiche une cote de AA-, ce qui est excellent dans la conjoncture actuelle, alors que les titres de la Grèce sont tombés au rang de pacotille depuis le printemps dernier.

L'auteur prend donc les Québécois pour des imbéciles en présumant que nous ne verrons que du feu dans sa démonstration minable. Mais l'injure ne s'arrête pas là. Pour que son analyse tienne, il faudrait en plus que le Québec indépendant qu'il évoque adopte un comportement comme celui de la Grèce et se précipite dans des dépenses inconsidérées. Or nous avons une tout autre tradition, et le Québec a toujours géré ses finances d'une façon responsable, quel que soit le parti au pouvoir.

J'arrête là la liste des critiques même s'il y en aurait encore long à dire. La preuve de la mauvaise foi est faite.

La preuve est également faite pour ceux qui auraient pu encore douter que nous sommes en pleine campagne préréférendaire, car le camp des adversaires de l'indépendance est désormais convaincu qu'un autre référendum se profile à l'horizon. Étant de ceux qui partagent ce point de vue dans l'autre camp, je n'en suis pas du tout surpris. Cela fait déjà quelques mois que je le répète.

Il reste maintenant à s'organiser pour répliquer, et devant le retour de la stratégie de la peur, il est temps que nous affinions les nôtres. Depuis les années 1970, tout ce que le camp indépendantiste a fait, c'est de subir ces campagnes de peur sans répliquer. Une toute petite tentative de corriger la situation a été faite lors de la campagne de 1995, mais elle était loin d'être à la hauteur, comme je l'ai souligné à quelques reprises ces derniers mois.

Surtout, tous les efforts qui ont été faits jusqu'ici étaient largement défensifs. J'ai été le premier à passer à l'offensive en

1995 en suggérant, comme c'était le cas alors, que le Canada était menacé de faillite. Mais Lucien Bouchard n'aimait pas cet argument [on sait maintenant pourquoi], et déjà, en septembre 1994, Jacques Parizeau était limité dans ses choix de stratégie. Je me retrouvai donc seul pour porter cet argument qui fit si grincer à Ottawa que Paul Martin entreprit dès 1996 de remettre les finances publiques canadiennes en ordre.

Mais outre qu'il ne peut plus être utilisé maintenant, il faut aller beaucoup plus loin et passer à l'offensive. Ainsi, il y aurait lieu pour une équipe de recherche de produire dans les meilleurs délais une étude illustrant ce que le Canada serait sans le Québec, divisé en deux, avec des coûts supplémentaires à porter sur tous les plans du fait de cette division, et sans les recettes fiscales du Québec.

Ce genre d'exercice serait certainement de nature à inciter le camp adverse à beaucoup plus de retenue, et peut-être même au respect. Ce serait déjà un commencement.

La Presse a-t-elle pris connaissance de mon commentaire? C'est possible. Toujours est-il qu'elle n'est pas revenue sur le sujet depuis. Il faut dire qu'elle aurait eu l'air passablement ridicule dans le contexte de la crise de l'endettement des États-Unis et des pays de l'Union européenne.

En effet, dans le nouveau contexte économique et financier mondial, bien des pays, y compris les États-Unis, pourraient envier le niveau relativement faible de notre endettement public. Les bonhommes Sept Heures de tout acabit devront songer à s'inscrire au chômage.

Alors, l'Empire doit trouver autre chose pour s'assurer qu'il pourra, même après une défaite électorale de Jean Charest, profiter de sa situation privilégiée dans l'appareil étatique québécois pour voir à la promotion de ses intérêts.

C'est là qu'entrent en scène François Legault, Charles Sirois et la CAQ. Je me doutais de l'existence d'un lien avec l'Empire

Desmarais, mais c'est en tombant sur une entrevue donnée par Olivier Sarkozy, le demi-frère de Nicolas, qui ne sera bientôt plus président de la France (je m'avance), que la lumière s'est faite. Voyez plutôt :

Et si vous croyez avoir tout vu[228]…

Question : Quel rapport y a-t-il entre la crise mondiale, Sarkozy (lequel ?), Desmarais (Paul), Sirois (Charles), Legault (François) et le CAQ (le quoi ?) ?

Réponse : Bonne question. Écoutez bien ; vous allez être surpris.

Je n'aurais jamais pensé qu'une crise mondiale comme celle que nous traversons puisse avoir des effets positifs, et encore moins qu'elle nous permette de faire des découvertes qui éclairent considérablement la situation politique chez nous.

Pourtant, c'est bien le cas. Laissez-moi vous raconter.

Il y a quelques jours, à la recherche de ma ration quotidienne d'informations sur l'évolution de la crise, je me rends sur un site alternatif américain surtout fréquenté par les spécialistes des marchés financiers[229], et je tombe sur une manchette qui m'interpelle instantanément : « Sarkozy : La crise de liquidités qui vient de s'amorcer en Europe est attribuable à un problème insoluble de 30 000 milliards \$[230] » [Ma traduction].

Première surprise, le Sarkozy dont il est ici question, ce n'est pas Nicolas ; c'est son demi-frère Olivier, qui se trouve à être le grand patron de la division des services financiers mon-

---

228. Richard Le Hir, « Et si vous croyez avoir tout vu… », *Vigile*, 26 novembre 2011, http://www.vigile.net/Et-si-vous-croyez-avoir-tout-vu

229. ZeroHedge, http://www.zerohedge.com/

230. « Sarkozy : Europe's "Liquidity Run" Has Begun Because There Is An Unsolvable \$30 Trillion Problem », ZeroHedge, 23 novembre 2011, http://www.zerohedge.com/news/sarkozy-europes-liquidity-run-has-begun-because-there-30-trillion-problem .

diaux du Groupe Carlyle depuis 2008, ce que j'ignorais, mais que j'ai rapidement découvert en effectuant quelques recherches sur Google. Ainsi, on apprend sur Wikipedia que « Pierre-Olivier Sarközy de Nagy-Bocsa, dit Olivier Sarkozy, est un homme d'affaires franco-américain. Il est le demi-frère de Nicolas Sarkozy[231] et est un dirigeant du Groupe Carlyle[232] [...], une société d'investissement américaine fondée en 1987 ».

Basé à Washington D.C., il est présent dans de nombreux domaines d'activités, comme l'aéronautique, la défense, l'industrie automobile et des transports, l'énergie, les télécommunications et les médias. Ses investissements sont essentiellement situés en Amérique du Nord, en Europe et en Asie du Sud-Est. Le groupe possède 89,3 milliards de dollars de capitaux propres et il emploie plus de 515 professionnels de l'investissement dans 21 pays.

Les différentes entreprises de son portefeuille emploient au total plus de 286 000 personnes dans le monde, et Carlyle compte environ 1 100 investisseurs répartis dans 31 pays à travers le monde.

Le Groupe Carlyle est dirigé depuis janvier 2003 par Louis Gerstner, ancien patron d'IBM. Parmi ses dirigeants, de nombreuses personnalités se sont succédé, telles que George H. W. Bush ou encore Olivier Sarkozy[233].

Notons au passage qu'il s'agit d'un groupe privé, donc qui n'est pas inscrit en Bourse et n'est pas tenu de divulguer

---

231.   Olivier Sarkozy est le fils de Paul Sarkozy et Christine de Ganay. Son père avait été marié à Andrée Mallah et avait eu 3 enfants avec elle, dont Nicolas ; Christine de Ganay a divorcé et s'est ensuite mariée à Frank G. Wisner, un diplomate américain, quand Olivier avait seulement 7 ans, Wikipedia, http://fr.wikipedia.org/wiki/Olivier_Sarkozy. Wisner est le fils d'un célèbre agent de la CIA. Il a joué un rôle souterrain très important dans la politique américaine en Europe, et notamment en France, qui s'est traduit par l'adhésion sans condition de Nicolas Sarkozy aux thèses américaines.
232.   Site de The Carlyle Group, http://www.carlyle.com/Company/item1676.html
233.   Voir The Carlyle Group, Wikipedia, http://fr.wikipedia.org/wiki/Groupe_Carlyle

quelque information que ce soit sur la structure de son capital-action.

Un peu plus loin dans le texte, on découvre une rubrique intitulée « Principaux investisseurs et conseillers », qui comporte une vingtaine de noms de personnalités issues des milieux d'affaires et de la politique, parmi lesquelles on a la surprise de découvrir les noms de Laurent Beaudoin (Bombardier) et Paul Desmarais (Power Corporation).

En effet, lorsqu'on examine la composition de cette liste, les autres noms qui y figurent sont ceux de personnalités politiques ou d'affaires américaines ou étrangères importantes. Que le Canada soit représenté par deux personnalités d'affaires est déjà surprenant, compte tenu de l'importance relative de l'économie canadienne dans l'économie mondiale, et que ces deux personnalités émanent du Québec est un autre facteur de surprise.

Sans vouloir minimiser l'importance de MM. Beaudoin et Desmarais et de leurs entreprises, il reste qu'il y a d'autres grandes entreprises canadiennes dont on est surpris de ne pas trouver de représentants sur cette liste. Qu'on pense seulement aux groupes Thomson ou Weston.

Pour essayer d'y voir plus clair, j'ai consulté également la version anglaise de Wikipedia. Seule différence en ce qui concerne le Canada, c'est qu'on mentionne le nom de l'ancien premier ministre du Nouveau-Brunswick Frank McKenna (l'un des trois saboteurs de l'accord du lac Meech, et le premier à avoir renié sa signature) parmi la liste des conseillers politiques, ce qui peut d'autant mieux se comprendre lorsqu'on sait qu'il est membre du groupe Bilderberg (comme Paul Desmarais père[234], s'il faut en

---

234. Voir « Groupe Bilderberg », Wikipedia, http://fr.wikipedia.org/wiki/Groupe_Bilderberg

croire Wikipedia et le site QuébecMetro.com [235]), et qu'il a été ambassadeur du Canada à Washington.

On constate donc que Carlyle est un lieu d'influence important au sein duquel les Desmarais sont particulièrement bien introduits, et la présence d'Olivier Sarkozy au sein de ce groupe nous permet encore mieux de comprendre comment « l'Empire » déploie ses tentacules.

Ainsi, en consultant l'annonce de la nomination d'Olivier Sarkozy au poste qu'il occupe présentement chez Carlyle[236], on découvre qu'il a réalisé un certain nombre de mandats importants, dont un pour la CIBC, une banque canadienne dont le président du conseil d'administration est nul autre que Charles Sirois[237].

On n'est évidemment pas surpris de voir tout ce beau monde baigner dans les mêmes eaux, mais le fait qu'on les y retrouve permet de comprendre qu'ils se rendent volontiers des petits services, du genre « un service en vaut un autre », et que de nombreuses personnalités se sont succédés. Un type de services qu'un Charles Sirois peut rendre à un Paul Desmarais pour le remercier d'avoir mis à sa disposition son carnet de bonnes adresses est d'aider François Legault à constituer rapidement avec sa CAQ une alternative à Jean Charest, qui a désormais beaucoup trop de plomb dans l'aile pour se faire réélire.

L'hostilité de Paul Desmarais au mouvement indépendantiste est bien connue, mais jamais auparavant n'a-t-il mis tant

---

235. « André et Paul Jr deviennent Officiers », C. Gélinas, Démocratie et Politique, Regard sur l'actualité, 20 juin 2009, « La puissante famille Desmarais ne cache pas ses relations étroites avec le pouvoir politique »,
http://blogue.quebecmetro.com/2009/06/20/andre-et-paul-jr-deviennent-officiers/
236. Voir le communiqué émis par Carlyle le 3 mars 2008,
http://www.carlyle.com/media%20room/news%20archive/2008/item10274.html.
237. Communiqué de la banque CIBC, http://www.newswire.ca/fr/story/253911/la-banque-cibc-annonce-la-nomination-de-charles-sirois-au-poste-de-president-du-conseil .

d'efforts à s'assurer que le PQ ne prenne pas le pouvoir. *La Presse* fait tout ce qu'elle peut pour présenter Legault et la CAQ sous leur jour le plus favorable. Encore hier, elle tirait une interprétation toute personnelle du dernier sondage CROP. À croire ce qu'elle écrit en grosses lettres, Legault consoliderait son avance[238]…

Sauf que… Legault serait battu par Duceppe à la tête du PQ [Retenez bien cette phrase ; elle a une grande importance dans la suite des choses]. Mais ça, c'est écrit en petites lettres. On ne s'attend évidemment à rien d'autre de *La Presse*, mais ce genre de manipulation en dit long sur les intentions de ceux qui s'y livrent et trahit aussi l'importance que la question a pour eux.

Le refus de « l'Empire » d'envisager une alternance indépendantiste et le fait qu'il cherche par tous les moyens à en favoriser une autre ne peuvent s'expliquer que de deux façons. Ou bien il est convaincu que l'élection d'un nouveau gouvernement indépendantiste réglerait de façon définitive la question de l'indépendance du Québec à l'encontre de sa propre option, ou bien l'arrivée au pouvoir d'un tel gouvernement mettrait gravement en péril ses intérêts d'affaires.

Si sa motivation est essentiellement politique, la bonne nouvelle pour les indépendantistes, c'est que leur option se porte bien mieux qu'ils ne le pensent. Mais s'il est vrai que la conjoncture externe n'a jamais été plus favorable à l'indépendance, il y a encore loin de la coupe aux lèvres sur le plan interne.

Donc, sa motivation principale est essentiellement liée à la promotion et à la défense de ses intérêts d'affaires, et son engagement fédéraliste est subsidiaire, dans la mesure où il a

---

238. Paul Journet, « Sondage Crop-*La Presse* : Legault consolide son avance », *La Presse*, 25 novembre 2011.

toujours cru qu'il parviendrait plus facilement à ses fins dans un Canada fédéral que dans un Québec indépendant. Cette conclusion offre aux Québécois une grille de lecture particulièrement éclairante.

En effet, elle leur permet de voir tout d'abord que les intérêts d'affaires de «l'Empire» sont non seulement différents des leurs, mais qu'ils y sont diamétralement opposés, et ensuite que «l'Empire» est présentement engagé au Québec dans des activités qui revêtent pour lui un intérêt si vital qu'il refuse d'envisager la possibilité de l'élection d'un gouvernement à Québec qu'il ne serait pas en mesure d'influencer ou de contrôler.

Comme j'ai déjà eu l'occasion de le souligner à quelques reprises à propos de «l'Empire», et notamment au cours des dernières semaines, on ne peut pas reprocher à un loup d'être un loup, mais on peut certainement reprocher au berger de lui ouvrir toutes grandes les portes de la bergerie.

À cet égard, la responsabilité du gouvernement Charest est entière, et elle est d'autant plus grande que le loup s'avance masqué, en se cachant derrière une panoplie de sociétés-écrans et d'intermédiaires plus ou moins anonymes qu'il manipule à loisir, à la connaissance du gouvernement Charest.

Jean Charest est en fonction depuis le 29 avril 2003, soit depuis un peu plus de 8 ans. Pendant toutes ces années, «l'Empire» s'est immiscé jusque dans les derniers recoins de l'État québécois pour faire en sorte que ses intérêts soient bien servis. Il a si bien réussi son coup et il y est si incrusté que son éviction lui causerait un tort irréparable.

En effet, un examen attentif des décisions prises sous le règne Charest — non seulement au gouvernement mais au sein des organes qu'il contrôle, comme la Caisse de dépôt, Hydro-Québec et autres — permettrait de mettre en lumière toutes les transactions conclues à son avantage, donc nécessairement au détriment des intérêts du Québec et des Québécois.

Il n'a donc pas d'autre choix que de s'assurer du maintien de son contrôle et de son influence majeure[239] sur tout gouvernement appelé à succéder à celui de Jean Charest. Or le tort causé par Jean Charest à son propre parti est devenu irréparable, et même avec un nouveau chef, l'Empire a compris qu'il ne parviendrait pas à reprendre le pouvoir.

D'où ce lapin que l'Empire sort de son chapeau sous les traits de Charles Sirois, François Legault et la CAQ. Comme nous l'avons vu plus haut, Charles Sirois « en doit une » à l'Empire. Et François Legault veut tellement devenir premier ministre qu'il a retourné sa veste péquiste en pensant que ses chances seraient meilleures s'il n'avait pas l'étiquette « indépendance » collée dans le front.

Sauf que… Advenant qu'il prenne le pouvoir, Legault découvrirait rapidement qu'il a les pieds et les mains liés. À la première velléité menaçante pour « l'Empire », Sirois entrerait dans son bureau pour lui dire « Souviens-toi qui t'a fait roi », et François Legault découvrirait que s'il est premier ministre, il est d'abord le premier ministre de ceux à qui il doit ses fonctions avant d'être le premier ministre du Québec. C'est un scénario vieux comme le monde !

Pour les Québécois, la conclusion est très simple : Legault = Charest, CAQ = PLQ. Dans les deux cas, c'est l'Oncle Paul qui tire les ficelles.

Je vous ai suggéré au passage de bien retenir cette phrase : **Sauf que… Legault serait battu par Duceppe à la tête du PQ.** Le sondage CROP du 25 novembre 2011 allait signer l'arrêt de mort de Gilles Duceppe. L'exécution eut lieu aux petites heures (5 h) le matin du 21 janvier, lorsque apparut en ligne, sur le site LaPresse.ca,

---

239. Le miroir politique de la stratégie de placement de l'Empire telle qu'exposée sur le site de Pargesa, http://www.pargesa.ch/index.php?option=com_content&view=article&id=46&Itemid=66&lang=fr

un texte de Joël-Denis Bellavance et Hugo De Grandpré, intitulé « Fonds publics : Gilles Duceppe dans l'embarras ».

Dégoûté par la manœuvre, qui me rappelle aussitôt celle dont j'ai eu à faire les frais en 1995 aux mains de la *Presse*, je rédige l'après-midi même un article pour *Vigile* qui sera mis en ligne le lendemain. À ce jour, c'est le texte qui m'aura attiré le plus grand lectorat (plus de 8 300 visiteurs au moment de la remise du manuscrit du présent ouvrage, le 2 mars 2012).

L'Empire torpille Duceppe[240]

Quel spectacle ! En 24 heures, la carrière politique de Gilles Duceppe s'est écroulée. Crédité d'une solide avance dans les sondages s'il était le candidat du PQ aux prochaines élections générales, Duceppe était devenu l'homme à abattre. C'est désormais chose faite, gracieuseté de la grosse *Presse* à l'Oncle Paul.

Dans une opération d'une rare brutalité digne des coups les plus fumants réussis par le grand magnat de la presse William Randolph Hearst aux États-Unis au début du siècle dernier, Duceppe est passé de vie à trépas. En effet, samedi matin, *La Presse* frappait un grand coup. Le tiers supérieur de sa première page était consacré à Duceppe, avec une photo bien léchée mais « vacharde » à souhait, et un texte faisant état d'une « utilisation douteuse des fonds publics ». Absolument fatal.

La manœuvre est tellement grosse qu'elle mérite qu'on s'y arrête. Sur la photo, Duceppe apparaît renfrogné et buté. Ses yeux sont exorbités, et ses lèvres, pincées. La tête rentrée dans les épaules, il a l'air furieux. Le message de la photo est clair : c'est un sale type. Quant au texte, il est formulé pour démolir Duceppe dans l'opinion publique sans exposer son auteur ni *La Presse* au risque d'une poursuite judiciaire.

---

240. Richard Le Hir, « L'empire torpille Duceppe », *Vigile*, 22 janvier 2012, http://www.vigile.net/L-empire-torpille-Duceppe

Une utilisation « douteuse » des fonds publics n'est pas nécessairement « frauduleuse », ni même forcément « illégale » ; des distinctions qu'une cour de justice ne manquerait pas de faire, mais dont n'a cure le tribunal de l'opinion publique. Et je peux d'expérience vous assurer que non seulement *La Presse* est parfaitement au fait de toutes ces subtilités, mais qu'elle en joue en virtuose.

La table étant mise en première page, le lecteur ouvre son journal et découvre que « l'affaire » occupe la totalité des deux premières pages. Message subliminal : c'est grave ! C'est même très grave !

En page 2, deux articles de Denis Lessard, l'exécuteur attitré des basses œuvres à *La Presse*, séparés l'un de l'autre par une photo également bien léchée d'une Pauline Marois aux airs de madone sur le point de s'envoler au ciel par la grâce de sa vertu (regardez bien la photo ; je n'exagère même pas). Message subliminal : Duceppe, c'est le méchant, et Pauline est une sainte.

Quant au premier texte de Lessard, c'est un chef-d'œuvre de ce que les Américains appellent le « *character assassination* », une expression dont la traduction française, diffamation ou salissage de réputation, rend mal toute la férocité.

Le titre d'apparence anodin, « Un putsch raté ? » donne le *la*. Le mot « putsch » a une connotation péjorative, tout comme l'adjectif « raté », et la combinaison des deux comporte un jugement moral sur ses auteurs. Message subliminal : Duceppe et sa « gang » sont des pas bons.

En plein milieu de l'article, un encadré avec une phrase qu'on dirait tirée tout droit d'un procès-verbal de l'immonde Commission McCarthy dans les années de chasse aux sorcières aux États-Unis : « Chez les députés [péquistes], personne ne fait la vague pour Gilles Duceppe, qui a toujours sa souplesse d'ex-sympathisant du Parti communiste ouvrier : avec ses lieutenants, il maintenait une discipline de fer sur le caucus bloquiste. »

Message subliminal : Duceppe, c'est l'équivalent de Joseph Djougashvili, dit « Staline », l'homme de fer. Quel fumiste, ce Lessard. Il a dû se bidonner comme un imbécile en écrivant son papier. Cela pourrait être très drôle si cela ne s'inscrivait pas dans un courant fascisant qui se répand de plus en plus dans le monde occidental. Au fait, vivons-nous encore en démocratie ? Alors, on ne rit pas. On ne rit même plus du tout.

Quant au texte de l'article, du « mémérage » : qui a parlé à qui, qui a rencontré qui, une juxtaposition de noms censée faire office de preuve d'un putsch. Au fait, avez-vous remarqué que le titre comportait un point d'interrogation ? Ça vous donne une bonne indication de la solidité de la preuve. Mais pour nuire, ça nuit.

Le deuxième article de Lessard ne comporte qu'un élément d'information nouveau : l'annonce que Bernard Landry interviendra « au début de la semaine dans le débat de la direction du PQ » (avec l'annonce du retrait de Duceppe dimanche, Landry se retrouve avec une gosse responsabilité sur les épaules). Tout le reste, c'est du « resuçage ».

La page 3 est un modèle de manipulation. Une grosse photo de Duceppe, toujours aussi peu sympathique avec ses lèvres pincées, surmonte un gros sigle du Bloc québécois. Pendant la dernière campagne fédérale, *La Presse* ne nous en avait même pas offert de si gros.

Mais alors, le Bloc constituait encore une menace. Il ne fallait surtout pas lui donner de visibilité. Maintenant qu'il est inoffensif et que se présente même une occasion de le salir, on va mettre le paquet avec un gros sigle. Message subliminal : « C't une gang de pourris. » Et puis, en plein milieu de la page, un gros titre : « Duceppe est dans l'embarras », comme le tricheur qu'on vient de prendre sur le fait.

Y a juste un problème. C'est une vieille affaire qu'on sort des boules à mites. Et depuis la Confédération, il n'y a pas un parti politique fédéral ou provincial qui n'ait étiré les règles de la même façon.

Il ne s'agit pas ici de cautionner une dérive condamnable. Il s'agit tout simplement de la juger à la même aune que les mêmes dérives des autres partis. Alors quand les députés Marc Garneau et Denis Coderre, du PLC, comparent cet écart au scandale des commandites, on est dans la tartuferie la plus risible.

Que Coderre fasse le « gugusse » ne surprend plus guère, mais de la part d'un scientifique comme Marc Garneau, c'est plus décevant, surtout lorsqu'il prend la peine de préciser que les faits rapportés témoignent d'un manque de jugement de la part de Gilles Duceppe. Décidément, les enfants sont pleins d'une sagesse qu'ils ne soupçonnent pas lorsqu'ils se disent dans leurs jeux entre eux : « Celui qui le dit, celui qui l'est ».

Alors, bilan de l'affaire après deux pages de « sensationnalisme » gonflé à l'hélium ? Y a rien là ! Le seul objet de l'exercice, c'était de torpiller Duceppe. Mais attendez, ce n'est pas fini ; il reste la page A18 et la chronique de Stéphane Laporte ! Tout est dans le titre : « La dame de béton ».

Et là, il s'agit de faire l'apologie de Pauline, de vanter sa résistance, de chanter ses louanges. Tellement que c'en est même gênant pour Pauline, qui n'en demandait sûrement pas tant.

Imaginez, elle doit à l'Empire sa plus belle photo et son meilleur texte depuis longtemps. Une photo et un texte que n'importe quel professionnel des relations publiques rêverait d'utiliser pour promouvoir son client. Alors la question qui se pose est la suivante : « Pauline Marois est-elle dans la manche de l'Empire, ou celui-ci vient-il de lui donner le baiser de la mort ? »

Connaissant l'hostilité de Power pour l'indépendance et les indépendantistes, force est d'admettre que pour que l'Oncle Paul lui fasse un cadeau pareil, c'est que non seulement il ne la considère pas comme une menace, mais qu'il la perçoit plutôt comme une alliée.

Ou alors, il cherche à s'assurer qu'elle demeure en poste pour que son poulain Legault ait de meilleures chances de passer, sachant fort bien que, d'une part, le risque est mince de la voir élue, et que, d'autre part, il dispose des munitions nécessaires pour la faire tomber en temps opportun.

[...]

Mais de façon plus large, la question qui se pose désormais pour tous les Québécois est celle de savoir pendant combien de temps encore ils laisseront l'Oncle Paul décider de qui doit nous gouverner et de notre avenir.

La Presse se rend compte qu'elle s'est fait prendre en flagrant délit, et elle dépêche Vincent Marissal pour faire du *damage control* et présenter une défense. Je suis même nommément pris à partie[241]. Quel honneur!

C'était prévisible...

Les adeptes de la théorie des complots « gescaiens » accusent *La Presse* d'avoir sorti l'artillerie lourde pour torpiller Gilles Duceppe.

Richard Le Hir signe même ici une longue tartine exposant le « complot ».

M. Le Hir et autres adeptes ont visiblement beaucoup de temps libres et une imagination débordante, mais ils s'épargneraient des cheveux gris (et nous épargneraient leurs élucubrations) s'ils se posaient la bonne question: qui a coulé des informations embarrassantes pour Gilles Duceppe?

Pas de fuite, pas d'histoire. Et, visiblement, cette fuite vient de l'interne.

---

241. Vincent Marissal, « Qui a torpillé Duceppe? », *La Presse*, 24 janvier 2012, http://blogues.cyberpresse.ca/marissal/2012/01/24/qui-a-torpille-duceppe/

Certains n'ont pas besoin des médias pour se couler... »

Ce dont Vincent Marissal ne se rend même pas compte, c'est que sa défense ressemble à celle de l'assassin qui, pris sur le fait, déclare aux policiers : « C'est pas moi le coupable ; c'est le gars qui m'a donné les munitions. » Pitoyable !

C'est la preuve que certaines personnes sont prêtes à faire n'importe quoi pour plaire à leur maître, y compris à se couvrir de ridicule. Prenez André Pratte, par exemple :

André Pratte, une caricature de caricature[242]

J'ai failli m'étouffer de rire dans mon café hier matin en prenant connaissance de l'éditorial d'André Pratte dans *La Presse* intitulé « L'arrogance de Québecor[243] ». Rien qu'en lisant le titre, je me doutais que nous allions avoir droit à un morceau d'anthologie.

En bon élève des Jésuites qu'il a été, Pratte sait qu'une critique porte d'autant mieux lorsque celui qui la fait prend d'abord la peine de se draper dans la vertu. Et ça marche encore mieux en caractères gras. Regardez-le aller :

Il est très rare que nous commentions dans cette colonne les faits et gestes de Québecor, propriétaire du *Journal de Montréal*, principal concurrent de *La Presse*. Si nous dérogeons à cette ligne de conduite aujourd'hui, c'est que le président de Québecor Media a tenu récemment des propos allant à l'encontre de principes qui devraient être chers à tous les médias canadiens, notamment l'indépendance de la presse vis-à-vis du pouvoir politique. [Les caractères gras sont de *La Presse*]

---

242. Richard Le Hir, « André Pratte, une caricature de caricature », *Vigile*, 19 novembre 2011, http://www.vigile.net/Andre-Pratte-une-caricature-de

243. André Pratte, « L'arrogance de Québecor », *La Presse*, 18 novembre 2011, http://www.cyberpresse.ca/debats/editorialistes/andre-pratte/201111/17/01-4469046-larrogance-de-Québecor.php .

Oh, le vilain PKP! Nous, de *La Presse*, l'incarnation même de la vertu, comme chacun sait, nous sommes aujourd'hui contraints de montrer du doigt «ce pelé, ce galeux» (avec mes remerciements à Jean de La Fontaine) qui se moque «des principes qui devraient être chers à tous les médias canadiens».

Notez la subtilité de l'attaque dans l'utilisation du verbe au conditionnel. En filigrane, si vous ne les respectez pas, ces principes, c'est que vous n'êtes pas vraiment Canadien. Quelle horreur! Vous n'avez pas honte? Hé! Vous, Canadiens: haro sur ce baudet!

Et puis le «boutte du boutte», Tartuffe Pratte lui-même en personne, une caricature de caricature (Tartuffe est déjà une caricature), qui nous sert la tirade de «l'indépendance de la presse vis-à-vis du pouvoir politique». C'est là que le fou rire m'a pris.

En effet, il faut vraiment se moquer du monde quand on s'appelle Power/Gesca/La Presse et qu'on manipule comme ils le font les pouvoirs politiques pour oser invoquer ce principe. Non seulement les médias sont-ils totalement indépendants des pouvoirs politiques, mais ce sont eux qui les font danser comme des marionnettes.

Au point qu'on observe aujourd'hui une véritable symbiose entre les pouvoirs politiques et la presse, la seconde se faisant d'autant plus volontiers le relais des premiers qu'elle les a dans sa poche. Regardez ici, au Québec; regardez au Canada anglais; regardez aux États-Unis; regardez en France. C'est le même manège partout.

Il fallait à Pratte «un front d'bœuf» pas ordinaire pour oser écrire cette phrase: «Québecor considère-t-elle désormais le pouvoir législatif comme étant à son service, adoptant ou rejetant les projets de loi conformément à ses instructions?»

S'il y a une entreprise au Québec qui mène le jeu politique à sa guise au Québec, c'est bien Power, et le fait d'établir une distinction spécieuse en ciblant seulement le pouvoir législatif ne fait pas de nous des dupes pour autant.

Dans le fond, ce qui dérange Power/Gesca/La Presse, c'est l'arrivée d'un concurrent, Québecor, qui a parfaitement compris le jeu et qui a décidé de le forcer à son avantage, en jouant des épaules et des coudes.

Du coup, Power/Gesca/La Presse, pas du tout habitués à se faire tasser dans les coins, commencent à la trouver moins drôle et craignent de voir leur emprise sur les pouvoirs politiques leur glisser entre les mains.

La concurrence, ça n'a pas que du mauvais. Cela dit, Québecor ne mérite pas que des félicitations, et elle aurait grand avantage à procéder à un peu d'autocritique avant de se faire asséner des pavés sur la tête.

En affaires, l'opportunisme est une grande qualité, mais lorsqu'il se mêle à la politique, il devient vite puant. Il y a des modèles dont il faut savoir ne pas s'inspirer. Celui de Power, par exemple.

En effet, la stratégie opportuniste d'écumage systématique de Desmarais et de Power ne peut pas faire autrement que de déboucher sur une confrontation directe avec la population lorsqu'elle se rend compte que leurs intérêts menacent directement les siens.

Ce n'est qu'une question de temps, et la précipitation des événements que nous observons à tous les niveaux en ce moment, aussi bien à l'échelle mondiale qu'à celle de notre microcosme, en passant par toutes les étapes intermédiaires, constitue un signe certain de l'imminence de la conflagration.

En s'assurant de la complicité des politiques pour exécuter leur stratégie, Desmarais et Power les condamnent à leur servir de première ligne de défense contre les assauts de la vindicte populaire lorsqu'elle finit inévitablement par survenir, et, au moment d'écrire ces lignes, il devient de plus en plus apparent que Sarkozy et Charest, pour ne nommer que ceux-là, ne survivront plus très longtemps.

Après ? Après, le déballage commence et les enquêtes se multiplient. Et pas uniquement sur le crime organisé.

Chapitre 6

LE TOUT POUR LE TOUT

Au cours des derniers mois, je me suis longuement interrogé sur le regain d'intérêt de Paul Desmarais et de Power Corporation pour le Québec ces dernières années. Au début de juillet 2012, lorsque les premières secousses de la phase actuelle de la crise financière et économique ont commencé à se faire sentir, la lumière s'est faite, et j'ai écrit pour *Vigile* la chronique intitulée :

L'appétit vorace de « l'Oncle » Paul[244]

Si j'en parle autant, c'est que malgré son apparente discrétion, il n'y a pas une opération financière d'envergure au Québec dans laquelle on ne retrouve pas sa trace. Comme j'ai déjà eu l'occasion de l'écrire dans le passé, on ne peut guère reprocher à un loup d'être un loup, mais on peut certainement reprocher au berger d'être de connivence avec lui pour lui ouvrir toutes grandes les portes de la bergerie. Et, vous l'aurez deviné, le berger, c'est notre frisé national, Jean Charest.

Si Power Corp. était à l'origine une entreprise qui œuvrait dans la production de l'énergie, comme le suggère son nom, elle s'est surtout orientée vers le secteur des services financiers lorsque Paul Desmarais en a pris le contrôle au début des années 1960, à une époque où cette industrie était en plein essor, et les services financiers comptent encore pour la plus grande part de ses activités, comme on peut le constater en

---

244. *Vigile*, 8 juillet 2011, http://www.vigile.net/L-appetit-vorace-de-l-oncle-Paul.

procédant à l'examen de l'organigramme des participations de l'entreprise[245].

Au début des années 1980, Paul Desmarais et son comparse belge Albert Frère parviennent à mettre la main sur une filiale suisse de la banque française Paribas qui était sur le point d'être nationalisée par le gouvernement socialiste nouvellement élu du président français François Mitterrand.

Peu de temps après cette opération, qui fut à l'époque controversée, cette banque d'investissement refaisait surface sous le nom de Pargesa, et c'est elle qui détient maintenant les participations de Power et des familles Desmarais et Frère dans les grands groupes industriels[246] que sont Imerys (leader mondial des minéraux industriels), Lafarge (leader mondial des matériaux de construction et notamment le ciment), GDF Suez (1er producteur indépendant d'électricité dans le monde, 1er acheteur de gaz naturel et importateur en gaz naturel liquéfié en Europe, 1er réseau de transport et de distribution de gaz en Europe, etc.), Suez Environnement (gestion de l'eau et des déchets), Total (grande multinationale française du pétrole), Pernod Ricard (boissons alcoolisées), et quelques autres participations moins importantes via le Groupe Bruxelles Lambert dans les secteurs de l'énergie (Iberdrola), de la pétrochimie (Arkema), etc.

Avec les années, le placement de Power et de la famille Desmarais dans Pargesa a pris beaucoup d'importance et en est venu à revêtir une importance stratégique vitale, dans la mesure où il risque fort d'assurer l'avenir du groupe. En effet, le secteur des services financiers a été durement ébranlé au cours des dernières années avec la crise financière de 2008,

---

245. Organigramme des participations de Power Corporation,
http://www.powercorporation.com/fr/a-propos/organigramme/
246. Organigramme économique au 30 juin 2011 et liens vers les participations, Site de Pargesa,
http://www.pargesa.ch/index.php?option=com_content&view=article&id=47&Itemid=27&lang=fr .

dont les effets ne sont pas encore tous résorbés, et il n'y a aucun doute qu'il serait encore plus durement éprouvé par une nouvelle crise comme celle qui semble de plus en plus inévitable dans un avenir prochain[247].

On peut avancer sans risque de se tromper que cette crise imminente, dont on commence tout juste à parler dans les grands médias internationaux et dont la plupart des citoyens des pays qui seront touchés ne se doutent même pas qu'elle est sur le point de les frapper, a été anticipée par tous les grands investisseurs de la planète, et qu'ils s'y préparent déjà depuis un bon moment.

Power Corporation et les Desmarais figurent dans ce groupe, et cela fait déjà plusieurs années qu'ils ont compris qu'il leur fallait se repositionner sur le plan stratégique. Les instruments qu'ils utilisent pour parvenir à cette fin sont leur placement dans Pargesa et le très complexe schéma de participations croisées et de relations d'affaires qui les assure de se trouver aux premières loges de toutes les grandes décisions d'affaires dans le monde et d'y exercer une grande influence.

Ils ne font d'ailleurs mystère ni de leur but ni de leurs méthodes. En effet :

La stratégie du Groupe Pargesa repose sur les principes suivants :
- concentration du portefeuille sur un nombre limité de participations significatives, avec pour objectif la création de valeur à long terme.

---

247. « Crise systémique globale — Dernière alerte avant le choc de l'automne 2011 : Quand 15 000 milliards $US d'actifs financiers partiront en fumée », la Lettre confidentielle de LEAP, GEAB n° 56 — Spécial Été 2011 (15 juin 2011), http://www.leap2020.eu/Crise-systemique-globale-Derniere-alerte-avant-le-choc-de-l-Automne-2011-Quand-15-000-milliards-USD-d-actifs-financiers_a6658.html . Voir aussi Brett Arends, « The next, worse financial crisis », MarketWatch WSJ, http://www.marketwatch.com/story/the-next-worse-financial-crisis-2011-07-06?dist=beforebell

- obtention d'une position de contrôle ou d'influence majeure dans ces participations.
- mise en œuvre continue d'un travail professionnel d'actionnaire stratégique auprès des participations[248].

Et pour ceux d'entre vous qui pourraient se demander ce que veut dire le troisième point, il s'agit tout simplement pour l'actionnaire stratégique de mettre à la disposition des entreprises, dans lesquelles il a investi, tout son savoir-faire et son réseau de relations et d'influence pour faciliter l'atteinte de leurs objectifs, étant entendu qu'il en sera l'un des principaux bénéficiaires.

Donc, pour comprendre l'intérêt que Power Corporation et la famille Desmarais ont pour le Québec, il faut le regarder à travers le prisme des champs d'activités des entreprises dans lesquelles Pargesa a investi. Bien entendu, les entreprises de services financiers que contrôle le groupe Power sont plus en mesure d'appuyer financièrement par leurs placements (donc avec l'argent de leurs assurés ou des petits investisseurs dans les fonds divers qu'ils contrôlent) les entreprises auxquelles elles sont intéressées.

Au cours des dernières années, on a pu se rendre compte qu'au Québec le groupe Power était intéressé aux domaines suivants : la production d'électricité (Hydro-Québec), la production et la distribution de gaz naturel (Gaz Métro, Noverco, Projet Rabaska, gaz de schiste), le pétrole (Anticosti), la construction et la gestion d'infrastructures (CHUM, les PPP), etc.

Et si l'on examine maintenant la liste des champs d'activités des entreprises dans lesquelles Pargesa est présente, on constate que le mariage est parfait. Même si aucune annonce n'a encore été faite sur un éventuel investissement d'Imerys ou de l'une

---

248.   Voir note 67.

de ses filiales au Canada, on voit bien que le Plan Nord est taillé sur mesure pour ses besoins[249].

En bon actionnaire stratégique, Pargesa met donc à la disposition de ces dernières son savoir-faire et sa connaissance des réseaux d'influence au Québec pour faciliter le développement de leurs affaires, des siennes, et des profits de Power Corporation et de la famille Desmarais.

Vu les cibles visées au Québec, il est évident qu'il faut avoir ses entrées dans les cercles politiques, et Paul Desmarais les cultive assidûment depuis 50 ans, au point d'être devenu ce que les Américains appellent un *kingmaker*.

Les plus vieux se souviendront de ces vacances à Hawaï que Paul Desmarais avait offertes à l'ancien premier ministre Daniel Johnson dans la foulée de la visite du général de Gaulle, ostensiblement pour l'aider à se remettre d'un incident cardiaque, à l'issue desquelles Johnson n'avait eu rien de plus pressé que de renoncer publiquement à toute velléité d'indépendance pour le Québec, lui qui avait été l'auteur d'un livre-manifeste intitulé justement *Égalité ou indépendance*.

Mais ce n'était que le début. Il n'y a qu'à voir le rôle et l'influence que lui-même et ses hommes ont pu exercer au sein du PLC et du PLQ au fil des années. Et ce rôle est devenu encore plus apparent avec les confidences de Nicolas Sarkozy sur son amitié avec Paul Desmarais et sur l'influence qu'il a eue sur sa décision de se porter candidat à la présidence française. Qui peut le plus peut le moins.

---

249. Depuis que cet article a été écrit, on a également appris la présence d'importants intérêts chinois dans le Grand Nord québécois; en fouillant un peu, ce serait surprenant que l'on ne découvre pas la main de CITIC, le conglomérat chinois dans une filiale duquel Power détient une participation et au conseil d'administration de laquelle siège André Desmarais, Voir à ce sujet Gérard Samet, « CITIC, le partenaire des Desmarais en Chine », *Argent*, 22 août 2011, http://argent.canoe.ca/lca/affaires/quebec/archives/2011/08/20110822-055454.html

Par ailleurs, pour faciliter le conditionnement de l'opinion publique à ses projets et à la prise de décisions politiques qui l'avantagent, Power peut aussi compter sur l'Institut économique de Montréal et les médias qu'elle contrôle au Québec. Les « études » que finance l'IEDM, ou le manifeste des Lucides lancé par André Pratte, de *La Presse*, cherchent à encourager le développement au Québec d'un soutien populaire à des thèses qui vont permettre à Power et à la famille Desmarais de mettre la main sur des actifs québécois à des conditions particulièrement avantageuses.

En répandant l'idée que le Québec vit au-dessus de ses moyens et qu'il est trop endetté, comme *La Presse* et les journaux de Gesca le répètent depuis des années, Power crée un climat d'opinion favorable à la privatisation d'actifs qu'elle convoite, comme Hydro-Québec, ou à la cession au secteur privé (lire Power) de certains actifs jugés « non stratégiques » comme les droits que détenait Hydro-Québec sur le pétrole et le gaz de l'Île d'Anticosti, cédés à Petrolia.

Et pour garder un œil sur ce qui se passe à Hydro-Québec, quoi de mieux que de jouer d'influence pour faire placer un de ses hommes au conseil d'administration d'Hydro-Québec, en l'occurrence Michel-Plessis Bélair, un haut dirigeant de Power?

Mais Power et les Desmarais ne sont pas intéressés que par Hydro-Québec. La Caisse de dépôt et placement (CDP) est aussi une cible juteuse qui regroupe les nombreux investissements stratégiques du Québec dans des secteurs d'activités complémentaires aux activités de Pargesa.

À la suite de la crise financière de 2008 et de la perte, par la CDP, de 40 milliards $, le président de cette institution, Henri-Paul Rousseau, dans un geste qui a surpris tous les observateurs du milieu, a subitement quitté la Caisse pour rejoindre Power.

On finira bien un jour par découvrir le rôle joué par Henri-Paul Rousseau pendant cette crise financière, alors qu'il était président de la Caisse, pour préserver Power de certaines des retombées les plus négatives de cette crise, mais il fallait qu'il soit déterminant pour qu'il soit appelé aussi rapidement en renfort à la direction du groupe Power, et il ne faudrait pas se surprendre que la réponse se trouve du côté de Coventree, le principal fournisseur de PCAA non bancaires lors de la crise financière, dont la CDP était justement l'un des principaux actionnaires.

Maintenant qu'il est chez Power, Rousseau est l'homme tout indiqué pour diriger l'offensive de celle-ci sur les actifs du Québec, d'autant plus que Power avait développé avec Michael Sabia[250], son remplaçant à la Caisse, des liens étroits avant même qu'il n'occupe ses nouvelles fonctions. On se souviendra qu'à peine nommé à la Caisse, Michael Sabia s'était précipité chez Power à l'invitation d'André Desmarais pour y rencontrer son prédécesseur Rousseau et le gratin du monde québécois des affaires.

Depuis qu'il est à la Caisse, Sabia a multiplié les décisions qui opèrent une rupture avec le passé, ostensiblement dans le but de rompre avec les pratiques qui ont mené à la perte des 40 milliards $ lors de la crise financière. Mais de nombreux observateurs se demandent si les nouvelles structures mises en place n'auraient pas tout simplement pour but de faciliter l'écrémage discret de la Caisse au profit d'intérêts privés, dont au premier chef Power.

Quoi qu'il en soit, il existe des signes tangibles que cette lecture est la bonne. En effet, tout récemment, la CDP annonçait qu'elle prenait une participation importante

---

250. « Le premier ministre annonce les membres canadiens du Conseil nord-américain de la compétitivité », Site du premier ministre du Canada, http://pm.gc.ca/fra/media.asp?category=1&id=1200.

(1 milliard $) dans l'entreprise française SPIE, le numéro 4 de l'énergie électrique en Europe[251]. Or le financement de la société d'investissement PAI Partners[252] (croyez-le ou non, le site de cette entreprise française est en anglais seulement), un « leader européen du *private equity* » (il faut le voir pour le croire) qui détenait 87 % des actions de SPIE, est en partie assuré par le fonds PAI Europe III, qui appartient au Groupe Bruxelles Lambert[253], lui-même un élément clé du dispositif de contrôle de Pargesa et des familles Desmarais/ Frère[254].

Et il y a de cela un peu plus de deux ans, la filiale immobilière de la CDP, la SITQ, s'était départie au profit de GDF Suez, dans laquelle Pargesa détient une participation stratégique, de son intérêt dans AXIMA-Services inc., « le leader québécois de la gestion d'infrastructures techniques, notamment dans le domaine du bâtiment et des infrastructures aéroportuaires[255] ». Ce développement était d'autant plus remarquable que ce domaine d'activité n'entre pas dans le champ des métiers exercés par GDF Suez, comme on peut le constater en visitant le site de l'entreprise[256].

Il faut donc se demander si la présence de GDF Suez dans ce dossier n'en est pas une de pure complaisance pour servir de couverture à des intérêts qui ne pourraient pas se découvrir sans que cela ne soulève un tollé dans l'opinion

---

251. Gérard Bérubé, « La Caisse de dépôt dans l'ingénierie électrique française », *Le Devoir*, 1er juin 2011, http://www.ledevoir.com/economie/actualites-economiques/324491/la-caisse-de-depot-dans-l-ingenierie-electrique-francaise

252. Site de PAI Partners, http://www.paipartners.com/#

253. Site du Groupe Bruxelles Lambert, Autres participations, http://fr.gbl.be/group/participations/rhodia/default.asp?ComponentID=2537&SourcePageID=254#paieurope .

254. Structure de l'actionnariat, Groupe Bruxelles Lambert, http://fr.gbl.be/group/shareholders/default.asp

255. « GDF Suez consolide sa présence au Québec », Communiqué de presse, 10 février 2009 http://cofelyservices-gdfsuez.net/pdf/actualite/Communique_AXIMA-GDF-SUEZ_FR.pdf

256. Profil du Groupe, site de GDF Suez, http://www.gdfsuez.com/fr/groupe/profil/profil/

publique. Ce genre de pratique est courant dans les milieux d'affaires.

On comprend donc qu'il soit crucial, pour un groupe comme Power et les intérêts Desmarais, d'avoir leurs entrées auprès du pouvoir politique, et à plus forte raison lorsqu'ils sont en plein repositionnement stratégique à des fins défensives, comme c'est le cas à l'heure actuelle.

On comprend aussi qu'ils aient pu être inquiets de voir le PLQ et Jean Charest tomber en chute libre dans l'opinion publique au moment où ils en avaient le plus besoin. Et il fallait que leurs craintes soient très fortes pour encourager comme ils l'ont fait la venue du tandem François Legault-Charles Sirois sur l'échiquier politique, pour remplacer Charest et le PLQ qu'ils considèrent irrémédiablement discrédités dans l'opinion publique.

Comme je l'écrivais il y a quelques mois :

Mais que se cache-t-il donc derrière cette précipitation à vouloir forcer le jeu? Y a-t-il quelque chose que l'Empire Desmarais sait et que nous ne savons pas? La réponse à cette question est évidente. Oui, il y a beaucoup de choses que l'Empire Desmarais sait et que nous ne savons pas.

Et il semble que l'imminence des développements qu'il anticipe pousse l'Empire à vouloir compter sur la présence au Québec d'un gouvernement qui sera favorable à ses intérêts. Un gouvernement qui repoussera toute perspective d'indépendance aux calendes grecques et qui adoptera un agenda conservateur sur le plan budgétaire, comme celui qui vient d'être déposé en Angleterre, pour permettre à l'Empire de mettre la main sur les richesses du Québec.

Pour justifier que l'Empire se mette à nu comme il le fait, ce doit être gros, très gros. Tellement gros que je ne serais pas surpris qu'il s'agisse d'une crise économique encore plus grave que celle que nous venons de connaître, ou alors d'une guerre.

Nous savons maintenant qu'il s'agit plus vraisemblablement d'une crise économique que d'une guerre.

À l'heure de remettre mon manuscrit à l'éditeur dans les derniers jours de février 2012, l'hypothèse d'une guerre, mondiale de surcroît, ne peut plus du tout être exclue, et le Canada a même été nommément mis en garde, et tout comme les États-Unis et la France, par la Chine le 30 novembre dernier dans le cadre d'un bulletin de nouvelles de la télévision chinoise sous-titré en anglais[257]. Cette information, pourtant de première importance pour les Canadiens, n'a fait l'objet d'aucune diffusion au Canada. Censure oblige.

L'ayant repérée sur un site américain d'information boursière, j'ai écrit pour *Vigile* un article intitulé « **Et si l'issue devait être la Troisième Guerre mondiale[258] ?** ».

Mais revenons aux stratégies de Paul Desmarais :

… Nous savons maintenant aussi que l'Empire Power est prêt à tout pour mettre la main sur les richesses du Québec. Sa survie est en jeu.

Comme je le disais au début, on ne peut pas reprocher à un loup d'être un loup, et il ne fait aucun doute que, dans cette affaire, le loup est affamé. La responsabilité du berger n'en est donc que plus grande. Or il se trouve en ce moment que le berger est Jean Charest, et la complaisance qu'il démontre en ouvrant toutes grandes les portes de la bergerie au loup est proprement alarmante.

---

257. « China Will Not Hesitate To Protect Iran Even With A Third World War », ZeroHedge http://www.zerohedge.com/news/china-will-not-hesitate-protect-iran-even-third-world-war

258. *Vigile*, 30 novembre 2011, http://www.vigile.net/Et-si-l-issue-devait-etre-la

Sans aucun mandat à cet effet, il dilapide nos richesses collectives au profit d'intérêts privés comme Power. Sous sa direction, le Québec est en train de faire un grand bond en arrière et de revenir à l'époque de Duplessis.

On se souviendra que les Québécois avaient alors senti le besoin de mettre fin à cette exploitation et s'étaient lancés dans un vaste exercice de reprise en main des leviers de l'État sous le thème « Maîtres chez nous ». Nous voici de nouveau confrontés à la même nécessité.

Quelques jours plus tard, c'est nulle autre que la consule générale de France à Québec, Mme Hélène Le Gal, qui allait se trouver à confirmer indirectement mon hypothèse dans le cadre d'une entrevue qu'elle avait accordée au journaliste Antoine Robitaille, du journal *Le Devoir*[259], à l'occasion du 14 juillet, fête nationale des Français.

Je repris donc la plume pour livrer sur *Vigile* le commentaire intitulé :

Quand les hypothèses d'un jour deviennent les vérités du lendemain[260]

Les événements vont tellement vite que les hypothèses d'un jour deviennent les vérités du lendemain. En effet, lorsque j'ai écrit l'article intitulé « L'appétit vorace de "l'oncle" Paul », j'étais loin de me douter que l'actualité des jours suivants allait venir confirmer la justesse de mon analyse.

Le 14 juillet, jour de la fête nationale de la France, *Le Devoir*, sans doute en hommage à celle-ci, publiait une entrevue d'Antoine Robitaille avec Mme Hélène Le Gal, consule générale de France à Québec. Mme Le Gal, qui n'est

259. Antoine Robitaille, « Un Plan Nord à faire rêver les Français », *Le Devoir*, 14 juillet 2011, http://www.vigile.net/Un-Plan-Nord-a-faire-rever-les
260. *Vigile*, 18 juillet 2011, http://www.vigile.net/Quand-les-hypotheses-d-un-jour

manifestement pas au fait de toutes les réserves que soulève le Plan Nord de Jean Charest parmi les Québécois, l'endosse sans réserve au nom des intérêts français qu'elle représente.

Il est tout de même surprenant de retrouver aussi nettement l'ombre de Paul Desmarais dans cette entrevue, un signe de l'énorme influence qu'il est parvenu à accumuler tant au Québec qu'en France. Lisez Robitaille :

> À la fin juin, en entrevue avec le magazine français *L'Express*, le patron de Power Corporation, Paul Desmarais fils, très proche de Jean Charest, adoptait d'ailleurs précisément ce vocabulaire : « Ce n'est pas un hasard si le premier ministre québécois vient de lancer un Plan Nord pour valoriser les ressources de nos grands espaces. »
>
> Au sujet justement de ces « grands espaces », Hélène Le Gal est formelle : « Ce n'est pas un mythe, c'est une réalité ! Quand on parle de centaines, de milliers de lacs ; quand on parle d'un territoire qui fait deux fois la France, c'est assez extraordinaire ! »

Et un peu plus loin dans l'entrevue :

> Par ailleurs, malgré la crise de la dette qui frappe l'Europe et la zone euro, il n'y aurait rien à craindre pour la conclusion d'un accord entre le Canada et l'Union européenne, croit Hélène Le Gal.
>
> C'est là une autre initiative du premier ministre québécois. (Paul Desmarais fils le soulignait d'ailleurs à *L'Express* en juin : « Le Canada a besoin de diversifier ses marchés pour réduire sa dépendance envers les États-Unis, et cet accord le lui permettra. Le premier ministre québécois, Jean Charest, a joué un rôle décisif dans ce dossier. »)

J'étais donc pleinement justifié de souligner, dans mon article sur le réalignement des stratégies de Power Corporation, l'intérêt que représentait pour elle la mise en route du Plan Nord :

> Et si l'on examine maintenant la liste des champs d'activités des entreprises dans lesquelles Pargesa est présente, on constate que le mariage est parfait. Même si aucune annonce n'a encore été faite à propos d'un éventuel investissement d'Imerys ou de l'une de ses filiales au Canada, on voit bien que le Plan Nord est taillé sur mesure pour ses besoins.

Quant à la nécessité du repositionnement stratégique de Power Corp. en dehors des services financiers, elle vient d'être confirmée ce matin dans un article diffusé par l'agence Reuters[261]. Si le nom de Power n'apparaît pas comme tel, il faut comprendre que les difficultés des plus grosses entreprises mondiales de services financiers vont se répercuter à tout le secteur, et que les filiales de Power actives dans ce secteur et détentrices de quantités faramineuses de titres de toutes sortes vont subir de plein fouet le contrecoup de l'effondrement des marchés qui s'annonce, dans une illustration parfaite de la théorie des dominos.

Power est donc engagée depuis déjà quelque temps dans une course contre la montre pour se repositionner stratégiquement et réduire son exposition au secteur des services financiers, et c'est cette précipitation qui l'amène à se découvrir de plus en plus, au risque de provoquer une réaction hostile des Québécois devant l'impudence et le sans-gêne avec lesquels

---

261. Ben Berkowitz, « S&P Threatens Broad Downgrade of Finance Companies », Reuters, 15 juillet 2012, http://www.reuters.com/article/2011/07/15/us-standardandpoors-credit-idUSTRE76E5O220110715

ils sont en train de se faire plumer et l'échelle à laquelle cette dépossession est en cours.

Devant une telle agression, il n'existe qu'une seule solution : la reprise en main des leviers de l'État par un parti politique voué à la défense et à la promotion du bien commun. Autrement dit, un parti qui n'est ni de mèche avec ni soutenu par Power Corporation et les Desmarais.

La crise financière mondiale s'est considérablement aggravée au cours de l'automne 2011, et la situation du secteur financier s'est dégradée. Comme celui-ci représente environ 80 % des activités de Power Corporation au dire de *La Presse*[262], il est certain que cette dégradation se répercutera tôt ou tard dans les résultats de Power.

En cherchant à découvrir quel pourrait en être l'ordre de grandeur, je suis tombé par hasard sur l'article consacré à Paul Desmarais dans la version anglaise de Wikipedia[263] et j'ai trouvé l'information suivante, qui n'apparaît pas dans la version française :

> *He was Canada's 4th richest man in 2007 and his severe drop in wealth in 2008 reflected a 44 percent plunge of the Power Corporation of Canada's shares, when the company's profits fell 41 percent — its lowest share price since 2002...*

Autrement dit, la crise financière de 2008 avait effacé 44 % de la capitalisation boursière de 2008. C'est un chiffre énorme qu'il faut rapprocher de la perte de 40 milliards $ encaissée par la Caisse de dépôt à la même époque, et nous finirons bien un jour par savoir quel est le lien entre les deux.

---

262. Martin Vallières, « Regain de confiance incomplet, selon le président de Power », *La Presse*, http://lpa.cyberpresse.ca/economie/canada/201005/14/01-4280275-regain-de-confiance-incomplet-selon-le-president-de-power.php
263. Paul Desmarais, Wikipedia.

Car lien il y a, ne serait-ce qu'à cause du passage aussi soudain qu'inexpliqué de Henri-Paul Rousseau, le président de la Caisse au moment des événements, au service de Power Corporation tout de suite après ceux-ci.

La question se pose évidemment de savoir dans quelle mesure Power a pu reprendre du terrain après une telle chute. En consultant les sites spécialisés d'information boursière, j'ai pu établir le portrait suivant.

Dans la semaine du 3 décembre 2007, le titre Power Corporation atteignait un sommet de 41,45 $, et dans la semaine du 2 mars 2009, il atteignait un creux de 15,38 $[264]. Au moment d'écrire ces lignes[265], il se négocie à 25,18 $, ce qui veut dire que le regain a été marginal.

Sachant ce que nous savons sur les conditions actuelles du marché et les perspectives des mois à venir, il est certain que le titre va encore souffrir. Voyant pointer les difficultés à l'horizon et connaissant les liens entre Power et la Caisse de dépôt, j'écrivais le 16 novembre 2011 un texte intitulé :

Une opacité financière à faire craindre le pire[266]
Quand les politiciens ont des mauvaises nouvelles à annoncer, ou qu'ils ne veulent pas attirer l'attention, ils attendent le vendredi soir pour émettre le communiqué qu'ils sont obligés de diffuser en comptant que les salles de nouvelles seront désertes dans les médias et que leur message passera inaperçu.

Évidemment, depuis le temps que cette pratique s'est répandue, les journalistes qui couvrent la scène politique sont plus vigilants, et le truc a perdu de son efficacité, sauf à la veille

---

264. Évolution du cours de l'action Power Corporation of Canada sur 5 ans, Yahoo! Finance, http://au.finance.yahoo.com/echarts?s=POW.TO#symbol=pow.to;range=5y; compare=;indicator=volume;charttype=area;crosshair=on;ohlcvalues=0 ;logscale=off; source=undefined;

265. Le 29 février 2012.

266. *Vigile*, 16 novembre 2011 http://www.vigile.net/Une-opacite-financiere-a-faire

d'un congé quelconque. Et plus le congé est long, plus le stratagème a des chances de fonctionner.

Si l'on peut parfaitement comprendre l'intérêt des politiciens à agir de la sorte, on n'est pas naturellement porté à penser que d'autres milieux pourraient être tentés de faire de même, et encore moins lorsqu'il s'agit du communiqué sur les résultats trimestriels d'un holding surtout constitué de services financiers.

Et pourtant, c'est justement ce qui s'est passé vendredi dernier. C'est en effet en fin d'après-midi ce jour-là que Power Corporation a émis son communiqué annonçant ses résultats du troisième trimestre. Rappelons que Power est propriétaire de Gesca, qui est propriétaire de *La Presse*, et que Power est donc très bien placée pour connaître tous les trucs utilisés par les politiciens. De là à s'en servir, il n'y avait qu'un pas, et l'on voit maintenant qu'il a été franchi.

Or, contrairement à d'autres très grosses entreprises du même secteur telles que la Financière Sun Life[267] ou la Financière Manuvie[268] — qui ont toutes deux déclaré, en milieu de semaine dans les tout premiers jours de novembre, l'une après la clôture des marchés, et l'autre, en début d'après-midi, des pertes importantes (572 millions $ dans un cas, et 1 277 millions $ dans l'autre) —, Power nous annonce que tout va pour le mieux dans le meilleur des mondes, et qu'elle a réalisé des profits de 942 millions $ au cours de la même période.

À croire que ces trois entreprises n'œuvrent pas sur la même planète! Pourtant, tous les assureurs vie sont très sensibles à l'évolution du marché des actions, comme j'ai moi-même

267. Communiqué, Financière Sun Life, troisième trimestre 2011, http://www.sunlife.com/static/global/files/News%20Releases%202011%20PDFs/pa_f_Sun_Life_Financial_reports_third_quarter_2011_results_Nov2.pdf
268. Communiqué, Financière Manuvie, 3 novembre 2011, http://www.mfc.com/public/files/200/2/MFC_3Q11_PR_FR.pdf

eu l'occasion de m'en rendre compte lorsque j'étais vice-président du Groupe La Laurentienne et de la Laurentienne Mutuelle d'assurance dans les années 1980. Et les marchés boursiers ont vécu l'enfer au cours du troisième trimestre cette année.

Bien sûr, Power Corporation ne donne pas que dans les services financiers. Il y a ces fameux placements dans Pargesa et les Fonds Sagard, mais même s'ils devaient produire de bons rendements, ils n'échappent pas aux réalités du marché et à la gravité de la crise financière, comme voudraient nous le faire croire les résultats de Power Corporation.

On est donc devant une entreprise à la structure financière très complexe qui ne fait pas tous les efforts nécessaires pour que sa situation financière soit très transparente. En effet, plus la structure est complexe, plus la nécessité de la transparence est grande.

Et là, vous me direz, « Qu'est-ce qu'on peut bien en avoir à f...? On n'est pas des actionnaires de Power ». Non, c'est certainement vrai pour la plupart d'entre vous ; vous n'êtes pas « directement » des actionnaires de Power, mais vous l'êtes tous « indirectement » par le truchement de la Caisse de dépôt et placement du Québec, qui détient certainement des actions de Power — et fort probablement un très gros paquet —, comme elle détient sans doute aussi des titres d'autres entreprises et participations du groupe Power, cotées en Bourse ou non, avec qui il entretient des liens étroits.

La transparence de la situation financière de Power Corporation et de ses filiales vous concerne donc tous car, selon la quantité de titres de ces entreprises que la CDPQ détient, la sécurité de votre retraite pourrait en être plus ou moins affectée.

Et vu les 40 milliards $ perdus par la Caisse en 2008, vu le passage aussi soudain que mystérieux de son ancien président Henri-Paul Rousseau au service de Power Corporation dans les mois qui ont suivi, et vu aussi les liens que le président actuel de la Caisse, Michael Sabia, entretenait déjà avant d'entrer à la Caisse, et entretient encore, avec « l'empire » Desmarais, tous les Québécois apprécieraient sans doute être rassurés que les rapports entre la Caisse et Power Corporation ne soulèvent aucune question d'éthique, et qu'il n'y a aucun lien de dépendance entre toutes ces personnes.

Or ce sont des assurances qui, à l'heure actuelle, nous font cruellement défaut.

Évidemment, si les méthodes de « l'Empire » étaient reconnues pour répondre aux critères de transparence les plus exigeants, nous n'aurions pas d'inquiétude, mais que ce soit dans les dossiers d'Hydro-Québec, des Lucides, du gaz de schiste, de l'Île d'Anticosti, du Plan Nord, de l'Accord économique et commercial global Canada/Union euro-péenne (AÉCGC/UE), ou de la construction du CHUM, nous découvrons que l'Empire avance toujours masqué, en manipulant des pions qui lui sont acquis.

Ces pions sont soit des personnes physiques comme Nicolas Sarkozy, Jean Charest, Maurice Strong, Thierry Vandal, Michel Plessis-Bélair, Lucien Bouchard, Pierre-Marc Johnson, Henri-Paul Rousseau, Loïk Le Floch-Prigent, Me Albert Wildgen, etc., soit des personnes morales comme Total, GDF Suez, Veolia, Dalkia, etc., et avec ce que nous avons découvert sur les activités de « l'Empire » depuis bientôt deux ans, cette liste n'a pas la prétention d'être exhaustive, tant s'en faut !

Pour ce qui est de l'AÉCGC/UE, je relevais récemment, dans mon article intitulé « Le Plan Nord et l'Accord de libre-échange Canada-Europe sont taillés sur mesure pour servir les intérêts de Power », la possibilité que le Québec perde le contrôle sur ses richesses naturelles. Le président du syndicat des technologues d'Hydro-Québec, Réjean Porlier, est même allé plus loin ces jours derniers en soulignant que nos services publics étaient également menacés par cette entente, l'Union européenne ayant insisté pour qu'ils soient inclus dans celle-ci[269].

Et il y a quelques jours, ici même sur la tribune libre de *Vigile*, Louis Aubin nous fournissait une autre preuve du conflit d'intérêts dans lequel se trouve Pierre-Marc Johnson, le négociateur «canadien» de l'AÉCGC/UE. En effet, Pierre-Marc Johnson est membre du Comité de Prospective de l'Institut Veolia Environnement.

Or cet institut est rattaché à Veolia Environnement, dans laquelle une filiale de Power, Putnam Investments, détient un peu moins de 5 % du capital, avant d'en avoir détenu un peu plus. Pour ceux d'entre vous qui seraient curieux de savoir pourquoi Putnam a réduit à un moment donné sa participation sous le seuil des 5 % (4,94 %), je préciserai que si vous détenez plus de 5 % du capital d'une entreprise cotée en Bourse, vous avez des obligations de divulgation qui n'existent pas en bas de ce seuil. Il y en a qui aiment fonctionner sous le radar.

L'information aimablement fournie par Louis Aubin m'a d'ailleurs permis de valider une affirmation que j'avais faite sur la base d'une fausse information sur Dalkia, une filiale de Veolia Environnement, en mars dernier, dans un article sur l'attribution du contrat de la construction du CHUM en PPP à Dalkia.

Effectivement, Power était «dans le portrait», via la participation de Putnam au capital de Veolia[270] (à moins de 5 %, catégorie des «investisseurs institutionnels» appelés familièrement «zinzins» dans le jargon financier), qui détient elle-même 66 % du capital de Dalkia.

[...]

---

269.   Réjean Porlier, «Peuple… tu dors d'un sommeil inquiétant…», *L'Aut'Journal*, 10 novembre 2011, http://www.lautjournal.info/default.aspx?page=3&NewsId=3308

270.   «Veolia: Putnam sous les 5 % du capital», Boursier.com, http://www.boursier.com/actions/actualites/news/veolia-putnam-sous-les-5-du-capital-77260.html.

Et quand on sait que « l'Empire » est un actionnaire stratégique, on comprend qu'il est constamment à la recherche « de contrôle OU d'influence majeure », comme il l'admet lui-même sur le site de Pargesa, et qu'il va mettre à la disposition des entreprises, dans lesquelles il a investi, tout son savoir-faire et son réseau de relations et d'influence pour faciliter l'atteinte de leurs objectifs, étant entendu qu'il en sera l'un des principaux bénéficiaires.

Le processus de sélection de Dalkia comme gestionnaire du PPP du CHUM est donc complètement entaché de partialité et justifierait à lui seul la tenue d'une commission d'enquête.

Mais le meilleur, lorsque vous regardez qui détient le capital de Veolia[271], c'est de découvrir que, outre Power via Putnam, le Groupe Industriel Marcel Dassault en détient 5,9 %, et Groupama[272], un groupe d'assurance français, en détient 5,7 %.

Or si vous consultez le site de Power Corporation, vous constaterez qu'on trouve Laurent Dassault[273], vice-président du Groupe Industriel Marcel Dassault SA, sur son conseil d'administration.

Et pour Groupama, je vous le donne en mille, l'actuel premier vice-président et chef des placements de la CPDQ, Roland Lescure, était, avant d'occuper ses fonctions actuelles, le directeur général adjoint et directeur des gestions auprès de l'une des plus grandes sociétés de gestion d'actifs de France, Groupama Asset Management (notez au passage le snobisme des Français qui utilisent l'anglais pour faire « in », comme on dit à Paris), une filiale de Groupama.

---

271. Structure du capital, Veolia Environnement, http://www.finance.veolia.com/investisseurs-structure-du-capital.html
272. Site de Groupama, http://www.corporate.groupama.com/groupe/profil/faits-et-chiffres-@/index.jspz?id=216.
273. Site de Power Corporation du Canada, Équipe de direction, http://www.powercorporation.com/fr/gouvernance/equipe/

Les rapports et les liens de toutes les personnes physiques et morales ci-dessus mentionnées ne sont évidemment pas étrangers à la nomination de Roland Lescure[274] à la Caisse de dépôt et placement du Québec, et soulèvent **beaucoup de questions, autant quant à l'indépendance de Lescure dans ses fonctions à la Caisse, qu'à celle de la Caisse dans son mandat.**

Là encore, il y aurait matière à commission d'enquête. Soit que le gouvernement Charest est au courant, et il y a alors lieu de se demander pourquoi il consent à ce que des intérêts privés s'ingèrent dans le fonctionnement de la Caisse (et au bénéfice de qui), soit il n'est pas au courant, et il faut le fustiger pour son incurie.

En attendant, une chose est certaine. Le loup est dans la bergerie et les Québécois sont en train de se faire tondre, et peut-être même égorger, comme des moutons. Quand vous réaliserez que votre régime de retraite est à sec, il sera trop tard pour vous plaindre. C'est maintenant qu'il faut agir.

Je vous l'ai annoncé plus haut, il y aura enquête, comme me l'a confirmé le commissaire au lobbyisme en date du 16 février 2012.

Mais l'ampleur de l'affaire, la séniorité des personnes impliquées tant dans l'appareil de l'État que dans le secteur privé, leur rang social et les répercussions incroyables qu'un tel scandale pourrait avoir tant sur le plan politique que sur les plan économique et financier, me font douter de la capacité du commissaire et de son équipe à aller, comme il le devrait, au fond des choses, et surtout en temps utile.

En effet, la pire chose qui pourrait arriver, c'est que son intervention se résume à trop peu, trop tard. Au point de vue de l'intégrité de nos institutions, de l'intérêt collectif, ou de notre

---

274.   Site de la Caisse de dépôt et placement du Québec, Roland Lescure, http://www.lacaisse.com/fr/a-propos/organisation/equipe-direction/roland-lescure .

sécurité économique, il y a très clairement et très manifestement péril en la demeure, et je souhaite de tout cœur que l'organisme qu'il dirige ait le sens du devoir, la force, la clairvoyance, la détermination, et les moyens de faire le nécessaire. Sans chercher à dramatiser inutilement la situation, j'ai la profonde conviction que l'avenir du Québec en dépend, et qu'il le tient entre ses mains.

Chapitre 7

LES PROJETS D'AVENIR

En prenant tranquillement la mesure de l'Empire Desmarais au cours des deux dernières années, m'est revenu en mémoire ce que l'on disait autrefois de l'Empire britannique : « Le soleil ne se couche jamais sur l'Empire. »

Mais l'histoire n'évolue plus comme autrefois, où l'extension géographique était le facteur le plus important dans la mesure de la puissance impériale. De toute façon, l'Empire Desmarais a déjà relevé le défi géographique et il est maintenant bien implanté au Québec, au Canada, aux États-Unis, en Europe et en Chine, sans compter les pays où opèrent toutes les entreprises qu'il contrôle ou dans lesquelles il détient des participations.

Aujourd'hui, et les événements en cours dans le monde se chargent de nous le rappeler, tant pour les pays que pour les entreprises, les seules mesures de la puissance sont la solidité financière et la pérennité. À cette aune, l'Empire a de gros défis devant lui, défis qu'il n'est d'ailleurs pas le seul à avoir même si notre attention se trouve surtout captée par son cas, vu l'incidence qu'il a pour nous.

Dans de telles conditions, quoi de plus alléchant que d'opérer un rapprochement stratégique avec une institution très solide possédant une grande surface financière et des racines très profondes comme le Mouvement Desjardins ?

Pour ceux d'entre vous qui voudraient rejeter cette hypothèse du revers de la main tant elle leur semble farfelue, je vous invite à lire ce texte que j'ai écrit pour *Vigile* à la suite d'un échange avec Claude Béland, l'ancien président du Mouvement Desjardins avec qui j'avais partagé mes inquiétudes sur ses nouvelles orientations.

Les visées du fédéral et de « l'Empire » sur le Mouvement Desjardins[275]

J'ai hâte de pouvoir vous parler d'autre chose que de Power Corporation, mais depuis que j'ai commencé à le faire, je vais de découverte en découverte, à mon plus grand étonnement. Jamais je n'aurais pensé que ce groupe était devenu une véritable pieuvre dont les tentacules se déployaient jusque dans nos centres de décision et de pouvoir pour les assujettir au service de ses intérêts.

À chaque nouvelle découverte, le premier moment de surprise passé, je me suis interrogé sur le sens qu'il fallait y donner et les conclusions qu'il convenait d'en tirer. Et chaque fois, avant de me résoudre à signaler un nouveau cas, je me suis demandé si je n'étais pas en train de céder à l'hystérie du complot.

Dans un certain sens, j'aurais presque préféré que ce soit le cas tant ces découvertes mettent en relief la fragilité de nos institutions et la légèreté avec laquelle nos élus et les dirigeants de nos entreprises publiques sont prêts à trahir leur mandat de fiduciaires du bien public et de nos intérêts collectifs au bénéfice d'intérêts privés.

Le scandale rejaillit sur nous tous et nous interpelle tous. Si nos fiduciaires ont des devoirs, nous en avons nous aussi, à commencer par celui d'exercer un contrôle et de demander des comptes, et il semble que nous ayons failli dans un cas comme dans l'autre. Notre manque de vigilance nous coûte déjà très cher, et pourrait nous coûter encore plus cher si nous ne nous empressons pas de reprendre le contrôle de nos affaires.

---

275. *Vigile*, 21 novembre 2011, http://www.vigile.net/Les-visees-du-federal-et-de-l

Au début de l'année en cours, en cherchant à comprendre comment la « comète » Bouchard en était venue à représenter les intérêts de l'industrie pétrolière et gazière, j'avais eu la surprise de découvrir qu'un membre de la haute direction du Mouvement Desjardins, Christiane Bergevin, vice-présidente exécutive aux partenariats stratégiques, siégeait au conseil d'administration de Talisman Energy, l'entreprise qui allait défrayer les honoraires de Lucien Bouchard, et j'écrivais ceci :

> Je suis prêt à parier que la plupart des sociétaires des caisses Desjardins n'ont aucune idée de la façon dont a évolué le Mouvement Desjardins ces dernières années, ni que sa présidente, Monique Leroux, est également membre du conseil d'administration (tout comme le PDG d'Hydro-Québec, Thierry Vandal) du Conference Board, cette officine de propagande fédéraliste qui déverse régulièrement son fiel sur le Québec. Je serais très curieux de savoir ce qu'en pense Claude Béland.

Les mois allaient passer, jusqu'à ce que j'aie récemment l'occasion de croiser Claude Béland et d'échanger quelques mots avec lui à l'occasion d'un lancement de livre (Pierre Graveline, *La liberté du Québec*). Rapidement, j'en vins à lui demander ce qu'il pensait des orientations du mouvement qu'il avait dirigé pendant tant d'années. Je fus surpris de l'entendre me répondre qu'il ne le reconnaissait plus et qu'il était inquiet de le voir aller.

Dans les semaines qui suivirent, j'entrepris de fouiller un peu le dossier pour découvrir que Claude Béland avait en fait donné une entrevue à ce sujet à la journaliste Maxime Bertrand, de Radio-Canada[276], une initiative que la direction

---

276. Maxime Bertrand, « L'esprit coopératif du Mouvement Desjardins remis en question », Radio-Canada, http://www.radio-canada.ca/nouvelles/Economie/2011/04/06/015-desjardins-caisses-proximite.shtml

actuelle du Mouvement Desjardins n'avait guère prisée[277]. La présidente, Monique Leroux, s'était même crue obligée de « nier que le Mouvement Desjardins soit devenu semblable à une banque ».

En poursuivant mes recherches, je découvris que Claude Béland, en qualité de président du Mouvement d'éducation et de défense des actionnaires (MÉDAC), avait comparu en 2010[278] devant le comité sénatorial permanent des finances pour dénoncer un projet de loi fédéral omnibus « … qui comportait plus de 800 pages et 2 000 articles et abordait différents sujets, dont la création de coopératives de crédit fédérales. Le gouvernement fédéral proposait ainsi de mettre en place un cadre qui permettra aux coopératives de crédit et aux caisses populaires provinciales d'être constituées, ou de poursuivre leurs opérations, en tant que coopératives de crédit fédérales, qui seront reconnues comme des banques aux termes de la Loi sur les banques. »

En fouillant encore, je découvris qu'il s'agissait du projet de loi C-9, intitulé « Loi portant exécution de certaines dispositions du budget déposé au Parlement le 4 mars 2010 et mettant en œuvre d'autres mesures » ou, en version abrégée : « Loi sur l'emploi et la croissance économique[279] ».

Effectivement, lorsqu'on en consulte la table des matières, on découvre, à la toute fin, Partie 17, art. 1 894.1 et suivants[280],

277. Maxime Bertrand, « Le Mouvement secoué par la sortie de son ancien président » dans « Desjardins manœuvre pour faire taire la grogne en Montérégie », Radio-Canada, 18 mai 2011, http://www.radio-canada.ca/nouvelles/Economie/2011/05/18/014-desjardins-centres-services.shtml .

278. « Coopératives de crédit fédérales — Un projet de loi qui dénature la coopération et mêle l'épargnant », http://economiesocialequebec.ca/?module=document&uid=1205&division=24

279. Site du Parlement du Canada, Projet de loi C-9, http://www.parl.gc.ca/HousePublications/Publication.aspx?Pub=Bill&Doc=C-9_1&Mode=1&Parl=40&Ses=3&Language=F&File=32#1

280. *Ibid.*, http://www.parl.gc.ca/HousePublications/Publication.aspx?Pub=Bill&Doc=C-9_1&Mode=1&Parl=40&Ses=3&Language=F

des amendements à la « Loi sur les Banques » qui touchent les « Coopératives de crédit » comme le Mouvement Desjardins, et qui leur permettront, sur simple demande au gouvernement fédéral, de poursuivre leurs activités en vertu de la loi fédérale, donc, pour une institution comme le Mouvement Desjardins, d'échapper au contrôle du Québec et de passer sous contrôle fédéral pour devenir éventuellement une banque fédérale. Ouf !

Vous voyez le tour de passe-passe ? Un jour, un fleuron Québécois ; le lendemain, banque fédérale, et astreinte au bilinguisme de la Loi sur les langues officielles en plus !

Alors, la première chose qu'il faut dire, c'est qu'en raison du déclenchement de la dernière campagne électorale, cette loi ne put être adoptée et que le contrôle du Mouvement Desjardins demeure encore au Québec, pour le moment.

Pour le moment seulement, car le gouvernement fédéral va devoir prochainement présenter un autre budget qui comportera ces mêmes mesures, et cette fois-ci, elles seront adoptées parce que le gouvernement Harper est désormais majoritaire, conséquence de l'élection du 2 mai dernier.

Avant d'aller plus loin, admirez l'astuce ! Des mesures fondamentales qui vont modifier profondément l'équilibre des pouvoirs économiques entre le gouvernement fédéral et les gouvernements provinciaux noyées dans un projet de loi omnibus comportant plus de 2 000 articles (2 208, pour être précis) ! Et avez-vous entendu un seul mot du ministre des Finances du Québec pour alerter l'opinion québécoise et défendre les compétences du Québec ? Non, pas un seul.

Alors, après le projet de loi fédéral pour mettre sur pied une commission nationale des valeurs mobilières et s'emparer de la compétence des provinces en la matière, voici que le gouvernement fédéral récidive et cherche à prendre le contrôle de Desjardins ! J'entends déjà Bachand nous susurrer sa réponse mièvre : « Le Mouvement Desjardins a le choix, il n'est pas obligé de passer sous contrôle fédéral. Il est maître de ses décisions ».

À ce stade-ci, vous me direz : « Bon, on veut bien comprendre ce que vient faire le fédéral dans le dossier, mais Power ? »

C'est encore plus astucieux. Pour ma part, j'ai commencé à comprendre ce qui se passait quand Hydro-Québec a annoncé son intention d'acquérir Énergie NB. Cette décision sortait de nulle part et ne correspondait à aucune logique d'affaires pour Hydro-Québec. Mais alors, à quelle(s) logique(s) pouvait-elle répondre ? En fait, à deux logiques différentes : une politique, et une d'intérêts autres que ceux d'Hydro-Québec ou du Québec ; les deux imbriquées l'une dans l'autre.

Quiconque est intéressé à acquérir Hydro-Québec comprend rapidement qu'il ne parviendra pas à le faire facilement tant qu'Hydro-Québec sera sous l'autorité du gouvernement du Québec.

Mais si Québec perd cette autorité parce qu'il devient une entreprise aux activités interprovinciales, donc nécessairement assujettie à la compétence fédérale, l'intérêt pour le gouvernement du Québec de demeurer le seul actionnaire d'Hydro-Québec diminue considérablement, et une privatisation partielle ou totale devient envisageable assez rapidement, surtout si quelques « Lucides » à la solde des intérêts qui convoitent Hydro-Québec sont parvenus à convaincre la population québécoise que sa dette collective est tellement élevée qu'il faut la réduire en vendant les bijoux de famille.

Après cette fusion ratée est apparue dans le décor l'affaire Petrolia à l'Île d'Anticosti, dans laquelle on retrouvait encore la main d'Hydro-Québec derrière laquelle se profilait l'ombre de Power.

Puis sont survenus le Plan Nord et ses étranges concessions aux compagnies minières, et surtout l'Accord économique global Canada/Union européenne, par lequel le Québec se trouverait à perdre une partie de ses compétences au profit du fédéral, toujours au bénéfice d'intérêts autres que ceux du Québec et des Québécois.

On voit bien que le *modus operandi* est toujours le même et qu'il s'agit de réduire l'emprise du gouvernement du Québec sur le patrimoine collectif des Québécois pour que des intérêts privés puissent s'en emparer.

C'est d'ailleurs exactement ce que préconisait le manifeste « Pour un Québec lucide ». On ne peut donc pas reprocher à l'Empire de manquer de cohérence dans sa démarche.

Dans le cas de Desjardins, la stratégie comporte deux étapes (c'est Claude Morin qui va être heureux de voir son modèle faire école!). D'abord, Desjardins passe sous contrôle fédéral, et puis Desjardins passe sous le contrôle de Power.

Je me suis laissé dire que la présidente du Mouvement Desjardins est tellement confiante de passer prochainement sous contrôle fédéral qu'elle a même commencé à répliquer aux objections de son autorité de contrôle actuelle[281] que si celle-ci lui mettait des bâtons dans les roues pour certains de ses projets, elle irait se chercher une charte fédérale.

Quant à Power, il faut savoir qu'en affaires tout fonctionne par réseaux de contacts, et que si vous vous mettez à fouiller pour vérifier s'il existe des contacts entre Monique Leroux, les Desmarais, Power, et Lucien Bouchard, vous allez être surpris de leur quantité. À croire qu'ils sont cul et chemise.

Encore tout récemment, Michel David, du *Devoir*, nous apprenait que « Jean Charest s'était vu remettre le prestigieux prix Woodrow Wilson pour le "service public[282]", en même temps que la présidente du Mouvement Desjardins, Monique

---

281. L'Autorité des marchés financiers du Québec.
282. Michel David, « Le lauréat », *Le Devoir*, 25 octobre 2011, http://www.ledevoir.com/politique/quebec/334436/le-laureat

Leroux, honorée dans la catégorie "présence sociale de l'entreprise"».

Or le prix Woodrow Wilson est décerné par le Woodrow Wilson Center. Comme je l'écrivais il y a quelques semaines : «Oui, au cas où vous ne le sauriez pas, c'est l'Empire qui est derrière cette initiative[283]. Allez donc jeter un coup d'œil sur le site de l'organisation qui l'attribue[284]. Vous découvrirez que Paul Desmarais père y est associé depuis 2003, lorsqu'il l'a lui-même reçu en compagnie de son bon pote Brian Mulroney.» Et, touche délicate s'il en est, Monique Leroux reçoit le prix dans la même catégorie que Paul Desmarais père en 2003, soit «Présence sociale de l'entreprise». Sortez vos mouchoirs !.

Mais, me direz-vous, tout ça, c'est bien beau, mais ça ne nous explique pas pourquoi l'Oncle Paul tient tant à mettre la main sur Desjardins.

La réponse est toute simple. Les modifications prévues à la législation fédérale dont je vous ai parlé plus haut vont permettre au Mouvement Desjardins de devenir une banque, et Paul Desmarais rêve d'une banque depuis toujours. Pour preuve, je vous renvoie d'abord à un article de Gérard Bérubé, du *Devoir*, qui date de 2008[285], et je vous explique qu'un groupe de services financiers comme l'est Power à 80 % n'a pas de rêve plus cher que de mettre la main sur une banque.

Pourquoi? Parce qu'une banque lui offre des perspectives de revenus bien plus stables que des compagnies d'assurances ou des maisons de placement dont les revenus sont liés à la performance des marchés financiers qui, comme chacun sait,

---

283. Richard Le Hir, « L'Empire tente une manœuvre pour forcer le jeu », *Vigile*, 27 octobre 2011, http://www.vigile.net/L-empire-tente-une-manoeuvre-pour

284. Annual Report, THE CANADA INSTITUTE of the Woodrow Wilson International Center for Scholars, http://www.wilsoncenter.org/sites/default/files/03%20Annual%20Report.pdf

285. Gérard Bérubé, « Perspectives — Et si Power voulait la Nationale? », *Le Devoir*, http://www.ledevoir.com/economie/actualites-economiques/192720/perspectives-et-si-power-voulait-la-nationale .

peuvent connaître de très grosses fluctuations. C'est d'ailleurs le cas en ce moment, et je soulignais encore ces jours derniers que le cas de Power était particulièrement préoccupant à cet égard[286].

Tandis qu'une banque… Comme le dit avec cette désinvolture et la gouaille qu'on lui connaît Jean-Paul Belmondo, dans un film intitulé *Les morfalous*: «C'est bandant une banque…». Mais blague à part, les actualités des derniers mois ont permis à tout le monde de comprendre qu'une banque était une véritable machine à imprimer de l'argent.

Alors imaginez que vous êtes mal pris, comme Power l'est en ce moment, et que vous pouvez compter sur une machine à imprimer de l'argent de la taille de celle qu'aurait le Mouvement Desjardins s'il devenait une banque…

Donc, si vous êtes un sociétaire de Desjardins et que la sécurité de votre épargne vous préoccupe le moindrement, faites le nécessaire pour que l'Oncle Paul ne mette pas le grappin dessus. Et si vous êtes un Québécois fier des réalisations du mouvement coopératif, faites de même. Mais dépêchez-vous; les loups sont affamés ces temps-ci, et ils vont l'être encore plus dans les mois qui viennent.

Au moment d'aller sous presse, le gouvernement fédéral n'avait toujours pas présenté de nouveau budget, et nous ne savons pas si ce budget comportera les dispositions qui n'avaient pu être adoptées l'an dernier vu le déclenchement de la campagne électorale. Le silence du gouvernement fédéral, de l'Empire et du Mouvement Desjardins sur leurs intentions constitue une indication qu'ils sont à la manœuvre.

---

286. Richard Le Hir, «Une opacité financière à faire craindre le pire», *Vigile*, 16 novembre 2011, http://www.vigile.net/Une-opacite-financiere-a-faire

Conclusion du tome I

Lorsque j'ai proposé ce livre à mon éditeur à la fin de 2011, je n'avais aucune idée que les événements de 2012 allaient être si fertiles en rebondissements et que j'en viendrais à demander l'ouverture d'une enquête au commissaire sur le lobbyisme.

Plus les semaines passaient, et plus je me rendais compte que je ne serais pas en mesure d'écrire de conclusion. Elle viendra donc plus tard, dans un second ouvrage qui s'intitulera soit *Le triomphe de l'Empire Desmarais*, soit *La chute de l'Empire Desmarais*, tant il est inconcevable qu'il puisse connaître un sort intermédiaire.

Personnage hors norme et personnage énorme (au sens de la place qu'il a su se tailler), Desmarais est condamné au succès le plus éclatant ou à l'échec le plus retentissant, et c'est ce qui le rend si fascinant.

Quelques jours avant de remettre mon manuscrit à mon éditeur[287], un ami me faisait parvenir un vidéoclip d'Hervé Juvin, spécialiste français de la géopolitique, intitulé «Bienvenue dans la crise du monde[288]». Selon Wikipedia,

Hervé Juvin est un essayiste et économiste français.

Originaire de Bretagne, il fait ses études à Sciences-Po à Paris. En parallèle, il écrit des essais et fait du cinéma expérimental.

---

287. C'est tellement plus beau que de dire «lui transmettre le fichier Word de mon livre».
288. Hervé Juvin, Bienvenue dans la crise du monde, *Realpolitik.tv*, 18 février 2012.

Plus tard, il se rapproche de Marcel Gauchet [historien et philosophe français] et de Raymond Barre [ministre du Commerce extérieur puis premier ministre sous le président Valéry Giscard d'Estaing].

Hervé Juvin est actuellement Président d'Eurogroup Institute, société qu'il a créée. Il est aussi vice-président du groupe Agipi et de la Société de Stratégie.

Il a publié une dizaine d'ouvrages et de rapports, ainsi que des articles dans différents journaux :

- en tant que chroniqueur au journal *Le Monde*,
- en tant que rédacteur pour *L'Expansion*, l'*AGEFI*, AGIR et *Enjeux-Les Échos*.

Hervé Juvin publie une chronique mensuelle sur le site de géopolitique *Realpolitik.tv* .

Dans ce vidéoclip tout récent, Hervé Juvin nous confirme en ce début d'année le changement d'objet de la finance internationale, qui se détourne des services financiers pour se réorienter stratégiquement vers les biens tangibles que sont les ressources énergétiques, les métaux précieux, les minerais, etc.

En somme, il se trouve à confirmer que Power Corporation et les Desmarais font exactement ce que font tous les grands acteurs des services financiers dans le monde : se précipiter sur la sortie au plus vite, et se servir de l'argent qui leur reste pour investir massivement dans des actifs de terrain, comme je l'avais annoncé à l'été 2011 dans le cas de Power[289].

Mais Power est déjà rendue plus loin dans son raisonnement. Consciente de l'imminence d'un effondrement financier en Europe et aux États-Unis, Power se replie sur sa base, le Canada, qui offre un potentiel exceptionnel de développement des richesses naturelles, notamment en Alberta avec les sables bitumineux, et

---

289.   Voir note 244.

au Québec avec tout le reste (eau, minerais, métaux précieux), et peut-être même en prime du pétrole.

Parallèlement, Power raffermit ses liens avec la Chine[290], que Paul Desmarais cultive depuis plusieurs années, ayant compris depuis longtemps qu'elle risque de devenir, beaucoup plus rapidement qu'on l'anticipait il y a encore cinq ans, la première puissance mondiale.

Brillant scénario, sauf que…

Il n'est pas du tout certain que Paul Desmarais et Power vont parvenir à leurs fins.

En chemin, ils ont, métaphoriquement parlant s'entend, laissé traîner beaucoup trop de cadavres, et l'on peut littéralement les suivre à la trace. On ne peut pas bafouer les gens comme ils l'ont fait au fil des ans sans accumuler contre soi de profondes rancœurs. J'en ai documenté quelques-unes dans cet ouvrage. Tôt ou tard, le vent tourne, et c'est la curée.

Par ailleurs, pour qu'il réussisse, leur plan doit être exécuté en catimini, pendant que les gens ont le dos tourné ou que leur attention est attirée par autre chose. Lorsque les populations prennent conscience de ce qui est en train de se passer, elles se rebiffent, comme l'a éloquemment démontré le Nouveau-Brunswick avec le projet avorté d'acquisition d'Énergie NB par Hydro-Québec.

Comme je l'écrivais alors dans :

Une leçon pour les Québécois[291] :

L'annulation de la vente d'Énergie NB à Hydro-Québec est une victoire des Néo-Brunswickois, qui peuvent se vanter d'avoir rendu un fier service à leurs voisins québécois. Connaissant bien les gens de cette région pour y avoir vécu et

---

290. Gérard Samet, «Power Corporation et la Chine : une relation de longue date», *Argent*, 22 août 2011, http://argent.canoe.ca/lca/affaires/quebec/archives/2011/08/20110822-060430.html
291. *Vigile*, 25 mars 2010, http://www.vigile.net/Une-lecon-pour-les-Quebecois

travaillé, j'ai compris dès l'annonce de la transaction qu'elle ne passerait pas comme du beurre dans la poêle.

Dès le lendemain de l'annonce de cette transaction, *Le Devoir* et *La Presse* publiaient tous deux dans leurs chroniques d'opinion un article que j'avais intitulé : « Une version "affaires" de l'accord du lac Meech[292] ? » J'y expliquais que les gens de l'Atlantique tiennent aux rares instruments de développement qu'ils possèdent comme à la prunelle de leurs yeux.

Je ne m'étais pas trompé. La réaction a été si vive que la région est en pleine ébullition depuis. On a assisté à une mobilisation sans précédent d'une population généralement très placide et peu encline aux débordements.

Devant ce qui lui paraissait totalement inacceptable, cette population a tenu tête à son premier ministre et au lobby des grandes entreprises réunies sous la houlette des Irving. L'enjeu pour elles était la possibilité de réduire le coût de leur approvisionnement en électricité, Hydro-Québec étant reconnue pour se montrer accommodante envers la grande industrie. Et effectivement, l'offre d'Hydro-Québec les avantageait. Pour elles, c'est le retour à la case zéro.

L'annulation de cette transaction est une victoire pour la démocratie, et les Québécois viennent de se faire servir une leçon dont ils feraient bien de s'inspirer.

Au Québec, la prise de conscience est en cours, et malgré l'élan qu'ils veulent donner à leur machine, les signes d'un embourbement imminent commencent à s'accumuler. Paul Desmarais et Power ont toujours pensé qu'ils pouvaient se passer du soutien populaire et qu'il leur suffisait de contrôler les médias et le gouvernement en place pour parvenir à leurs fins.

Au moment où ils en auraient le plus besoin, non seulement ce soutien risque-t-il désormais de leur faire cruellement défaut,

---

292. Voir note 5.

mais il existe de nombreux signes que l'opinion publique est en train de se mobiliser contre eux au fur et à mesure qu'elle découvre l'étendue de leur influence et de la dépossession tranquille qu'ils sont en train d'orchestrer subrepticement.

L'Empire est-il menacé? Tout dépend de l'intelligence, de la force intérieure et de l'ambition de ceux qui en hériteront au décès du patriarche. Chose certaine, dans les mois qui viennent, il risque de s'enfoncer de plusieurs crans, tant sur le plan financier que sur le plan de l'influence et de l'image.

Achevé d'imprimer
en mars 2012 sur les presses de
TC Transcontinental